Hermann Denz (Hg.)

DIE EUROPÄISCHE SEELE

Leben und Glauben in Europa

GEGRÜNDET
1999

Hermann Denz (Hg.)

DIE EUROPÄISCHE SEELE

Leben und Glauben in Europa

Czernin Verlag, Wien

Gedruckt mit Unterstützung des Bundesministeriums für Bildung, Wissenschaft und Kultur. Gefördert durch die Julius Raab Stiftung.

Die Deutsche Bibliothek – CIP Einheitsaufnahme
Denz, Hermann (Hg.): Die Europäische Seele –
Leben und Glauben in Europa / Hermann Denz (Hg.)
Wien: Czernin Verlag 2002
ISBN 3-7076-0104-8

© by Czernin Verlag GmbH, Wien
Art Direction: Bernhard Kerbl
Lektorat: Andrea Schaller
Herstellung: Die Druckdenker GmbH, Wien
Druck: Druckerei Theiss GmbH, Wolfsberg
ISBN 3-7076-0104-8

Inhalt

Die Sehnsucht nach Ordnung

Die Sehnsucht nach Sicherheit

7

Zu diesem Buch

Geografisch ist Europa eindeutig definiert: als Landmasse, die vom Atlantik bis zum Ural und vom Mittelmeer bis zum Nordkap reicht. Politisch lässt sich Europa nicht mehr so klar eingrenzen: Es gibt eine Reihe von europäischen Einrichtungen mit unterschiedlicher Mitgliederzahl. Ab 1. 1. 2002 gehört zu einer Währungsunion ein Teil der geografisch definierten Einheit Europa. Weitere Länder werden in den nächsten Jahren dazustoßen. Wahrscheinlich haben wir irgendwann im geografischen Raum Europa auch eine einheitliche Währung.

Bei allen deutlichen Tendenzen zu einem (wirtschaftlich) einheitlichen Europa bleibt die Frage: Gibt es auch eine europäische Kultur? Wie einheitlich oder auch verschieden sind die Werte der Europäerinnen und Europäer?[1]

Schon bei der ersten Wertestudie 1981 war das die Ausgangsfrage. Initiiert von Prof. Jan Kerkhofs (Universität Leuven) bezog sich die Studie damals in erster Linie auf die EG („Zwölfergemeinschaft"). 1990 wurde sie unter Beteiligung einer größeren Zahl von Ländern, so auch Österreich, wiederholt (vgl. Liste der Länder, S. 17), zum dritten Mal 1999 durchgeführt (Koordination Loek Halman). Um zeitliche Veränderungen aufzeigen zu können, wurde zu allen drei Zeitpunkten ein weitgehend gleicher Fragebogen verwendet.

Dass ein solches Projekt auch große methodische Probleme aufwirft, liegt nahe. Verstehen die Menschen die Fragen im Untersuchungsbogen heute noch gleich wie vor zwanzig Jahren? Lassen sich in einem Kontinent mit so vielen Sprachen Fragen jeweils so formulieren, dass ihr Inhalt durch die Übersetzung nicht verändert wird?

In „Die Europäische Seele" liegt nun ein Band mit Ergebnissen dieser Wertestudien vor. Nicht alles, was erhoben wurde, konnte jetzt schon ausgewertet werden, und auch nicht alles, was ausgewertet wurde, konnte im Buch dargestellt werden.[2] Es bleibt in den nächsten Jahren noch viel Arbeit für die Wissenschaft, die Fülle an erhobenen Daten zu analysieren und aufzubereiten. Um eine Vorstellung von deren Menge zu bekommen: Es wurden insgesamt 104.414 Personen befragt. Und zu jeder Person gibt es 230 Informationen.

Ein so großes Projekt lässt sich nur durchführen, wenn viele Personen und Einrichtungen zusammenarbeiten. Bei ihnen möchten wir uns bedanken: Loek Halman und seinem Team an der Universität Tilburg für die Koordination, dem Zentralarchiv für empirische Sozialforschung in Köln für die Aufbereitung der Daten, dem Bundesministerium für Bildung, Wissenschaft und Kultur für die Finanzierung des Projekts, den Mitarbeiterinnen und Mitarbeitern der Agentur Zeitpunkt für die Redaktion und dem Czernin Verlag für die Realisierung dieses Buchprojekts.[3]

Hermann Denz
Innsbruck, November 2001

Hermann Denz

Die Europäische Wertestudie –
Inhaltliche und methodische Reflexionen

Bevor in den folgenden vier Kapiteln die Ergebnisse der Europäischen Wertestudie präsentiert werden, ist es notwendig, einige allgemeine Gedanken vorauszuschicken und Informationen über die Studie zu geben, die alle Abschnitte in gleicher Weise betreffen. Das folgende Kapitel erklärt Aufbau des Buches und der Gliederung zugrunde liegende Grundgedanken, stellt Überlegungen zum Titel „Europäische Seele" an und liefert methodische Informationen zum Problem der Vergleichbarkeit der Befragungsergebnisse.

1. Das Konzept des Buches

Die folgenden Kapitel sind mit zentralen individuellen und gesellschaftlichen Bedürfnissen überschrieben: Sinn, Ordnung und Sicherheit. Jede Gesellschaft muss und wird Wege finden, diese Bedürfnisse zu befriedigen. Gleichzeitig soll – durch den Institutionen genannten Typus von sozialen Einrichtungen – sichergestellt sein, dass alle Menschen sich einigermaßen gleich verhalten, damit die Gesellschaft nicht unüberschaubar und instabil wird. Aber es wird auch einen gewissen individuellen Spielraum geben. Ein Beispiel ist die Regelung des Zusammenlebens und der Fortpflanzung: In Europa hat sich die Form der (möglichst lebenslangen) Einehe von Mann und Frau als Norm institutionalisiert. Aber es finden sich nun auch Abweichungen von dieser Norm: In den meisten Ländern gibt es die Möglichkeit der Ehescheidung, in einigen Ländern auch schon die Anerkennung gleichgeschlechtlicher Lebensgemeinschaften. Ein anderes Beispiel ist die staatliche Ordnung: Alle Länder Europas sind Demokratien, allerdings in sehr unterschiedlicher Ausprägung – als konstitutionelle Monarchie, als mit großer Macht ausgestattetes Präsidialsystem, mit zentralen Elementen der direkten Demokratie usw.

In diesem Sinne soll die Gliederung verstanden werden. Bei allen Kapiteln ließe sich über die Zuordnung diskutieren, weil es kaum eine Institution gibt, die nicht alle drei Bedürfnisse (Sinn, Ordnung, Sicherheit) berührt: Religion etwa ist Sinnvermittlerin, in Form der Kirchen aber auch Garant für gesellschaftliche Ordnung und bietet darin manchen Menschen Sicherheit. Auch die Familie gibt manchen Menschen neben der sozialen Sicherheit noch Sinn und Lebensorientierung („Man lebt für die Kinder"), Ordnung erweist sich sehr eng mit Sicherheit verknüpft. Die hier vorgenommene Zuordnung soll als Hinweis auf den inhaltlichen Focus der einzelnen Kapitel dienen.

Die Sehnsucht nach Sinn

Wiederkehr der Religion? (Paul M. Zulehner): Religion stellt die wichtigste sinngebende Institution der Gesellschaft mit Transzendenzbezug dar.

Arbeitswerte (Rudolf Kern): Neben Religion ist Arbeit in der modernen Gesellschaft die wichtigste sinngebende Institution, nun nicht transzendent, sondern immanent.

Die Sehnsucht nach Ordnung

Die Säulen der Ordnung – Werte, Institutionen und Moral (Michaela Watzinger): Hier geht es um Werte (Wertwandel) und die Krise von Institutionen (Legitimationsprobleme).

Krise der Demokratie – Wiederkehr der Führer? (Hermann Denz): Modernisierung und damit einhergehende Krisen bringen Verunsicherung, die viele Menschen am liebsten mit autoritären Politikmodellen bekämpfen würden.

Die Sehnsucht nach Sicherheit

Familie als Beziehung zwischen den Geschlechtern und Generationen (Christine Goldberg, Ulrike Kratzer, Liselotte Wilk): Die Familie bleibt wichtigster Ort von (emotionaler) Sicherheit in der Gesellschaft.

Soziale Sicherheit zwischen Selbstverantwortung, Zivilgesellschaft und Staat (Joachim Gerich, Fritz Hemedinger): Während die Familie eher für die emotionale Sicherheit zuständig ist, braucht es daneben Strukturen, die für die materielle Sicherheit und die Vertretung von Interessen zuständig sind.

Un-sichtbare Grenzen

Wie einheitlich bzw. wie differenziert ist Europa? Die empirischen Ergebnisse beschriebener drei Kapitel geben eine Reihe von Antworten auf diese Frage. Der Teil „Un-sichtbare Grenzen" fasst diese Ergebnisse unter der Perspektive der Differenzierung entlang markanter Grenzziehungen nochmals systematisch zusammen: auf der einen Seite die Frage, ob der „Eiserne Vorhang" als historisch letzte Teilung Europas immer noch weiterwirkt, auf der anderen Seite die Frage nach geschlechtsspezifischen Wertewelten. Sind diese Grenzen sichtbar oder sind sie unsichtbar und damit für die europäische Wertewelt bedeutungslos?

Wertepräferenzen in Ost und West (Miklos Tomka)
Weibliche und männliche Wertewelt in Europa (?) (Ursula Hamachers-Zuba, Wolfgang Moll)
Die Frauenrolle (Christine Goldberg, Ulrike Kratzer)

2. Die europäische Seele

Zum Titel

In unserer christlich geprägten Kultur denkt man bei Seele meist an etwas Metaphysisches. Der Duden definiert Seele als a) substanz- und körperloser Teil des Menschen, der in der religiösen Vorstellung als unsterblich angesehen wird, nach dem Tode weiterlebt; b) Gesamtheit, gesamter Bereich dessen, was das Fühlen, Empfinden und Denken eines Menschen ausmacht. In diesem zweiten Sinn – als Wesenskern, als Identität – wird in vorliegendem Buch Seele verstanden: Identität als das, was Europa unverwechselbar macht, was das Besondere ausmacht. Eine solche Identität ist etwas Historisches, nichts Feststehendes, sie verändert sich im Laufe der Geschichte oft sehr grundlegend: Zwischen Völkerwanderung und Mittelalter war Europa eher ein dunkler Kontinent, später der Kontinent des Humanismus und der Aufklärung, der Kontinent der Eroberung und Kolonialisierung und der Kontinent der Weltkriege.

Eine solche Zuschreibung lässt aber viele Unterschiede außer Acht. Nicht alle Länder Europas eroberten und kolonialisierten in gleicher Weise rund um den Erdball, in den Weltkriegen gab es Aggressoren, überfallene Länder und neutrale Staaten. Identität ist also keine abgeschlossene Einheit, kein Ganzes, innerhalb der allgemeinen Zuschreibung existieren viele Unterschiede, Brüche und Differenzen. Das ist auch heute so und gilt nicht nur für Gesellschaften, sondern auch für Individuen. Die psychologische Forschung bezeichnet die Identität des (post-)modernen Menschen als Patchwork-Identität, die Soziologie den heute typischen Lebenslauf als Patchwork-Biografie. Patchwork[1] steht für den Versuch, aus vielen auch sehr heterogenen Einzelteilen etwas weder Vollkommenes noch Abgeschlossenes zu machen, das dennoch eine halbwegs tragfähige Grundlage für soziales Handeln schafft.

Die historische Dimension der europäischen Seele: Europa als Kontinent der fortwährenden Teilungen

Um die Ergebnisse verstehen zu können, ist es sinnvoll, sich zu vergegenwärtigen, dass Europa im Laufe der letzten 2000 Jahre mehrfach in unterschiedliche politische und kulturelle Sphären aufgespalten wurde. Die zeitlich letzte Teilung durch den Eisernen Vorhang ist noch am besten in Erinnerung, ihre Spuren zeichnen sich in der europäischen Wertewelt am deutlichsten ab. Aber um diese etwas zu relativieren: Auch alle anderen Teilungen hatten ihre Auswirkungen und hinterließen ihre Spuren.

106	Größte Ausdehnung des Römischen Reiches unter Trajan (damit einhergehend Romanisierung der Sprache und Kultur, Christianisierung usw.)
395	Teilung in das oströmische und das weströmische Reich
1054	Bruch zwischen Ost- und Westkirche (Rom und Konstantinopel)
ab 1301	Ausweitung des Osmanisches Reiches (dadurch Teilung in moslemische und christliche Regionen)
1555	Augsburger Religionsfriede („cuius regio eius religio"): Teilung in katholische und protestantische Regionen
1648	Neuordnung Europas durch den Westfälischen Frieden (Ende des 30-jährigen Krieges)
1814/15	Neuordnung Europas durch den Wiener Kongress (Ende der napoleonischen Ära)
19. Jhdt.	Entstehung der Nationalstaaten
1919/1920	Neuordnung Europas durch Friedensverträge (Ende des Ersten Weltkriegs)
1945	Konferenz von Jalta (Festlegung der Besatzungszonen)
1989	Ende des Eisernen Vorhangs (Ende der Teilung in Ost=kommunistisch und West=kapitalistisch)
?	Länder in der EU – außerhalb der EU, Länder mit Euro – ohne Euro, Länder in der NATO – außerhalb der NATO

Die historische Dimension der europäischen Seele: Die geschichtlichen Erfahrungen der heutigen Europäerinnen und Europäer

Einige der in der Europäischen Wertestudie Befragten haben beinahe das gesamte 20. Jahrhundert erlebt, zumindest die Zeit seit Ende des Ersten Weltkriegs. Diese Zeitspanne lässt sich durch markante, die Erfahrung der Menschen prägende Ereignisse in Abschnitte gliedern. Es ist anzunehmen, dass die Erfahrungen auch die Werte der Menschen geprägt haben. Diese Einteilung in Altersgruppen (siehe folgende Tabelle) wird in allen empirischen Analysen in gleicher Weise verwendet und geht von der Hypothese aus, dass jemand etwa Jahre alt sein muss, damit ein Ereignis auch prägend wirkt.

Ereignis	Jahrgänge	Alter
1945: Ende des	bis 1935	65 und mehr
2. Weltkriegs	1936-1945	55-64
1955-1956: Fixierung der Ordnung Europas, Ende der Nachkriegszeit		
1968-70: Rezession, Reformbestrebungen	1946-1960	40-54
Relativer Wohlstand in Ost und West, Individualisierung, aber auch neue soziale Bewegungen	1961-1980 nach 1980	21-40 20 und jünger
1989: Ende des Eisernen Vorhangs		

Die historische Dimension der europäischen Seele: Europa als Kontinent der Ungleichzeitigkeiten

Nicht alle Teile Europas oder auch alle Teile der einzelnen Länder Europas verändern und entwickeln sich in gleicher Weise. Dieses unterschiedliche Tempo des sozialen, kulturellen, politischen oder auch wirtschaftlichen Wandels wird als Ungleichzeitigkeit (oder auch „cultural lag") bezeichnet. Infolge der unterschiedlichen kulturellen Ausgangsbedingungen, des unterschiedlichen Tempos und auch der Richtung des sozialen Wandels werden sehr unterschiedliche Gesellschaften innerhalb Europas nebeneinander existieren. Daneben bleibt die Frage nach Verbindendem – das es schon gibt oder das sich vielleicht entwickeln wird (mit der Frage nach einer europäischen Identität beschäftig sich Heinrich Neisser im Kapitel „Ausblick").

3. Die Daten und das Problem der Vergleichbarkeit

Die analysierten Daten

Die Europäische Wertestudie wird seit 1981 durchgeführt. Beim zweiten Erhebungszeitpunkt 1990 wurde erstmals auch Österreich einbezogen. Die aktuellen Erhebungen erfolgten im Herbst 1999. Folgende Tabelle zeigt, welche Länder mit welchen Stichprobengrößen in den drei Analysen vertreten sind (x bedeutet, dass für dieses Land keine Daten vorliegen):

1981/82, 1990, 1999 befragte Länder

	1981/82	1990	1999		1981/82	1990	1999
Frankreich	1191	1002	1615	Italien	1336	2025	2000
Deutschland-West	1395	2099	1688	Griechenland	x	x	1043
Deutschland-Ost	x	1335	348	Malta	x	x	1002
Belgien	1073	1795	1912	Polen	x	1026	1095
Niederlande	1311	1016	1003	Tschechien	x	2115	1908
Luxemburg	x	x	1211	Slowakei	x	1136	1327
Österreich	x	1499	1400	Ungarn	1288	1005	1000
Großbritannien	1284	1496	994	Rumänien	x	x	1146
Irland	980	1000	1012	Bulgarien	x	x	1000
Nordirland	287	304	1000	Slowenien	x	1035	1006
Dänemark	1055	1030	1023	Kroatien	x	0	1003
Norwegen	1059	1230	x	Estland	x	1017	1005
Schweden	1011	991	1014	Lettland	x	913	1013
Finnland	1264	589	1038	Litauen	x	1020	1018
Island	426	698	968	Russland	x	x	2500
Spanien	1141	2637	1200	Ukraine	x	x	1207
Portugal	x	1099	1000	Weißrussland	x	x	1000

Für einige außereuropäischen Länder liegen zwar Daten aus den ersten beiden Befragungen vor, diese wurden jedoch in den folgenden Beiträgen nicht berücksichtigt.

Zum Problem der Vergleichbarkeit internationaler Untersuchungen

Empirische Sozialforschung geht wie jede Form der Kommunikation davon aus, dass die verwendeten Begriffe von allen gleich verstanden werden (in der soziologischen Forschung Bedeutungsäquivalenz genannt). Nur unter dieser Bedingung kann die unterschiedliche Beantwortung einer Frage als tatsächlicher Unterschied der Befragten (in dieser Messdimension) interpretiert werden. Wenn zwei Befragte eine Frage unterschiedlich verstehen, ist eine unterschiedliche Antwort auf diese Frage möglicherweise nur das Ergebnis der unterschiedlichen Interpretation dieser Frage. Selbst bei Umfragen in einer Sprache stellt sich dies immer wieder als Problem dar.

Die Übersetzung der Fragebogen in viele Sprachen gibt dem Problem der Bedeutungsäquivalenz eine neue Qualität. Denn als Ziel all dieser Untersuchungen steht ja der internationale Vergleich der Ergebnisse.

Als Beispiel aus der Wertestudie 1990/1999[2] die Ergebnisse der Messung eines bestimmten Aspekts der Religiosität, nämlich des Gottesbildes (zum Vergleich dazu in Klammern auch der Anteil an zustimmenden Antworten auf die allgemeine Frage „Glauben Sie an Gott?" bzw. der Anteil derer, die sich selbst als „religiös" bezeichnen):

Vergleich unterschiedlicher Übersetzungen von „personal god"

	1990	Angaben in %	1999	Angaben in %
England	There is a	32,9	There is a	31,0
	personal God	(78,1)	personal God	(71,8)
		(56,1)		(41,6)
Österreich	Es gibt einen	28,7	Es gibt einen	31,6
	leibhaftigen Gott	(85,7)	persönlichen Gott	(86,8)
		(80,4)		(79,4)
Deutschland-West	Es gibt einen	25,1	Es gibt einen	38,3
	leibhaftigen Gott	(78,1)	persönlichen Gott	(75,9)
		(65,3)		(61,4)
Deutschland-Ost	Es gibt einen	14,0	Es gibt einen	19,6
	leibhaftigen Gott	(36,4)	persönlichen Gott	(30,2)
		(37,2)		(28,7)

Italien	Essiste un dio	67 (90,6) (86,1)	Essiste un dio	70,7 (93,5) (85,8)

Italien dürfte zwar tatsächlich religiöser sein als die anderen verglichenen Länder. Könnte der mehr als doppelt so hohe, nicht ganz glaubhafte Wert nicht aber auch daher rühren, dass die italienische Frageformulierung eindeutig leichter mit „ja" zu beantworten ist? Ist der (in Deutschland-West beträchtliche) Zuwachs der Religiosität in den deutschsprachigen Ländern auf eine Zunahme der Religiosität oder auf die Veränderung der (1990 sicher sehr unglücklichen) Formulierung zurückzuführen? In Deutschland sicher, für Österreich ist diese Frage nicht so eindeutig zu beantworten.

Der folgende Teil, ziemlich technisch und statistisch, führt diese Gedanken anhand eines konkreten Beispiels weiter:

In den Untersuchungsbogen 1999 wurden einige neue Fragen aufgenommen. Für eine Detailanalyse des Problems der Vergleichbarkeit wurde die Frage ausgewählt: „Man sollte einen starken Führer haben, der sich nicht um ein Parlament und um Wahlen kümmern muss." Die Antwortalternativen: „finde ich gut" bzw. „finde ich schlecht".

Diese Frage ist in zweierlei Hinsicht besonders sensibel: methodisch, weil sie ein Stereotyp enthält, nämlich den Begriff „Führer"; politisch, weil das Ergebnis als Indikator für autoritäres oder auch faschistisches Potenzial in einem Land gelten kann.

Die Überprüfung der Frage erfolgt in zwei Richtungen: Zuerst werden zwei unterschiedliche deutsche Übersetzungen verglichen, dann beide deutsche Varianten mit den Übersetzungen in andere europäische Sprachen.

Die beiden Varianten im österreichischen Fragebogen und die Ergebnisse dazu (Anteil an zustimmenden Antworten):

Vergleich starker Führer – starker Mann

Man sollte einen starken **Führer** haben, der sich nicht um ein Parlament und um Wahlen kümmern muss.	15,7%
Man sollte einen starken **Mann** haben, der sich nicht um ein Parlament und um Wahlen kümmern muss.	19,6%

Selbst bei Berücksichtigung bestimmter Fragebogeneffekte (Lerneffekte, Ja-sage-Tendenz) bleibt der Anteil an Zustimmungen zur Frage nach dem „Mann" doch signifikant höher. Um einen Vergleich der unterschiedlichen Übersetzungen anstellen zu können, wurde ein Fragebogen entwickelt und mehr als 60 internationalen ExpertInnen vorgelegt, der den „Schwierigkeitsgrad" dieser Frage (Item) misst: „Dieses Item liegt auf der Dimension ‚demokratisch vs. autoritär'. Man kann sich diese Dimension als Skala zwischen 0 und 100 vorstellen, wobei 0 eine vollkommen demokratische Einstellung bedeutet, 100 eine vollkommen autoritäre, diktatorische, faschistische Einstellung." Das Ergebnis: Die Items werden in den verschiedenen Sprachen sehr unterschiedlich eingeschätzt, die Skalenwerte (Mittelwerte der Einschätzung) reichen von 72,7 (Frankreich) bis 93,6 (Item, das nach dem „starken Führer" fragt). Daraus folgt, dass die Ergebnisse in diesem Licht doch etwas anders interpretiert werden müssen.

Vergleich unterschiedlicher Übersetzungen von „strong leader"

Land[3]	Zustimmung zu strong leader	Skalenwert starker Führer usw.	gewichtetes Ergebnis
Deutschland-West	14,3%	93,6	13,4%
Italien	15,6%	83,1	13,0%
Österreich (Führer)	15,7%	93,6	14,7%
Österreich (starker Mann)	19,6%	80,3	15,7%
Spanien	23,1%	79,6	18,4%
Großbritannien	24,9%	77,7	19,3%
Deutschland-Ost	25,2%	93,6	23,6%
Frankreich	34,5%	72,7	25,1%

Frankreich, vorher um fast 10% höher als Deutschland-Ost, liegt nun nur mehr 1,5% höher. Großbritannien, ursprünglich nur um 0,3% niedriger als Deutschland-Ost, verzeichnet bei den gewichteten Ergebnissen 4,8%.

In diesem Fragebogen wurde zusätzlich gefragt, welche Personen mit dem Begriff „starker Führer" in den Landessprachen typischerweise assoziiert werden. Die Antworten zeigen deutliche Unterschiede in der politischen Kultur:

Deutschland, Österreich (starker Führer): Hitler, Nazi, NS
Frankreich (homme fort): Napoleon, De Gaulle, Le Pen, Mitterand
Großbritannien (strong leader): Thatcher, Queen, Bush
Italien (capo forte): Mussolini, Fini, Bossi, Berlusconi
Österreich (starker Mann): Metternich, Dollfuss, Schuschnigg,
    Haider
Spanien (lider fuerte): Franco, Juan Carlos

Die Ergebnisse müssen unter Berücksichtigung all dieser Einschränkungen bewertet werden – ein Problem nicht nur bei dieser Untersuchung, sondern bei allen international vergleichenden Studien. Kann man in Nordamerika mit drei Sprachen die meisten Menschen erreichen (Englisch, Französisch, Spanisch), ist die Zahl der Sprachen in Europa um ein Vielfaches größer, da nahezu jedes Land seine eigene Sprache besitzt. Diese kulturelle Differenzierung macht als Spezifikum der europäischen Kultur die empirische Forschung entsprechend komplex.

DIE SEHNSUCHT NACH SINN

Paul M. Zulehner

Wiederkehr der Religion?

1. Säkularisierung – Respiritualisierung

Säkularisierung sei der Preis für die Modernisierung. Diese These bestimmte die religionssoziologische Debatte in den letzten Jahrzehnten. Je moderner, desto säkularisierter sei eine Gesellschaft. Im Einzelnen meinte man damit

- eine *Säkularisierung auf der institutionellen Ebene* als Entkirchlichung aller gesellschaftlichen Lebensbereiche – der Politik, der Wirtschaft, der Kunst, der Bildung, der Kultur;
- eine *Säkularisierung auf der persönlichen Ebene* als Leben ohne die „Wohltat" der Religion, als Säkularisierung des Bewusstseins.[1]

Inzwischen sind solch monolithische Säkularisierungsvermutungen unsicher geworden. Erstens gibt es offenbar mehrere Modernitäten – und damit unterschiedliche Verbindungen zwischen Modernität und Religion. Es sieht danach aus, als sei die europäische Modernität religionsunverträglich, die nordamerikanische hingegen durchaus religionsverträglich. Historiker nehmen an, dass dies mit der unterschiedlichen Geburtsart der jeweiligen Modernität zu tun hat. In Europa wurde die Modernität gegen eine religiös-kirchlich getragene Vormoderne abgerungen – Revolutionen waren dazu nötig, und diese fanden zumeist gegen den erbitterten Widerstand einer vormodernen Kirche statt. Ganz anders in Amerika. Die europäischen Auswanderer wollten eine freiheitliche Gesellschaft bauen und stützten sich dabei auf ihre religiösen Traditionen.[2]

Jedenfalls lässt sich weltweit eine Wiederkehr der Religion beobachten,[3] innerhalb derer Europa eine Ausnahme darzustellen scheint: Der Begriff des Eurosäkularismus wurde geprägt.[4]

Aber auch in Europa wollen manche eine Wiederkehr der Religion beobachten. Der Trendforscher Matthias Horx etwa spricht von der Respiritualisierung als Megatrend der späten 90er-Jahre.[5] Die Frage ist freilich, ob eine solche Prognose inzwischen auch schon verifizierbar ist. Wie entwickeln sich also Religiosität, Religion, religiöse Netzwerke und religiöse Institutionen / Kirchen in Europa?

Solchen Fragen ist dieses Teilkapitel gewidmet. Die Europäische Wertestudie hat in ihrem Frageinstrumentar einen Baustein zum „Wertefeld" „Religion": Sozioreligiöse Daten aus den drei Erhebungsjahren 1982, 1991 und 1999 liegen vor und ermöglichen, die sozioreligiöse Landschaft für 1999 darzustellen und deren Entwicklung zumindest in einigen europäischen Ländern bis 1982 zurückzuverfolgen.

Bei der Präsentation der vorhandenen Daten beginnen wir mit personbezogenen Ergebnissen und schreiten von der Person in Richtung Institution. Das hat seinen Grund darin, dass in modernen Kulturen die „Welt" des Privaten und Persönlichen und die „Welt" des öffentlichen Lebens deutlich unterscheidbar sind, obgleich sie in einer komplexen Wechselwirkung zueinander stehen. Auch die Säkularisierungsannahmen der letzten Jahrzehnte legen diese Vorgangsweise nahe. Denn die institutionelle Säkularisierung führe nicht von Haus aus zu einer persönlichen Säkularisierung. Es könne durchaus sein, dass sich Religion wie viele andere Lebensbereiche (etwa die Liebe) entinstitutionalisiert habe – ein Prozess, der womöglich bei der Religion deshalb immer noch in Gang ist, weil die religiöse Dimension des Lebens eine der stabilsten, da in den Tiefen der Person verwurzelten ist. Einer Säkularisierung der Institution müsse deshalb nicht zwangsläufig eine Säkularisierung der Person entsprechen. Thomas Luckmann etwa hat es überhaupt abgelehnt, von Säkularisierung – auch in Europa – zu reden: Es handle sich lediglich um eine Privatisierung der Religion. Sie werde unsichtbar, weil sie in der Innenwelt der Person verschwinde.[6]

Wir werden somit die Daten in folgenden Schritten und damit Abschnitten vorstellen:
- Subjektive Religiosität
- Religionsgebäude der Personen
- Sozioreligiöse Vernetzungen (Kirchlichkeit)
- Eine sozioreligiöse Typologie

2. Subjektive Religiosität

Was Religion ist, gilt unter den einschlägigen Experten als kaum definierbar. Wird sie von dem her verstanden, wozu sie dient und biografisch wie gesellschaftlich nützlich ist („funktional"), oder von dem, worauf sie sich bezieht – ein Heiliges, eine höhere Macht, geheimnisvoll und Furcht erregend in einem (also „substanziell")? Zwischen dem, was Religion „herstellt", und dem, was sie (symbolisch) „darstellt", gibt es keine einhelligen Auffassungen. Davon unabhängig bleibt noch die Frage nach der gemeinschaftlichen Dimension der Religion: Braucht es religiöse Institutionen oder kann Religion sich auch ganz privat ereignen? Wahrscheinlich kommen Mischtypen der Wirklichkeit am nächsten: Denn auch eine substantivisch verstandene Religion „wirkt" und ist somit „funktional". Und auch noch so privatisierte Religion greift auf kulturelle Religionsbausteine zurück, die zumeist von religiösen Institutionen transportiert werden.

Wir weichen im Folgendem diesem Religionsdisput aus. Wir fragen nicht nach dem, was Religionsexperten von der Religion annehmen, sondern interessieren uns für das, was die Leute meinen. Natürlich ist das auch keine astreine Lösung. Denn wer fragt, hat ein Vorverständnis, das in den Fragen herauskommt. Der Fragende bewegt sich zumeist in seinem eigenen Fragehorizont. Dennoch: Es ist möglich, sich kontrolliert von seinem eigenen Vorverständnis wegzubewegen. Ebendas versucht die Europäische Wertestudie, indem sie zunächst davon ausgeht, es gebe ein verbreitetes unreflektiertes Verständnis des Wortes „religiös" in unseren Europäischen Kulturen, das in einem ersten Schritt erhoben werden sollte: Halten sich die Leute für „religiös", für „unreligiös" oder sind sie gar „überzeugte Atheisten"?

Natürlich bleibt damit inhaltlich wenig geklärt: weder, was für die Leute dann tatsächlich religiös bedeutet, noch, woran sie glauben. Und schon gar nicht ist klar, ob jener Gott, den Atheisten leugnen, überhaupt existiert.

Dennoch bleibt es forscherisch sinnvoll, die Leute nach ihrer religiösen Selbsteinschätzung zu fragen; zumal auf einem Kontinent, dessen kulturelle Geschichte immer auch eine religiöse Dimension hatte.

Hier ist das Ergebnis:

Zwei Drittel (67%) der Menschen in Europa halten sich 1999

selbst für religiös. Der Anteil der Nichtreligiösen liegt unter 30%. Als überzeugte Atheisten haben sich 5% eingestuft.

Der Anteil der „Religiösen" ist in den letzten zwanzig Jahren (in Westeuropa) geringfügig gestiegen: von 63% (1982, nur die Zwölfergemeinschaft) auf 65% (1990) hin zu aktuellen 67%. Es sieht nicht danach aus, als würde Religiosität in Europa zurzeit verschwinden. Es gibt eher Anzeichen für ein leichtes Erstarken.

Für Nordamerika liegen erheblich höhere Werte vor (Zahlen von 1982 und 1990): Vier von fünf Nordamerikanern (USA und Kanada zusammen) bezeichneten sich selbst als religiös, Atheisten stellen mit 1,5% eine verschwindende Minderheit dar. Nordamerika ist ein Kontinent mit einer starken religiösen Kultur.

Diese Durchschnittszahlen überdecken allerdings starke Unterschiede in der religiösen Ausstattung der einzelnen Kulturen Ost- und Westeuropas. Wir orientieren uns bei einer Gruppierung der Länder nach den Marken 50% und 75% und stoßen auf stark religiöse Kulturen, und zwar in West- wie in Osteuropa. Daneben finden sich „mittelreligiöse" Kulturen wie auch solche mit Religiösen in der Minderheit:

Anteil der Religiösen

	Osteuropa	Westeuropa
über 75%	Polen, Rumänien, Litauen, Kroatien, Slowakei, Lettland, Ukraine	Portugal, Italien, Griechenland, Österreich, Dänemark, Malta
50-75%	Slowenien, Russland, Ungarn	Irland, Island, Finnland, Belgien, Niederlande, Nordirland, Luxemburg, Spanien, Deutschland
unter 50%	Bulgarien, Tschechien, Estland, Weißrussland	Frankreich, Großbritannien, Schweden

Diese Vielfalt zu erklären ist nicht einfach. Soviel scheint festzustehen:
- Eine wichtige Rolle spielt die *Geschichte des jeweiligen Landes,*
- in diese eingebunden die *Rolle, die Religion / Kirchen in dieser Geschichte* gespielt haben.
- Von Bedeutung wohl auch die *Art und Weise, wie die Kirchen selbst ihre eigenen religiöse Arbeit in der Kultur gestaltet* haben.

- Dazu kommt in Ost(Mittel)Europa die jahrzehntelange *aktive Religions- und Kirchenpolitik der kommunistischen Regierungen.*
- Nachhaltig wirkmächtig sind sicher auch „*Modernisierungsprozesse*" und damit der „*Modernisierungsgrad*" des jeweiligen Landes. (Nicht jede Modernisierung muss aber von vornherein Religiosität schwächen!) Personbezogene Religiosität kommt in religiösen Handlungen zum Ausdruck, etwa im Gebet oder der Meditation. Ausdruck von Religiosität ist auch, ob Gott im Leben wichtig ist und ob Religion Trost schafft.

Persönliche Religiosität äußert sich in der Wichtigkeit Gottes, in religiösem Trost, in Meditation und Gebet

	Gott ist überhaupt nicht wichtig (1/10)	Religion tröstet	meditiert	betet oft und manchmal
religiös	2%	81%	79%	70%
nichtreligiös	36%	16%	30%	14%
überzeugt	82%	3%	17%	3%
atheistisch				

Mit diesen Einzeldaten lässt sich ein Index für persönliche Religiosität bilden (dabei wird die Gebetshäufigkeit ausgelassen, weil es für die drei Untersuchungsjahre keine vergleichbaren Daten gibt). Gemessen an diesem Index sind in Europa 48% als sehr religiös, 17% als religiös einzustufen, 12% gelten als eher nichtreligiös und 23% als nichtreligiös. Der Anteil der Nichtreligiösen ist in Osteuropa leicht höher (25%) als in Westeuropa (22%).

3. Religion

Mit der persönlichen Religiosität ist zumeist auch ein religiöses Glaubensgebäude verbunden, das sich aus einer Reihe von Glaubenspositionen aufbaut. Die Studie untersucht christliche Glaubenspositionen, bezog zugleich aber nach und nach auch Positionen ein, die nicht dem christlichen Glaubenskosmos entspringen: der Glaube an eine

„Reinkarnation" oder auch esoterische Elemente wie Glücksbringer, Horoskop etc.

Gefragt wurde auch, wie das religiöse Glaubensgebäude zustande kommt. Die eine Möglichkeit: Jemand orientiert sich an einem Glaubenssystem und bleibt stabil bei diesem (A); oder aber jemand probiert die Lehren verschiedener Glaubensrichtungen aus (B). Vermutlich gibt es neben den Festglaubenden auch Glaubensexperimentierer – deren Zahl im Zuge der wachsenden „Privatisierung" des Lebens zunimmt. Neben stabil glaubenden Kulturen (Litauen, Österreich, Kroatien und Italien) zeigen sich eher experimentell glaubende Kulturen (Luxemburg, Belgien, Finnland und Frankreich).

Wir werden weiterverfolgen, in welcher Weise sich diese zwei Modi, entweder in ein fertiges Glaubenshaus einzuziehen oder sich eine Glaubensbaustelle zu schaffen, auf das „Produkt", das Glaubensgebäude auswirkt.

Christliche Glaubenselemente

Ganz allgemein gesehen gibt es gottgläubige und atheisierende Kulturen. Zur ersten Gruppe gehören Malta, Polen, Portugal, Irland, Rumänien, Nordirland, Griechenland, Italien und Kroatien, aber auch Österreich, Spanien, Litauen, Island, die Slowakei, Weißrussland, die Ukraine und Lettland.

Die atheisierenden Länder führt Tschechien an, gefolgt von Estland, Schweden, den Niederlanden und Frankreich.

Europaweit finden die weiteren Elemente des (christlichen) Glaubenshauses gestuft Zustimmung, und zwar in folgender Reihenfolge: Gott (77%), Sünde (62%), Leben nach dem Tod (55%), Himmel (47%) und am Ende die Hölle (34%).

Die eben genannten Glaubensbausteine können als „christlich" gelten. Das zeigt sich nicht nur daran, dass die Befragten eher konsistent zugestimmt haben – sie liegen (faktorenanalytisch) auf einer einzigen Dimension. Sie stehen auch mit dem Gottesbild der Menschen in einem deutlichen Zusammenhang. Das differenziert erhobene Gottesbild (christlich-personale, deistische/Gott als höheres Wesen, agnostische und atheistische Gottesvorstellung) liegt auf derselben

Dimension wie die anderen Bausteine. Zusammen ergeben sie die *christlichen Glaubenselemente.*

Weitere Glaubensbausteine

Neben den christlichen Glaubenselementen tauchen als weitere Bausteine auf: der (fernöstliche) Glaube an eine Reinkarnation („Wir werden noch einmal in diese Welt geboren"), an Telepathie („die Übertragung von Gedanken und Gefühlen ohne Vermittlung der Sinnesorgane"). Gefragt wurde auch danach, ob Leute einen Glücksbringer (Maskottchen, Talisman) besitzen und für wie hilfreich sie diesen einschätzen: 24% der befragten EuropäerInnen glauben an Reinkarnation, 46% halten Telepathie für möglich, 19% besitzen einen Glücksbringer.

Das Vertrauen in solche Glücksbringer liegt auf einer zehnteiligen Skala (1=nein, auf keinen Fall; 10=ja, auf jeden Fall) im Schnitt bei 3,14: Jene, die einen besitzen, haben einen durchschnittlichen Vertrauenswert von 6,5, jene, die keinen besitzen, von 2,3.

Dadurch ergeben sich zwei weitere Glaubenselemente: *esoterische Glaubenselemente* (Reinkarnation mit Telepathie) sowie *magische Glaubenselemente* (Glücksbringer und Vertrauen in diese).

Alle drei Indikatoren treten in unterschiedlicher Mischung auf. Über drei in einer Clusteranalyse errechnete typische Zusammensetzungen erhalten wir den Typ der Christen, jenen der *Glaubenskomponisten* sowie schließlich als dritten *Atheisierende*:

- *Christen* stimmen fast lückenlos den einzelnen christlichen Glaubenselemente zu, sie lehnen aber esoterische wie magische Elemente ab. 22% (Westeuropa 26%, Osteuropa 18%) gehören zu diesem Glaubenshaustyp.
- *Glaubenskomponisten* haben eine eher starke Zustimmung zu den esoterischen Elementen, verbinden diese aber auch mit einer passablen Zustimmung zu den christlichen und einer etwas abgeschwächten Zustimmung zu den magischen Elementen. Hier findet sich mit 47 % die Mehrheit (Westeuropa 43%, Osteuropa 54%).
- *Atheisierende/Nichtglaubende* schließlich besitzen keinen Zugang zu einer der drei Arten von Glaubenselementen. Zu dieser Gruppe zählen im europäischen Schnitt 30% (Westeuropa 31%, Osteuropa 28%).

4. Kirchlichkeit

Neben der Suche nach der persönlichen Religiosität und der Ausgestaltung des Glaubenshauses, der Religion, geht es nunmehr um die Beziehung zu einer religiösen Gemeinschaft / Kirche, um die Kirchlichkeit der Befragten.

Dazu stehen einige wenige, wenngleich substanzielle Indikatoren zur Verfügung: die Kirchenmitgliedschaft, der Kirchgang sowie das Vertrauen in die Kirche.

Mitgliedschaft

1999 waren in Europa (genauer: in den in die Umfrage einbezogenen Ländern) 73% Mitglied in einer Religionsgemeinschaft: in Westeuropa 80%, in Osteuropa 65%.

Die Unterschiede zwischen den Ländern sind beträchtlich: Neben solchen mit überwältigender Mehrheit an Kirchenmitgliedern in der Bevölkerung (Malta 99%, Rumänien 97%, Griechenland 97%, Island 95%, Polen 95%, Irland 91%, Dänemark 89%, Österreich 86%) stellen in anderen die Kirchenmitglieder eine mehr oder weniger kleine Minderheit dar: 45% in den Niederlanden, 34% in Tschechien, 24% in Estland.

Europas Geschichte ist über Jahrhunderte hinweg auch eine Geschichte der christlichen Konfessionen und deren Auseinandersetzung mit nichtchristlichen Religionen, vor allem dem Judentum und dem Islam – erst in den letzten Jahrzehnten kam die Begegnung mit asiatischen Weltreligionen dazu. Die meisten europäischen Länder sind daher auch konfessionell geprägt. Die alten Spannungen zwischen Byzanz und Rom prägen bis heute die zwei „Lungen" Europas: die westeuropäische (mit Katholizismus und Protestantismus) sowie die osteuropäisch-slawische (mit der Dominanz Orthodoxer Kirchen). In Westeuropa kam es nach den Religionskriegen zur nachhaltigen Ausbildung des konfessionellen Charakters einzelner Länder. Kirchenkämpferische totalitäre Regime (wie der Nationalsozialismus oder der Kommunismus) stießen auf konfessionell deutlich akzentuierte Kulturen: auf das katholische Polen oder den protestantischen Osten Deutschlands, oder aber früher schon auf das orthodoxe Russ-

DIE SEHNSUCHT NACH SINN

land und später die orthodoxen Kulturen Rumäniens (Ausnahme: Transsylvanien / Siebenbürgen), Bulgariens oder der Ukraine (Ausnahme: Westukraine mit starken römisch-katholischen und griechisch-katholischen Anteilen).

Zur konfessionellen Struktur der untersuchten europäischen Länder:

- *katholische Länder* (insgesamt 42% Katholiken unter allen Befragten): Malta, Polen, Irland, Kroatien, Portugal, Italien, Spanien, Österreich, Slowenien, Slowakei, Belgien
- *Länder mit protestantischer* (Protestanten 10%, dazu Freikirchliche 2%) *bzw. orthodoxer Mehrheit* (unter allen Befragten 12%): Island, Dänemark, Finnland, Schweden, Nordirland
- *Angehörige der übrigen Religionsgemeinschaften* (Juden, Moslems, Hindus, Buddhisten): eine kaum nennenswerte Minderheit (unter den Befragten)

Kirchgang

Als zweiter Indikator für das „commitment" zu einer religiösen Gemeinschaft ist die Beteiligung am Sonntagsgottesdienst heranzuziehen: Im Schnitt der untersuchten Länder gehen 20% wenigstens sonntags zur Kirche, 39% hingegen (fast) nie, 11% monatlich und 30% jährlich bzw. an Feiertagen.

Die Kirchgangsfrequenz ist länderweise sehr verschieden. In bekannter wiederkehrender Reihenfolge befinden sich Malta und Polen am Kirchgangs-Pol, Russland, Tschechien und Frankreich am Nichtkirchgangs-Pol.

Unter den christlichen Konfessionen führen die Freikirchlichen die höchste Gottesdienstfrequenz (39% sonntags) an, gefolgt von Katholiken (37%), Orthodoxen (14% sonntags) und schließlich Protestanten (10% sonntags).

Die Ergebnisse für die anderen kleinen Religionsgruppen sind wegen der geringen Besetzungszahlen mit Zurückhaltung zu deuten.

Gottesdienstfrequenz in den christlichen Konfessionen Europas 1999

	sonntags	monatlich	an Feiertagen	seltener	nie
Freikirchliche	39%	18%	14%	16%	13%
Katholiken	37%	14%	21%	15%	12%
Orthodoxe	14%	18%	42%	14%	12%
Protestanten	10%	12%	24%	25%	29%

Vertrauen in die Kirche

Eine dritte Facette der Bezogenheit einer Person auf eine kirchliche Gemeinschaft ist das Vertrauen, das in sie gesetzt wird. Im Vordergrund steht hier der institutionelle Aspekt. Eingebaut war dieses Thema in eine Antwortbatterie zu folgender Frage: „Schauen Sie bitte auf die Liste und sagen Sie mir, ob Sie sehr viel, ziemlich viel, wenig oder überhaupt kein Vertrauen in die jeweils genannte Institution haben." Vorgegebene Institutionen: am Beginn die Kirche, gefolgt von Bundesheer, Schulen und Bildungssystem, dem Zeitungswesen, Gewerkschaften, der Polizei, dem Parlament, Verwaltung, Sozialversicherung, der Europäische Gemeinschaft, (NATO)[7], den Vereinten Nationen, dem Gesundheitswesen, den Gerichten (und großen Wirtschaftsunternehmen).[8]

Das größte Vertrauen haben – nimmt man die Institutionen im Vergleich – die Menschen im europäischen Durchschnitt zum Bildungssystem. Dahinter gereiht gleich das Gesundheitswesen und schließlich drei Institutionen, die in unterschiedlicher Weise für Sicherheit stehen: das Heer, die Kirche und die Polizei.

Am Ende der Rangliste stehen Institutionen aus der Wirtschafts- und Arbeitswelt. Dann kommen politische Institutionen (Parlament, NATO) sowie das Zeitungswesen. Auch der Europäischen Union bringen die EuropäerInnen eher wenig Vertrauen entgegen, etwas mehr hingegen den Vereinten Nationen.

Das Vertrauen in die Kirche ist – wiederum erwartbar wegen der unterschiedlichen Ausstattung der Kulturen mit der religiösen Dimension – länderweise sehr verschieden: Hohes Vertrauen in die Kirche haben die Menschen in Malta, Rumänien, Portugal, Polen, Nord-

DIE SEHNSUCHT NACH SINN

irland. Unterdurchschnittlich ist das Kirchenvertrauen in Luxemburg, Ungarn, Estland, Spanien, Österreich, Belgien, Deutschland, Frankreich, Großbritannien, Slowenien, Bulgarien. Das Schlusslicht bildet nach den Niederlanden Tschechien.

5. Vier Typen der Religiosität/Kirchlichkeit

Stellt man (über eine Clusteranalyse) die Zusammenhänge zwischen den drei Werten persönliche Religiosität, Religion (Glaubensgebäude) und Kirchlichkeit her, ergeben sich vier Typen der Religiosität:

- *Intensive* (34%): Mit hohen Mittelwerten bei allen drei Dimensionen sind *Intensive* im Schnitt subjektiv sehr religiös, haben ein gut eingerichtetes Glaubenshaus („Religion") und pflegen eine enge Beziehung zur Kirche.
- *Privatreligiöse* (11%): Verwandt mit den *Intensiven* unterscheiden sich die *Privatreligiösen* von diesen durch eine abgeschwächte kirchliche Beteiligung. Ihre Religiosität / Religion ist eher privater Natur.
- *Distanzsympathisanten* (35%): Mit Mittelwerten auf „halber Höhe" ist die persönliche Religiosität mäßig, die Zustimmung zu den Glaubenspositionen zurückhaltend, die Kirchenbindung ähnlich niedrig wie bei den *Privatreligiösen*. Die Personen dieses Typs sind sowohl zugewandt wie abgewandt, sympathisieren und distanzieren sich in einem.
- *Atheisierende* (20%): Dieser Haupttyp verfügt bei allen drei Indizes über niedrige Mittelwerte – am niedrigsten jene der persönlichen Religiosität. Religiöses Wissen ist etwas stärker vorhanden – was ohnedies Naheliegendes bestätigt, religiöses Wissen haben zu können, ohne dass damit eine persönliche religiöse Kraft verbunden sein muss.

Die stärkste Gruppe unter den befragten EuropäerInnen sind die Intensiven mit 34%, gefolgt von den Distanzsympathisanten mit 33%. Die Atheisierenden machen 22% aus, die Privatreligiösen 11%.

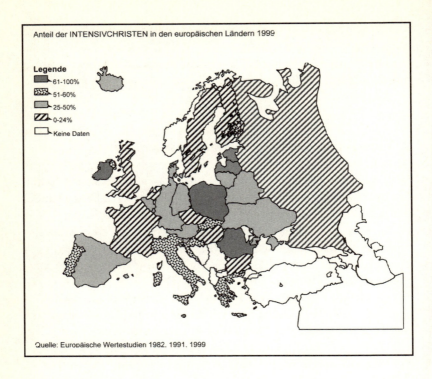

Anteil der INTENSIVCHRISTEN in den europäischen Ländern 1999

Legende
61-100%
51-60%
25-50%
0-24%
Keine Daten

Quelle: Europäische Wertestudien 1982. 1991. 1999

Grundtypen in den christlichen Konfessionen

Die vier sozioreligiösen Grundtypen haben in den einzelnen christlichen Konfessionen eine unterschiedliche Verteilung.

Verteilung der vier Grundtypen in den Konfessionen

	Intensivchristen	Privatreligiöse	Distanz-sympathisanten	Atheisierende
kein Mitglied	5%	6%	37%	52%
Protestanten	28%	15%	36%	20%
Protestanten	26%	16%	37%	22%
Freikirchen	52%	13%	27%	8%
Orthodoxe	48%	14%	34%	5%
andere	51%	22%	21%	6%
Katholiken	52%	12%	28%	7%

DIE SEHNSUCHT NACH SINN

Keineswegs alle, die keiner Kirche angehören, sind Atheisierende: Ein starkes Drittel von ihnen zählt zu den Distanzsympathisanten, 11% zu den Intensivchristen oder Privatreligiösen (haben also eine starke persönliche Religiosität und ein gut eingerichtetes Glaubenshaus).

Das Gegenstück zu den Nichtmitgliedern sind die Katholiken, unter denen (wie auch den „anderen" unter ihnen: beispielsweise griechisch-katholischen Personen) die Intensivchristen mehr als die Hälfte einnehmen. Dazu kommt eine kleinere Gruppe von Privatreligiösen.

In der Rangordnung entlang des Anteils der Intensivchristen folgen die orthodoxen Kirchen, deren Lage jener der Katholiken sehr ähnlich ist.

Eine Sonderstellung nehmen die Kirchen der Reformation ein, unter deren formellen Mitgliedern sich immerhin 20% Atheisierende befinden. Lediglich ein starkes Viertel kann als Intensivchristen bezeichnet werden. Allerdings bestehen erhebliche Unterschiede zwischen den protestantischen Kirchen und den Freikirchen. Freikirchliche Personen haben nahezu dieselben Zahlen wie die Katholiken. Jene der traditionellen protestantischen Kirchen hingegen kommen auf diese Weise den Nichtmitgliedern noch etwas näher.

Die eigenwillige Lage der protestantischen Kirchen wurde schon in der ost(mittel)europäischen Studie AUFBRUCH sichtbar, in deren Untersuchungsgebiet (1998) die Protestanten den stärksten Anteil an atheisierenden (10%), atheistischen (5%) und vollatheistischen (2%) Personen verzeichneten.[9]

Warum sich die vier Grundtypen in den einzelnen christlichen Konfessionen derart unterschiedlich verteilen, ist nicht leicht zu klären. Katholiken und Orthodoxen haben eine starke Ekklesiologie und entwickeln daran geknüpft eine relativ starke Vernetzung / Kirchenbindung bei den Mitgliedern. Diese hält den Bedingungen moderner Privatisierung sichtlich nur begrenzt stand, scheint aber doch eher gegen Entkirchlichung zu immunisieren als die anders gelagerte protestantische Ekklesiologie, die keinen hohen Stellenwert im Leben des Christen innehat, sondern das Individuum und sein Gottesverhältnis in den Mittelpunkt stellt.

Für den nicht freikirchlichen Protestantismus vor allem in nordeuropäischen Ländern gilt es zu berücksichtigen, dass man dort durch die Geburt BürgerIn und Kirchenmitglied in einem wird. Solch „angeborener" Glaube zeitigt nicht unbedingt Folgen.

Aus den empirischen Befunden lässt sich keine höhere Glaubensstärke bei Katholiken und Orthodoxen im Vergleich zu Protestanten ableiten (die Freikirchlichen sind katholikenähnlich). Wohl aber gehört zur katholischen (und auch zur orthodoxen) Kultur ein stärkeres Gemeinschaftsgefühl, als dies in der protestantischen Glaubenskultur der Fall ist. Darauf hat im Zusammenhang seiner Selbstmordstudien bereits Emil Durkheim hingewiesen. Die niedrigere Selbstmordrate unter gläubigen Katholiken erklärte er mit dem größeren Schutz der Katholiken durch Vergemeinschaftung. Protestanten leben einsamer und damit gefährdeter, so seine Diagnose.[10]

Scheint der Protestantismus also individualisierter, ist er zugleich auch „modernitätsverträglicher" – mit allen Vor- und Nachteilen, welche die Offenheit für ein Glaubenssystem hat. Solche Individualisierung kann zu stärkerer Privatisierung und in deren Folge auch zur inneren Ausdünnung des Glaubens führen; oder es stellt sich eine Personalisierung ein (wie vermutlich bei den Freikirchen der Fall). Während sich bei den traditionellen Kirchen die anfängliche (also traditionelle lutherische) „Kirchlichkeit" in Form der Bindung an eine lokale Gemeinde aufzulösen scheint, wächst also in den Freikirchen unter modernen Bedingungen eine persönlich gewollte und gewählte Gemeindlichkeit / Kirchlichkeit.

Dies erklärt auch, warum – anders als in Europa – in Nordamerika Religion und Kirchen kaum Probleme haben: Sie entstanden nicht gegen die Freiheit (und damit den Wunsch nach Individualisierung). Vielmehr stand die Freiheit an der Wiege amerikanischer Gesellschaft, in welche die Religion freiheitlich eingebunden war und bis heute blieb. Das macht verständlich, warum Gott in keiner Wahlrede fehlen darf – in Europa nur schwer vorstellbar.

Entwicklungen

Mit Hilfe der vier sozioreligiösen Grundtypen – und zur Kontrolle mit einem sozioreligiösen Gesamtindex – soll nunmehr die Entwicklung der letzten zwanzig Jahre in zweifacher Weise analysiert werden:
- Zum einen werden die Ergebnisse der drei Forschungswellen nebeneinander und so Änderungen im kulturellen Gefüge einzelner Regionen und Länder übersichtlich dargestellt.

• Zum anderen werden die Daten nach Altersgruppen von jeweils zehn Jahren aufgeschlüsselt und danach untersucht, was eine Altersgruppe zehn Jahre später an Werten aufweist. Diese komplexere Analyse kann allerdings nur jene kleinere Zahl von Ländern heranziehen, in denen in allen drei Jahren befragt wurde.

Diese Analysen erfolgen in drei Ländergruppen: Nur in einem Teil der Länder (zumeist westeuropäische: Dänemark, Deutschland, Finnland, Frankreich, Großbritannien, Irland, Island, Italien, Niederlande, Nordirland, Schweden, Spanien, Ungarn) wurden die Studien 1982, 1990 und 1999 durchgeführt. Für andere (zumeist osteuropäische Länder: Estland, Lettland, Litauen, Österreich, Polen, Portugal, Slowakei, Slowenien, Tschechien) gibt es Daten aus 1990 und 1999, in einer dritten Gruppe (hauptsächlich Nordamerika) stehen Ergebnisse von 1982 und 1990 zur Verfügung (USA, Canada, Norwegen).

Das Ergebnis der Analysen:

1. Die Entwicklung in West- und in Osteuropa verläuft anders und doch ähnlich. Sehr klar kommt zum Vorschein, wie sich unter den jüngeren Personen in Osteuropa Glaube und Kirchenbeziehung nach der Wende stark erholt haben. Aber auch in Westeuropa gibt es eine etwas leichtere Erholung bei den Unter-30-Jährigen.

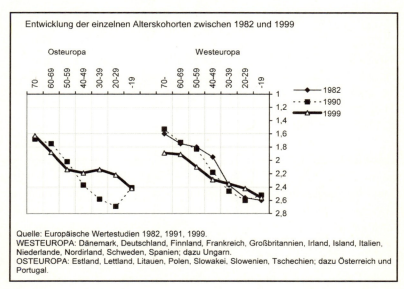

Entwicklung der einzelnen Alterskohorten zwischen 1982 und 1999

Quelle: Europäische Wertestudien 1982, 1991, 1999.
WESTEUROPA: Dänemark, Deutschland, Finnland, Frankreich, Großbritannien, Irland, Island, Italien, Niederlande, Nordirland, Schweden, Spanien; dazu Ungarn.
OSTEUROPA: Estland, Lettland, Litauen, Polen, Slowakei, Slowenien, Tschechien; dazu Österreich und Portugal.

2. In den letzten zwanzig Jahren ist die „Startreligiosität" bei den Jüngeren leicht gestiegen. Über die Lebensjahre hinweg erfolgt eine Zunahme. Die religiöse Dimension kehrt offenbar erst im Lauf der Jahre in das Leben der EuropäerInnen ein. Das Leben, weniger die Erziehung scheint die Menschen religiös zu formen.

3. Diese Entwicklung betrifft in Westeuropa vor allem die Altersgruppen der 30- bis 59-Jährigen, in Osteuropa besonders jene der 30- bis 49-Jährigen. Bei den Unter-30-Jährigen ist in Osteuropa (ähnlich übrigens wie in Westeuropa) diese Entwicklung stark abgedämpft.

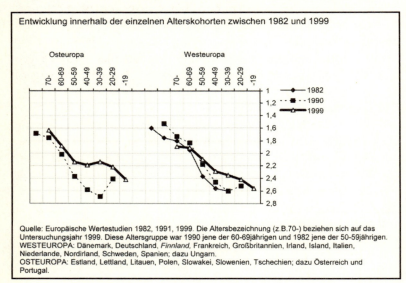

Entwicklung innerhalb der einzelnen Alterskohorten zwischen 1982 und 1999

Quelle: Europäische Wertestudien 1982, 1991, 1999. Die Altersbezeichnung (z.B.70-) beziehen sich auf das Untersuchungsjahr 1999. Diese Altersgruppe war 1990 jene der 60-69jährigen und 1982 jene der 50-59jährigen.
WESTEUROPA: Dänemark, Deutschland, Finnland, Frankreich, Großbritannien, Irland, Island, Italien, Niederlande, Nordirland, Schweden, Spanien; dazu Ungarn.
OSTEUROPA: Estland, Lettland, Litauen, Polen, Slowakei, Slowenien, Tschechien; dazu Österreich und Portugal.

Religion und Stadt

Die Großstädte gelten traditionell als die am meisten entchristlichten Regionen Europas. Noch mehr: Die Zahl jener Menschen, die sich als unreligiös begreifen, ist hier am höchsten. Die ländlichen Gebiete hingegen erwiesen sich bislang als erheblich religiöser und kirchengebundener.

Nach den Zahlen der Europäischen Wertestudien 1991 und 1999 scheint sich aber eine Trendwende anzubahnen. In mehreren europäischen Großstädten – Brüssel, Lissabon und Wien – haben sich die religiös-kirchlichen Daten deutlich erholt. Lediglich Paris, die Stadt der Französischen Revolution und des früh etablierten Laizismus, bildet eine abweichende Ausnahme.

In Brüssel, Lissabon und Wien bezeichneten sich 1999 deutlich mehr Menschen als im Untersuchungsjahr 1990 selbst als religiös. Der allgemeine Gottesglaube hat ebenso zugenommen wie der Glaube an einen persönlichen Gott. Für erheblich mehr Menschen ist Gott in ihrem Leben wichtig. Und selbst der Sonntagskirchgang hat zugenommen. Von den Großstädten scheint somit eine religiöse Erneuerung auszugehen, die auch den christlichen Kirchen zu Gute kommt.

Fachleute deuten diese überraschende Entwicklung mit einem Wandel in den Tiefen der modernen Kultur. Offenbar ist die moderne und vermeintlich säkulare Kultur in ihren tieferen Schichten religiös „hoch aufgeladen". Diese Tiefenreligiosität drängt nunmehr wieder nach oben. Begünstigt werde eine solche „Respiritualisierung" durch die wachsende banale Oberflächlichkeit des Alltagslebens und die befürchtete Funktionalisierung des Menschen in Wirtschaft, Wissenschaft, Verwaltung. Religion scheint gerade den modernen Großstadtmenschen ein Ort, an dem sie Größe, unantastbare Würde und tragfähigen Sinn erleben.

Verschiebungen in zentralen religiösen Indikatoren 1990-1999 in ausgewählten europäischen Großstädten

		religiöse Selbstein- schätzung	glaubt an Gott	Glaube an personalen Gott	starke Wichtigkeit Gottes im Leben	sonntäglicher Kirchgang
Brüssel	90	48%	61%	27%	31%	17%
	99	59%	78%	26%	48%	29%
Belgien- Land	90	71%	75%	34%	36%	29%
	99	73%	73%	26%	32%	23%
Lissabon	90	51%	76%	47%	37%	18%
	99	82%	93%	74%	55%	24%
Portugal- Land	90	80%	90%	70%	59%	45%
	99	91%	98%	80%	65%	40%

		religiöse Selbsteinschätzung	glaubt an Gott	Glaube an personalen Gott	starke Wichtigkeit Gottes im Leben	sonntäglicher Kirchgang
Paris	90	55%	62%	24%	26%	11%
	99	48%	62%	24%	22%	9%
Frankreich-Land	90	54%	67%	19%	19%	13%
	99	45%	58%	17%	16%	5%
Wien	90	62%	71%	19%	27%	12%
	99	64%	79%	24%	35%	13%
Österreich-Land	90	92%	96%	39%	55%	44%
	99	88%	91%	40%	59%	37%

Deutlich anders haben sich die osteuropäischen Wohnorte entwickelt. Während es in den westeuropäischen Ortschaften nur wenig Veränderung gibt (die Veränderung in den Großstädten kommt in der Kategorie 500.000 und mehr nicht zum Vorschein), ist die sozioreligiöse Erholung in den osteuropäischen Wohnorten unübersehbar: Diese hat sich weniger in kleinen Orten ereignet (hier sind die Werte auch überdurchschnittlich hoch), wohl aber in den Orten über 10.000 Einwohnern.

6. Zusammenfassung

Europa ist in sozioreligiöse Hinsicht kein einheitlicher Kontinent. Zwar gehört das Christentum untrennbar zur Geschichte Europas, seine Rolle zeigt sich zur Zeit aber in einem tief greifenden Wandel begriffen. Der Zugang junger Menschen zum Christentum ist auf dem Weg herkömmlicher Glaubenstradierung nicht mehr gesichert, wenn auch die meisten europäischen Länder Wert darauf legen, die nachwachsende Generation in irgendeiner Weise mit den Traditionen des „christlichen Abendlands" in Berührung zu bringen: weniger aber aus dem Interesse, glaubende Christen zu formen, sondern eher um die Geschichte und die kulturellen Symbole zu verstehen.

Eine starke Rolle spielt die Religionsfreiheit, und diese in der Gestalt der religiösen Selbststeuerung. Dabei ist nicht mehr sicher, dass die Beanspruchung der Religionsfreiheit – wie in den Zeiten des Aufkommens moderner Gesellschaftsformen in Europa nach der Französischen Revolution – mit prognostischer Sicherheit von der Religion oder auch vom kirchlich geformten Christentum wegführen muss. Gerade in einzelnen europäischen Großstädten lässt sich gegen die vorhergesagte Entkirchlichung und das Verschwinden der Religion seit der Mitte der 90er-Jahre eine deutliche Respiritualisierung beobachten.

Das führt nicht zu einem neuerlich christlichen Europa. Aber trotz zweier atheisierender Kulturen (Ostdeutschland und Tschechien) und trotz des beträchtlichen Anteils an atheisierenden Personen in einigen westeuropäischen Ländern scheint die Zukunft Europas nicht in der Religionslosigkeit zu liegen. Vielmehr bestimmt die Buntheit das Bild. Es sind die Religionskomponisten, welche die stärkste Gruppe in vielen Bevölkerungen darstellen. Allerdings konsolidiert sich der Anteil der kirchlich engagierten Christen, und es ist nicht abzusehen, ob eine starke identische Christenheit gerade inmitten des religiösen Pluralismus mit seiner starken Religionsprivatisierung nicht doch „religionsführend" bleiben wird. In dem Maße, in dem auch moderne Gesellschaften wieder ethische, anthropologische und spirituelle Fragen produzieren, könnten institutionell klar erkennbare Kirchen auch dann eine beachtliche Rolle im gesellschaftlichen Diskurs spielen, wenn sie nur eine Minderheit der Bevölkerung an sich zu binden vermögen.

Rudolf Kern

Arbeitswerte

Die Erwerbsarbeit ist gegenwärtig einem starken Wandel unterworfen, gekennzeichnet durch eine Reihe von wirtschaftlichen, technologischen, sozialen und demografischen Trends. In wirtschaftlicher Hinsicht steht dabei die Internationalisierung bzw. Globalisierung im Vordergrund, welche die internationale Arbeitsteilung gravierend verändert hat. Darüber hinaus haben neue Organisationsformen von Produktion und Arbeit Einzug gehalten und tief greifende Umgestaltungen und Reorganisationsmaßnahmen nach sich gezogen. Verschlankung der betrieblichen Hierarchien, Flexibilisierung von Strukturen und Prozessen und verstärkte Ergebnisorientierung spielen dabei eine wichtige Rolle. Ein Wirtschaftswachstum, das vielfach ohne entsprechendes Wachstum an Arbeitsplätzen verlief bzw. zum Teil von Arbeitslosigkeit begleitet war, beeinflusste auch die Entwicklung der Beschäftigungsverhältnisse und begünstigte die Erosion von Normalarbeitszeit sowie die Entstehung von Teilarbeitsplätzen und prekärer Erwerbsarbeit.

Die technologischen Innovationen bei Informations- und Kommunikationstechniken sowie Bio- und Gentechnik erfordern entsprechende Anpassungen im System der Berufsbildung und Qualifizierung. Die sozialen Veränderungen sind gekennzeichnet durch eine zunehmende Frauenerwerbstätigkeit und durch weltweit beobachtbare Prozesse der Arbeitsmigration. Diese wurden nicht zuletzt durch stagnierende bzw. rückläufige Bevölkerungen in den Industriegesellschaften ausgelöst, verbunden zudem mit einem Überalterungsprozess.

Wie haben sich diese weit gehenden Veränderungen in der Arbeitswelt in den mentalen Strukturen der Menschen niedergeschlagen? Und wie haben sich Einstellungen und Werthaltungen gegenüber Arbeit verändert? Zum Stellenwert der Arbeit im Kontext anderer Lebensbereiche sowie über Arbeitsmotive und berufliche Werthaltungen existieren bereits über einen längeren Zeitraum eine Reihe von Untersuchungen[1].

Zentrale Themen in diesen Publikationen sind u. a. der Stellenwert der Arbeit und dessen Veränderung bei den Geschlechtern sowie im Lebenszyklus, Fragen der Identifikation mit Arbeit und Beruf, die Einbettung des Lebensbereiches Arbeit in die Gestaltung des Freizeit- und Familienbereichs und die Motive des Arbeitens.

Das vorliegende Datenmaterial aus der Europäischen Wertestudie leistet einen spezifischen Beitrag, indem der angesprochene Problemkreis im Kontext europäischer Länder mit unterschiedlichen Kulturen und Wertsystemen behandelt wird.

1. Zur Wichtigkeit von Arbeit

Ländervergleich

Die Wichtigkeit der Arbeit ergibt im Spiegel der länderweisen Beurteilungen ein recht buntes Bild. Neun von zehn befragten EuropäerInnen (90,6%) halten Arbeit für sehr wichtig oder ziemlich wichtig. Beträchtlich nach unten weichen vom gesamteuropäischen Durchschnitt Nord-Irland und Großbritannien ab (76,1% bzw. 78,8%). Ebenfalls vergleichsweise gering ist der Stellenwert der Arbeit bei den allgemein als „tüchtig" bezeichneten Bürgern der BRD (81,4%) sowie in den ehemaligen Kernländern der Sowjetunion, nämlich Ukraine (83,7%), Weißrussland (83,9%) und Russland (84,4%) sowie in Estland (86,3%).

Der etwas überraschende Rangplatz der Bundesdeutschen auf der mentalen Skala der Bedeutung von Arbeit zwischen den britischen, nordirischen und den ukrainisch-russischen Bewertungen lässt die Frage aufkommen, wie verhaltenswirksam diese Wertorientierungen sein mögen.

Die Zweifel verringern sich nicht, wenn man die Liste jener Länder mit der höchsten Einschätzung des Stellenwerts von Arbeit betrachtet und sich deren Wirtschaftsdaten vergegenwärtigt: Spitzenreiter sind nämlich Slowenien und Polen (96,7% bzw. 96,3%), gefolgt von Malta (95,5%), Norwegen (95,2%), Kroatien (96,2%), Tschechien (95,2%), Italien (95,1%) und Portugal (95,1%).

Mit Ausnahme des Ölexportlandes Norwegen und des EU-Gründungsmitglieds Italien sind die Wirtschaftsleistungen Irlands, Großbritanniens und Deutschlands deutlich höher als die Sloweniens, Kroatiens, Tschechiens oder auch Maltas und Portugals (BSP pro Kopf). (Das Bruttosozialprodukt war in der BRD 1996 etwa dreimal so hoch wie in Malta.)

Lebenslagen

Der Stellenwert der Arbeit in den erhobenen Berufsgruppen hängt sehr stark vom jeweiligen Länderkontext ab. Betrachtet man die Bewertungsstufe „sehr wichtig", ergeben sich Unterschiede, die bis mehr als 100% der niedrigsten erhobenen Prozentsätze bei dieser Skalenausprägung betragen. Die Varianz zwischen den Ländern erweist sich größer als jene zwischen den Berufsgruppen. Norwegen, Polen und Slowenien gehören zu den Ländern mit hohen Anteilen bei der Bewertung von Arbeit als „sehr wichtig". Finnland, Lettland und Estland sind Beispiele für das andere Extrem: Sie scheinen in diesem Zusammenhang häufig mit sehr niedrigen Prozentsätzen auf. Das Fazit aus diesen Ergebnissen: Länderspezifische Maßstäbe in der Bewertung von Arbeit dominieren berufsgruppenspezifische Maßstäbe. Auch die Varianzanalyse bestätigt den stärkeren Einfluss der Länder.

Umfang der Erwerbsarbeit

Bei der Bewertung von Arbeit spielt der Umfang der Erwerbsarbeit eine erhebliche Rolle. Die höchste Wertschätzung erfährt Arbeit durch die Selbstständigen, für die kein zeitlicher Umfang der Berufstätigkeit definiert wurde. Sie bezeichnen zu rund zwei Drittel (65,6%) Arbeit als „sehr wichtig". Im Vergleich dazu bewerten Teilzeitbeschäftigte nur zur Hälfte (50,2%) Arbeit ähnlich hoch. Zwischen Selbstständigen und Teilzeitbeschäftigten rangieren die Vollbeschäftigten mit ca. 60% in der Bewertungsstufe „sehr wichtig" und die Arbeitslosen mit einem praktisch gleich hohen Anteil. Hausfrauen gleichen in diesem Punkt eher den Teilzeitbeschäftigten. In der zweithöchsten Stufe der Skala („ziemlich wichtig") sind Letztere jedoch mit über 40% deutlich stärker vertreten als Hausfrauen mit gut 30%. Studenten weisen die geringsten Anteile (46,3%) in der höchsten Bewertungsstufe auf, jedoch den größten Prozentsatz in der zweithöchsten Stufe (44,5%). Betrachtet man die Antwortkategorie, welche die geringste Wertschätzung von Arbeit zum Ausdruck bringt („überhaupt nicht wichtig"), fällt der mit 10% hohe Prozentsatz an Pensionisten ebenso auf wie jener der Erwerbstätigen, der – egal ob Selbstständige oder Teilzeitbeschäftigte – bei weniger als 1% liegt.

Die Bedeutung der Ausbildung

Der Zusammenhang zwischen *Bildungsabschluss* und der Einschätzung der Wichtigkeit von Arbeit ergibt ein unregelmäßiges Muster: Den relativ geringsten Anteil an der höchsten Bewertungsstufe von Arbeit (und zugleich den größten Anteil an der schlechtesten Bewertung) verzeichnen Personen mit einem unvollständigen Grundschulabschluss („sehr wichtig": 52%). Unter Pflichtschulabsolventen erreicht dieser Anteil etwa einen gleich hohen Wert wie in mittleren und höheren Bildungsschichten (56%).

Am relativ häufigsten – und somit deutlich höher als beim höchst möglichen Bildungsabschluss (60,5% higher education upper level third certificate) – findet sich die höchste Bewertung der Arbeit bei Personen, deren Bildungsqualifikation etwa einem abgeschlossenen Lehrberuf (Facharbeiter) entspricht (61,9% für basic vocational qualification und 61,5% für intermediate vocational qualification). Geht man von der Gültigkeit und Verlässlichkeit der erhobenen Daten aus, müssen für dieses Phänomen plausible Erklärungen gefunden werden. Eine solche wäre die tiefer greifende berufliche Sozialisation, die sowohl bei Lehrberufen (zumindest im dualen Bildungssystem) als auch bei akademischen Berufen (durch lange Ausbildung) zu einer höheren Identifikation mit dem Beruf führt. Bei Schulabsolventen mit Matura bzw. Abitur und einer ein- bis zweijährigen berufsbezogenen Zusatzausbildung ist das vermutlich weniger der Fall. Für diese Hypothese spricht, dass ältere Befragte – bei denen die Wahrscheinlichkeit einer längeren Berufszugehörigkeit höher ist als bei jüngeren und die somit einer tiefer greifenden Berufssozialisation unterzogen waren – Arbeit ebenfalls höher bewerten als jüngere. Die gegenwärtigen Tendenzen des Obsoletwerdens von Lebensberufen dürften dem Stellenwert von Arbeit nicht gerade zuträglich sein. Bei Lebensläufen von Frauen muss man davon ausgehen, dass berufliche Sozialisationseffekte durch Unterbrechungen im Zuge von Familiengründung auch bisher schon geringer waren als bei Männern, wofür auch der niedrige Stellenwert von Arbeit und Beruf als Indiz genommen werden kann.

Vergleicht man die Bedeutung von Arbeit nach dem Bildungsniveau, findet sich die höchste Einstufung („sehr wichtig") bei Personen mit über eine Grundschulausbildung hinausgehender elementarer Berufsausbildung (61,9%). Hier ist auch einer der größten Bewertungsunterschiede zwischen Frauen und Männern festzustellen (5,8% mehr Männeranteil). Noch etwas höher sind die Unterschiede in der unmittelbar darunter liegenden Bildungsstufe (6,5%) mit dem einfachsten Bildungsabschluss. Bemerkenswerterweise verschwinden die Geschlechterdifferenzen nahezu in der dritten Bildungsstufe, die mit einer gehobenen Berufsbildung abschließt, und erweisen sich auch bei allen weiteren höheren Bildungsabschlüssen geringer als in den beiden untersten Stufen. Ein geringes Bildungsniveau korrespondiert offensichtlich mit einer eher traditionellen Geschlechtsrollenorientierung, bei der der Stellenwert der Berufsarbeit von Männern deutlich größer ist als bei Frauen.

Die Tatsache, dass Personen mit einer berufsbezogenen Ausbildung die Wichtigkeit von Arbeit am vergleichsweise höchsten einschätzen und die zweithöchste Bewertung durch Personen mit der höchsten schulischen (universitären) Ausbildung erfolgt, lässt vermuten, dass hierbei Sozialisationseffekte eine Rolle spielen. Eine berufsspezifische Sozialisation bzw. eine lange Berufsvorbereitung durch das Studium scheinen sich günstig auf die Entwicklung eines hohen Arbeitsethos auszuwirken.

Geschlechtsspezifische Bewertungen von Arbeit

Die höhere Arbeitsorientierung von Männern ist auch bei den einzelnen Berufskategorien feststellbar. Vor allem in Unternehmen mit zehn oder mehr Mitarbeitern übersteigt der Männeranteil in der Bewertung von Arbeit als „sehr wichtig" jenen der Frauen erheblich (9,9%). Landarbeiter wie auch Unternehmer mit weniger als zehn Mitarbeitern und

Militärangehörige weisen einen höheren Anteil in der höchsten Bewertungsstufe auf als ihre Kollegen (7,1%; 6,9%; 6,1%). Die geringsten Geschlechterdifferenzen sind bei den freien Berufen (1,9%) und bei den einfachen und höheren Angestellten (je 2,9%) zu beobachten.

Frauen mit einer besonders hohen Wertschätzung von Arbeit sind prozentuell am stärksten vertreten unter Unternehmerinnen mit zehn und mehr Mitarbeitern, gefolgt von Landwirtinnen (62,0%) und Unternehmerinnen mit weniger als zehn Mitarbeitern (61,7%). Die geringsten Frauenanteile in der höchsten Bewertungsstufe von Arbeit weisen Landarbeiterinnen (47,2%) auf, dann Frauen, die nie erwerbstätig waren (51,5%), und einfache Angestellte (51,5%). Bei Männern sind die berufsspezifischen Unterschiede ähnlich gelagert: Größere und kleinere Unternehmer, Freiberufler und Landwirte stehen in der Reihenfolge der Häufigkeit an der Spitze der Bewertungen (73,9%; 68,6%; 65,6%). Die geringsten Anteile in der höchsten Bewertung von Arbeit finden sich bei den Landarbeitern (54,3%), den einfachen Angestellten (54,4%) und den nie beschäftigt Gewesenen (47,5%).

Die Unterschiede bei der Wichtigkeit von Arbeit nach dem Geschlecht erweisen sich auch im Ländervergleich zum Teil als sehr beachtlich. Vor allem in der Bewertung von Arbeit als „sehr wichtig" gibt es Länder (wie z. B. Großbritannien), in denen bis zu 19% mehr Männer als Frauen Arbeit als sehr wichtig einschätzen, oder Irland, Island, Deutschland, Dänemark und Nordirland mit mehr als 10% Differenz. Andererseits sind in manchen Ländern Frauen in der höchsten Bewertungsstufe stärker vertreten als die Männer, wenn auch mit deutlich geringeren Unterschieden: Schweden (3% mehr Frauen), Slowenien, Finnland und Griechenland (je 2%). Diese Länderunterschiede passen zu keinen herkömmlichen Vorstellungen von fortschrittlich versus traditionell, es müssen hier sehr spezifische Faktoren wirksam sein.

Die Analyse zeigt, dass zwischen den skandinavischen Nachbarländern Dänemark und Schweden ebenso große Unterschiede herrschen wie zwischen den Nachbarn Deutschland und Österreich. Die Bundesrepublik Deutschland hat in der höchsten Bewertungsstufe von Arbeit ein Übergewicht der Männer von 13,1%, während in Österreich die entsprechende Geschlechterdifferenz nur 2, 5% beträgt. Re-

DIE SEHNSUCHT NACH SINN

lativ gering sind die Mann-Frau-Unterschiede auch auf der Iberischen Halbinsel sowie in Frankreich und in den ehemaligen sozialistischen Ländern mit Ausnahme der Ukraine.

Änderungen im Zeitverlauf

Dass die Wichtigkeit von Arbeit zwischen 1990 und 1999 insgesamt leicht gesunken ist, zeigen die unterschiedlichen, zum Teil gegenläufigen Veränderungen bei den Skalenausprägungen („sehr wichtig": Zunahme von 1,7%; „ziemlich wichtig": Abnahme um 2,9%; „nicht sehr wichtig": Zunahme von 0,4%; „überhaupt nicht wichtig": Zunahme von 0,8%). Der stärkste prozentuelle Zuwachs bei der höchsten Bewertungsstufe von Arbeit wird jedoch durch die Veränderungen in den anderen Bewertungsstufen aufgehoben.

Geschlechtsspezifische Veränderungen
Die Anteile beider Geschlechter in der höchsten Bewertungsstufe von Arbeit sind zwischen 1990 und 1999 gestiegen (ca. 1,7%), gleichzeitig hat aber auch die Geringschätzung von Arbeit insgesamt zugenommen („nicht sehr wichtig" und „überhaupt nicht wichtig" um gesamt 1,2%), bei den Frauen etwas stärker als bei den Männern (1,4% zu 1%).

Altersbezogene Veränderungen
Die Bewertung von Arbeit als „sehr wichtig" nahm bei der jüngsten Alterskohorte im Zeitraum 1990 bis 1999 deutlich zu (6,0%), leichte Zuwächse sind auch bei den zweit- und drittjüngsten Kohorten festzustellen. Bei allen Älteren sank der Anteil in der höchsten Bewertungsstufe: in der ältesten Kohorte mit fast 14% sehr ausgeprägt, bei den übrigen älteren Jahrgängen mit ca. 6-7% immer noch beträchtlich. Prozentuell betrachtet ist die Wichtigkeit der Arbeit, gemessen an der Ausprägung „sehr wichtig", bei älteren Jahrgängen stärker gesunken, als sie bei jüngeren zugenommen hat.

2. Anforderungen an die Arbeit

Die Anforderungen an die Arbeit betreffen einerseits Aspekte, die der intrinsischen Motivation zuzurechnen sind: Intrinsische Motive basieren auf Anforderungen, die mit der Tätigkeit selbst verknüpft sind und keiner wie immer gearteten zusätzlichen Anreize bedürfen. Andererseits stellen extrinsische Motivationen Anreize dar, die auch unabhängig von der Art und Weise der Tätigkeit wirksam sind.

Die höchsten Korrelationen mit der Wichtigkeit von Arbeit weisen jene Aspekte auf, die Indikatoren für eine intrinsische Motivation darstellen. Mit zwei Ausnahmen: Die Korrelation der „Arbeitsplatzsicherheit" mit der Wichtigkeit von Arbeit entspricht dem Niveau der intrinsischen Motivlagen. Und das intrinsische Motiv „interessante Arbeit" korreliert geringer als die extrinsischen Motive „Leute treffen" und „gute Bezahlung". Die freizeitorientierten Aspekte „großzügiger Urlaub" und „günstige Arbeitszeiten" korrelieren negativ mit der Wichtigkeit von Arbeit, was an sich plausibel erscheint.

Anforderungen an die Arbeit nach Geschlecht (in %)

	Frauen	Männer	Gesamt
Gute Bezahlung	78,4	82,7	80,5
Angenehme Kollegen	71,3	67,8	69,7
Interessante Arbeit	65,4	66,6	66,0
Arbeitsplatzsicherheit	65,4	65,1	65,3
Fähigkeitsgerechte Arbeit	59,4	60,9	60,0
Etwas erreichen	53,9	56,7	55,2
Günstige Arbeitszeit	51,8	45,7	49,4
Leute treffen	50,7	44,5	47,8
Anerkannte Arbeit	44,8	43,8	44,3
Initiative entfalten	44,6	49,1	46,7
Nützlich für die Gesellschaft	41,7	40,2	41,1
Verantwortungsvolle Tätigkeit	40,2	45,5	42,7
Aufstiegschancen	37,0	40,7	38,8
Wenig Stress	34,7	33,4	34,2
Großzügiger Urlaub	29,7	31,2	30,4

DIE SEHNSUCHT NACH SINN

Geschlechtsspezifische Anforderungen an die Arbeit

„Gute Bezahlung" wurde von beiden Geschlechtern am häufigsten als wünschenswerte Eigenschaft von Arbeit und Beruf hervorgehoben, von Männern allerdings häufiger als von Frauen. Der geschlechtsspezifische Unterschied ist hier von allen Arbeitsmerkmalen am höchsten. Am zweithäufigst genannten Qualitätsmerkmal – „angenehme Leute", mit denen man im Arbeitsleben zu tun hat – zeigen Frauen stärkeres Interesse als Männer.

„Interessante Arbeit", „Arbeitsplatzsicherheiten" und „Übereinstimmung mit den Fähigkeiten" sind in der Reihenfolge ihrer Häufigkeit weitere wichtige Arbeitseigenschaften, von Männern häufiger erwähnt als von Frauen. Kaum Unterschiede nach dem Geschlecht finden sich bei den Aspekten „nützlich für die Gesellschaft" und „eine anerkannte (respektierte) Arbeit" wie auch bei den EuropäerInnen am wenigsten wichtigen „großzügigen Ferien" und „nicht zu viel Druck".

Im mittleren Häufigkeitsbereich wünschenswerter Arbeitsmerkmale befinden sich mit deutlich unterschiedlichen geschlechtsspezifischen Betonungen „verantwortungsvolle Tätigkeit", „initiativ sein" und „Aufstiegschancen" – bei den Männern im Vordergrund – bzw. Sozialkontakte (Treffen von Leuten) und günstige Arbeitszeiten – bei den Frauen höher im Kurs.

Obwohl die festgestellten Unterschiede zwischen Männern und Frauen auf keinen exakten Rangordnungen von Arbeitsmerkmalen beruhen, vermögen sie in ihrer Gesamtheit doch etwas über den Stellenwert der Arbeit im Lebenszusammenhang der Geschlechter auszusagen. Männer betonen etwas stärker Arbeitseigenschaften, die mit intrinsischen Arbeitsmotiven verbunden sind (verantwortungsvolle Tätigkeit, Aufstiegschancen, initiativ sein können). Frauen legen vergleichsweise etwas mehr Wert auf atmosphärische bzw. sozio-emotionale Aspekte (Sozialkontakte, angenehme Leute, nicht zu viel Druck).

Die von Männern vergleichsweise öfter hervorgehobenen pragmatischen Aspekte von Arbeit, wie gute Bezahlung und Arbeitsplatzsicherheit, stehen wahrscheinlich mit der häufigeren Rolle als familiärer Hauptverdiener im Zusammenhang. Andererseits dürfte die höhere Wertung guter Arbeitszeiten bei den Frauen auf deren zusätzliche Belastung durch Haus- und Familienarbeit zurückzuführen sein. Diese Interpretation wird gestützt durch den höheren Stellenwert, den europäische Männer Arbeit und Freizeit einräumen, während europäische Frauen die Wichtigkeit der Familie stärker akzentuieren. Dieser Zusammenhang wird auch bei der Betrachtung des Umfangs der Erwerbstätigkeit deutlich: Personen, die weniger als 30 Stunden/Woche arbeiten – das sind primär Frauen –, betonen die Wichtigkeit von Arbeit weniger häufig, den Wert der Familie aber häufiger.

Ländervergleich

Als wichtigster und unwichtigster Aspekt zeigen sich bei allen Ländern gleichermaßen Bezahlung und Urlaub. Es gibt jedoch ausgeprägte Unterschiede innerhalb Europas: So ist gute Bezahlung für rund 91% der Bulgaren und Rumänen ein wichtiger Aspekt, jedoch nur für ca. 37% der Finnen. Angenehme Kollegen sind rund 87% der niederländischen Befragten wichtig, aber nur etwa 41% der Finnen. Und auf interessante Arbeit entfallen in Malta rund 85% der Nennungen, in Finnland nur ca. 46%. Diese drei Beispiele verdeutlichen, dass Finnland eines jener Länder mit einem besonders hohen Maß an Gleichgültigkeit gegenüber den in den verschiedenen Aspekten von Arbeit enthaltenen Wertbezügen darstellt.

Lassen sich nun unter den europäischen Ländern Gruppen mit ähnlichen Präferenzen bilden, die sich voneinander deutlich unterscheiden? Eine Analyse ergibt sechs Gruppen von Ländern, die in folgender Weise charakterisiert werden können:
• Der in Europa vorherrschende Typ umfasst geografisch die mittel- und westeuropäischen Staaten der Europäischen Union (Frankreich, Österreich, Deutschland Ost und West, Großbritannien, Belgien, Dänemark, Niederlande, Schweden, Luxemburg, Finnland): Ihn kennzeichnet der vorherrschende Wunsch nach einer angenehmen sozialen Umgebung bei der Ausübung des Berufs, was insofern bemerkenswert ist, als bei allen übrigen Ländern die gute Bezahlung an erster Stelle steht. Offensichtlich lastet in diesem Teil Europas auf dem Großteil der Bevölkerung kein umfassender und schwerwiegender materieller Druck. Diese auf das Vorhandensein oder die Abwesenheit von Defiziten abzielende Argumentation ließe sich ebenso auf die Sozialbeziehungen anwenden. Wir wollen jedoch im Sinne der Maslow'schen Bedürfnisdynamik[2] annehmen, dass die weitge-

hende Abdeckung der basaleren materiellen und damit auch physiologischen Bedürfnisse erst die Hinwendung zu weniger existenziellen Bedürfnissen ermöglicht. Dafür spricht, dass wirtschaftlich schlechte Bedingungen nicht unbedingt positive klimatische Effekte auf die Sozialbeziehungen haben. Im Einzelnen sind also die drei Aspekte „angenehme Kollegen", „gute Bezahlung" und „interessante Arbeit" in Ländern nachfolgender Gruppe vorherrschend.

- Diese historisch weitgehend stark mit dem italienischen Kulturraum verbundene Staatengruppe – Italien und seine Nachbarn Malta, Slowenien und Kroatien sowie als Ausnahme Ungarn – zeichnet sich vor allem dadurch aus, dass sie fast alle fünfzehn Aspekte von Arbeit stärker betont als die übrigen: „Gute Bezahlung" spielt auch hier die wichtigste Rolle, wenngleich eher die eines primus inter pares, denn „fähigkeitsgerechte Arbeit" und drei untereinander gleichrangige Aspekte folgen mit geringem Abstand – „angenehme Kollegen", „interessante Arbeit" und „Arbeitsplatzsicherheit".

- Eine weitere südeuropäisch dominierte Gruppe – inkludierend Spanien und Portugal sowie etwas überraschend die Ukraine – ergibt ein ganz anderes Bild: Die Tendenz, alles für wichtig zu erklären, ist hier gebrochen. Der Geldaspekt dominiert klar, „Arbeitsplatzsicherheit" und „angenehme Kollegen" heben sich von anderen Aspekten ab, die allesamt eine weniger prominente Rolle spielen.

- Die am nordwestlichen Rand Europas[3] gelegene kleine Ländergruppe – Irland, Nord-Irland und Island – unterscheidet sich nur graduell vom europäischen Haupttypus: „Geld", „angenehme Kollegen" und „interessante Arbeit" sind auch hier Hauptaspekte, die „soziale Umgebung" wird geringer eingeschätzt. Stärker ausgeprägt ist jedoch der Wunsch, etwas zu erreichen. Auf eine vergleichsweise stärkere Freizeitorientierung deuten die unter „weniger wichtig" hervortretend gereihten Aspekte „günstige Arbeitszeiten" und „großzügiger Urlaub".

- Den eigentlichen Gegenpol zum europäischen Haupttypus bilden die ehemaligen COMECON-Länder Russland, Weißrussland, Litauen, Lettland, Estland, Slowakei und Tschechien. Sie weisen eine starke Vorherrschaft des finanziellen Aspekts auf bei einer gleichzeitig schwachen Ausprägung der anderen Wertbezüge von Arbeit (die geringsten Vergleichswerte unter allen Länderclustern). Der guten Bezahlung deutlich nachgeordnet sind ähnlich den bisher genannten Aspekten „interessante Arbeit", „angenehme Kollegen" und „Arbeitsplatzsicherheit".

- In der Ländergruppe um die ehemaligen COMECON-Staaten Polen, Rumänien, Bulgarien sowie das ähnliche Arbeitswertestrukturen aufweisende EU-Mitglied Griechenland ist im Vergleich zu allen übrigen die „gute Bezahlung" am stärksten ausgeprägt. Im Gegensatz zur Hauptgruppe der Ostblockländer treten aber die anderen Aspekte von Arbeit und Beruf nicht so sehr in den Hintergrund: in diesem Fall „Arbeitsplatzsicherheit", gleichrangig gefolgt von „fähigkeitsgerechter Arbeit" und „Arbeitsplatzsicherheit".

Kulturelle und historische Faktoren

Verschiedene Einflüsse formen und modifizieren die arbeits- und berufsbezogene Wertewelt Europas. Als einer der wesentlichen differenzierenden Faktoren wird die Wichtigkeit von Arbeit und Beruf an sich durchwegs in allen südeuropäischen Staaten betont, aber auch in einigen Ländern Nord- und Mitteleuropas: Frankreich, Belgien, Österreich, Ostdeutschland, Tschechien, Polen, Lettland und Island. Im Großteil der Staaten des ehemaligen COMECON und der Europäischen Union findet sich eine vergleichsweise geringere Arbeitsorientierung bzw. Wichtigkeit des Berufs.

Ein anderer kulturell-mentaler Beeinflussungsfaktor ist in bestimmten Ländern – insbesondere im adriatischen Raum (Italien, Slowenien, Kroatien) und Malta – die Tendenz, die Wertschätzung von Arbeit überdurchschnittlich hoch hervorzuheben. Im Nordwesten der ehemaligen Sowjetunion (Baltikum und Weißrussland) wiederum lässt sich eine gegenteilige Tendenz beobachten: Die Wertschätzung der Arbeit wird sehr zurückhaltend geäußert. Während also im Süden Europas eine gewisse Expressivität in der Äußerung von Bewertungen festgestellt werden kann, ist in Teilen Nordeuropas diesbezüglich eher eine gewisse Reserviertheit zu beobachten.

Als dritter, wesentlicher Faktor beeinflusst die wirtschaftliche Lage die Positionierung des finanziellen Aspekts und dessen Absicherung (Arbeitsplatzsicherheit) innerhalb der Präferenzreihe. In Staaten mit keinem oder negativem Wirtschaftswachstum, hoher Inflation und Arbeitslosigkeit (überwiegend ehemalige COMECON-Staaten) bedeutet dies eine hohe Priorität der Aspekte „gute Bezahlung" und „Arbeitsplatzsicherheit". Ist die wirtschaftliche Lage nicht prekär, sondern eher prosperierend (überwiegend EU-Länder), treten andere Aspekte wie „angenehme soziale Umwelt", „interessante Arbeit" oder eine vermehrte Freizeitorientierung in den Vordergrund.

Lebenslagen

Anforderungen an die Arbeit nach Berufen
Mit Ausnahme der Angestellten ist bei allen Berufen die gute Bezahlung häufigst genannter wichtiger Aspekt von Arbeit, mit ca. 80% der Nennungen besonders ausgeprägt unter Facharbeitern, angelernten Arbeitern und Landarbeitern. Obwohl die Verdienstmöglichkeiten auch bei kleinen Unternehmen die wichtigste Rolle spielen, erreichen sie dort nur knapp 70% der Nennungen. Leitende Angestellte und einfache Angestellte weisen in dieser Frage einen praktisch gleich hohen Prozentsatz auf, der Aspekt „angenehme Kollegen" wird jedoch mit ca. 75% der Nennungen an erster Stelle gereiht. „Etwas zu erreichen" zählen nur Unternehmer, freiberuflich Tätige und leitende Angestellte mit einem Anteil zwischen rund 64% und 58% zu den fünf wichtigsten Aspekten. Die „Entfaltung von Initiativen" führen ausschließlich Unternehmen mit zehn und mehr Beschäftigten als wichtigen Aspekt an (60%). Mit Ausnahme der letztgenannten Berufsgruppe der Arbeitgeber und jener der ungelernten Arbeiter und Militärpersonen wird „fähigkeitsgerechte Arbeit" von allen Berufsgruppen an die vierte oder fünfte Stelle gesetzt (Anteilswerte zwischen ca. 49% und 65%). „Arbeitsplatzsicherheit" betonen angelernte Arbeiter, Landarbeiter und Landwirte relativ stark mit einer Reihung an zweiter Stelle. Für Personen ohne besondere Berufsqualifikation sind „günstige Arbeitszeiten" interessant, platziert allerdings an fünfter und letzter Stelle.

Religionszugehörigkeit und wichtige Anforderungen an die Arbeit
Die von den Europäern am häufigsten als wichtig erachteten Aspekte im Arbeitsleben sind je nach religiösem Bekenntnis unterschiedlich ausgeprägt. Der Einkommensaspekt steht vor allem bei Orthodoxen im Vordergrund (83,4%), deren geografischer Lebensraum sich weitgehend mit den wirtschaftlich schwachen Ländern des ehemali-

gen COMECON-Wirtschaftsraumes deckt. Ähnliches dürfte auch für Moslems und Hindus zutreffen, die sich zu einem erheblichen Teil aus Migranten mit wirtschaftlichen Motiven zusammensetzen (72,3 bzw. 73,5%). Die Gruppe der Katholiken mit dem insgesamt zweithöchsten Anteil beim Wunsch nach guter Bezahlung konzentriert sich geografisch im Wesentlichen auf den südeuropäischen Raum, dessen ländliche Regionen ebenfalls zu den eher wirtschaftlich benachteiligten Gebieten zählen (gilt auch für Polen) – was den hohen Stellenwert von gutem Einkommen (74,9%) plausibel erscheinen lässt. Angehörige des jüdischen Religionsbekenntnisses verfügen mit einer knappen Hälfte an Befragten (49,0%), die für eine gute Bezahlung als wichtigster Aspekt für Arbeit votierten, über eine Sonderstellung: Sie sind die Gruppe mit der am wenigsten verbreiteten materiellen Orientierung im Arbeitsleben.

Bei der Arbeit mit angenehmen Leuten zu tun zu haben, ist insbesondere für Protestanten (72,3%), aber auch für unter „Sonstige" zusammengefasste religiöse bzw. weltanschauliche Gruppen häufig genanntes Anliegen (71,3%). Juden und Moslems ist dies vergleichsweise am wenigsten wichtig (53,1% bzw. 51,6%). Die übrigen religiösen Bekenntnisse bewerten gute Sozialkontakte jeweils mit rund zwei Drittel der Befragten ähnlich.

Zu den drei wichtigsten Dimensionen von Arbeit zählt auch die *Arbeitsplatzsicherheit.* Sie ist am stärksten bei der Kategorie der sonstigen Bekenntnisse ausgeprägt (76,8%), gefolgt von den Orthodoxen Christen (69,2%) – die wie erwähnt mit wirtschaftlichen Problemen konfrontiert sind und für die Einkommenskontinuität eine besondere Rolle spielt. Außerordentlich niedrige Vergleichswerte zeigen die Befragten jüdischen Glaubens (36,0%).

Eine *interessante Arbeit* zu haben, der gesamt viertwichtigste Aspekt, findet insbesondere bei Protestanten und Buddhisten Anklang (63,8% bzw. 63,9%). Auch in diesem Punkt – wie noch in einigen anderen – sind die Juden jene religiöse Gruppe in Europa mit den niedrigsten Anteilswerten (44,4%).

Den fünften Rangplatz nimmt in Europa die *fähigkeitsgerechte Tätigkeit* ein. Orthodoxe Christen und Buddhisten weisen hier die relativ häufigsten Nennungen auf (61,1% bzw. 60,1%), gefolgt von der Gruppe der sonstigen Bekenntnisse (67,9%) und den Katholiken (56,7%). Mit geringem Abstand zu Buddhisten (44,7%) und Mos-

DIE SEHNSUCHT NACH SINN

lems (45,1%) am Ende: Angehörige des jüdischen Glaubens (43,4%).

Anforderungen an die Arbeit und sozio-ökonomischer Status
Die Angehörigen verschiedener Schichten weisen den einzelnen Aspekten von Arbeit einen zum Teil recht unterschiedlichen Stellenwert zu.

Personen mit hohem sozio-ökonomischen Status (Schicht A und B) halten gute Bezahlung, Arbeitsdruck, Arbeitsplatzsicherheit, günstige Arbeitszeiten und großzügigen Urlaub in deutlich geringerem Ausmaß für wichtig als der Durchschnitt der Befragten. Für sie sind diese Aspekte von Arbeit und Beruf seltener problembehaftet und unterliegen zum Teil ihren eigenen Dispositionen. Vergleichsweise wichtiger ist ihnen, etwas erreichen zu können, eine verantwortungsvolle Arbeit zu haben, Initiative zu entfalten sowie eine ihren Fähigkeiten entsprechende und interessante Arbeit zu haben.

Diese Anliegen müssen Personen mit niedrigem Status von vornherein vielfach als unrealisierbar erscheinen, da sie für die Berufe bzw. Tätigkeiten, die solche Wünsche erfüllbar machen, meist nicht hinreichend qualifiziert sind und/oder ihnen der Zugang hierzu kaum möglich ist. Die Häufigkeit, mit der diese sich offensichtlich auf intrinsische Motivationslagen beziehenden Aspekte von Angehörigen in den unteren Schichten genannt werden, ist entsprechend unterdurchschnittlich.

Jene Personen, die sich am Ende der Schichtungsskala befinden (D, E), weisen bei keinem der vorliegenden Aspekte eine deutlich höhere Präferenz (mindestens 3%) als der Durchschnitt auf. Erst mit der unteren Mittelschicht (C2) setzt ein verstärkter Ausdruck von Präferenzen ein, in diesem Fall für „Arbeitsplatzsicherheit" und „günstige Arbeitszeiten".

Im Vergleich dazu artikulieren Angehörige der oberen Mittelschicht ihre Präferenzen deutlicher. Weitgehend mit Oberschichtangehörigen decken sich die überdurchschnittlich hohen Prozentwerte für „Initiative entfalten", „etwas erreichen" und „interessante Arbeit". Lediglich das „Treffen von Leuten" ist ein Aspekt von Arbeit, der ausschließlich hier eine überdurchschnittliche Rolle spielt und nicht mit den Präferenzen der Oberschichtangehörigen übereinstimmt.

Alter und wichtige Anforderungen an die Arbeit
Die wünschenswerten Anforderungen an die Arbeit und den Beruf sind, wie bereits erwähnt, in vieler Hinsicht situationsgebunden. Dies bestätigt sich auch in Hinblick auf das Alter der Befragten. Je älter diese, umso geringer war der Stellenwert vieler der am häufigsten genannten Aspekte wie „gute Bezahlung", „angenehme Leute bzw. Kollegen" und „interessante Arbeit". Aber auch „Initiative entfalten", „etwas erreichen" und „Aufstiegschancen" werden mit zunehmendem Alter nicht höher bewertet. Hingegen steigt die Einschätzung der Aspekte „nützlich für die Gesellschaft", „Arbeitsplatzsicherheit" und „anerkannte, geachtete Arbeit".

Die weiteren sechs Einzelaspekte – „großzügige Ferien", „Leute treffen", „verantwortungsvolle Tätigkeit", „nicht zu viel Druck", „günstige Arbeitszeiten" und „fähigkeitsgerechte Tätigkeit" – sind wiederum eine Domäne der Jüngeren, wenngleich mit schwächeren Korrelationen als Erstgenannte.

Änderungen im Zeitverlauf
Zwischen 1990 und 1999 verzeichneten von den seitens der Befragten als besonders wichtig eingeschätzten Arbeitsaspekten vor allem „gute Bezahlung" und „Arbeitsplatzsicherheit" stärkere Zuwächse (je +8,5%). Die Bedeutung von „Aufstiegschancen", „anerkannter Arbeit" und „günstigen Arbeitszeiten" stieg um 6-7% , „interessanter Arbeit", „fähigkeitsgerechter Arbeit" und „großzügigem Urlaub" um 4-5%.

Wichtige Anforderungen an die Arbeit – Änderungen 1990 bis 1999 (in %)

gute Bezahlung	+8,5	Initiativen entfalten	+3,7
Arbeitsplatzsicherheit	+8,5	nicht zu viel Druck	+3,3
Aufstiegschancen	+6,7	verantwortungsvolle Tätigkeit	+2,4
anerkannte Arbeit	+6,4	Leute treffen	+2,4
günstige Arbeitszeiten	+6,3	etwas erreichen	+2,2
interessante Arbeit	+4,7	nützlich für die Gesellschaft	+1,6
fähigkeitsgerechte Arbeit	+4,2	angenehme Kollegen	+0,3
großzügiger Urlaub	+4,2		

DIE SEHNSUCHT NACH SINN

3. Zufriedenheit mit der Arbeit

Ländervergleich

Insbesondere die europäischen Nachfolgestaaten der UdSSR, aber auch Rumänien und Bulgarien weisen im europäischen Vergleich die geringste Lebenszufriedenheit auf. Gemessen an den Mittelwerten zeigt sich die Lebenszufriedenheit in der Ukraine am geringsten, gefolgt von Russland und Weißrussland sowie Rumänien, Bulgarien und Lettland. Analoges gilt für die *Arbeitszufriedenheit*. Weißrussland verfügt über die geringsten Werte, die Ukraine liegt an zweiter Stelle, gefolgt von Russland, Lettland, Estland und Rumänien. Hohe Arbeitszufriedenheitswerte sind vor allem in den skandinavischen Ländern sowie in Österreich und Irland festzustellen – mit Anteilen zwischen 40 und 50% in den beiden höchsten Ausprägungen der zehnteiligen Skala –, noch zufriedener ist man in Malta (55,0%), das somit wieder eine Spitzenposition hinsichtlich der positiven Beurteilung arbeitsbezogener Aspekte einnimmt.

Arbeitszufriedenheit nach Ländern und größere Veränderungen seit 1990

Länder	sehr zufrieden*)	Länder	sehr zufrieden*)
Malta	55,0	Tschechien	30,0
Dänemark	49,7	Litauen	29,2
Norwegen	43,1	Slowenien	27,3
Schweden	43,1 (-27%)	Rumänien	27,2
Irland	41,9	Slowakei	25,9 (-21%)
Nordirland	40,9 (-4%)	Spanien	25,7
Österreich	40,7	Kroatien	25,2
Island	36,6	Polen	24,7
Bulgarien	34,8	Deutschland	24,4 (+8%)
Portugal	34,5	Lettland	24,4
Großbritannien	33,2 (-5%)	Griechenland	22,8
Finnland	32,9 (-9%)	Estland	22,6
Italien	32,5	Russland	21,9
Niederlande	32,2	Frankreich	20,4 (+4%)
Belgien	31,6 (-7%)	Ukraine	19,4
Ungarn	30,7 (-4%)	Weißrussland	10,2
Luxemburg	30,1		
*) Sehr zufrieden = Ausprägungen 9 und 10 der zehnteiligen Zufriedenheitsskala			

Neben den Nachfolgestaaten der UdSSR[4] haben unter den EU-Ländern Frankreich (20,4%) und Griechenland (22,8%) die geringsten Anteile an Nennungen in den höchsten Zufriedenheitsstufen. Auch die Bundesrepublik Deutschland erreicht mit 24,4% einen Anteil von nur knapp einem Viertel hoch zufriedener Befragter.

Lebenslagen

Auch die *Religionszugehörigkeit* zeigt einen Einfluss auf die Arbeitszufriedenheit: Die höchsten Arbeitszufriedenheitswerte entfallen auf die Protestanten (39%, Freikirchen 36%), die geografisch mit den skandinavischen Ländern und ihren hohen Zufriedenheitswerten zusammenfallen. Auch für die niedrigsten Arbeitszufriedenheitswerte bei den Orthodoxen (25%) gibt es eine geografische Entsprechung: die ehemaligen Ostblockstaaten, in denen die niedrigsten Zufriedenheitswerte gemessen wurden. Katholiken liegen mit 33% dazwischen.

Geschlechtsspezifisch untersucht erweisen sich Männer im Durchschnitt etwas zufriedener mit ihrer Arbeit als Frauen. Die Unterschiede sind jedoch relativ gering. Klein sind auch die Zusammenhänge zwischen *Arbeitszufriedenheit* und *Alter*.

Die höchsten Arbeitszufriedenheitswerte unter allen Erwerbstätigen erreichen Selbstständige mit weniger als zehn Angestellten ohne Unterschiede nach dem Geschlecht (männlich 44,2%, weiblich 44,3%), ArbeitgeberInnen mit mehr als zehn Angestellten verzeichnen ebenfalls einen hohen Anteil an sehr Zufriedenen. Sowohl hier als auch bei Angestellten und Arbeitern verschiedener Statusebenen sind Frauen unter den Hochzufriedenen prozentuell stärker vertreten als Männer. Eine Ausnahme: selbstständige und unselbstständige Frauen in der Landwirtschaft.

Die Arbeitszufriedenheit steigt mit der Höhe des Haushaltseinkommens: Im untersten Einkommenszehntel beträgt sie 56,2%, im obersten Einkommenszehntel mit 78,8% mehr als 20% mehr (Prozentangaben bezogen auf die höchsten vier Kategorien der Zufriedenheitsskala). In kleineren Gemeinden mit bis zu 20.000 Einwohnern lassen sich höhere Arbeitszufriedenheitswerte (fast drei Viertel der Befragten) als in Großstädten mit 500.000 und mehr Einwohnern (knapp zwei Drittel der Befragten) feststellen.

Je zufriedener die Menschen mit ihrer Arbeit, umso glücklicher sind sie. So liegt etwa der Anteil jener, die sich als sehr glücklich bezeichnen, in den beiden höchsten Ausprägungen von Arbeitszufriedenheit bei 47,8%, in den beiden niedrigsten Stufen von Arbeitszufriedenheit nur bei 1,6%.

Wichtigkeit von Arbeit und Zufriedenheit mit Arbeit und Beruf

Eine Gegenüberstellung der Wichtigkeit von und der Zufriedenheit mit Arbeit und Beruf nach den einzelnen europäischen Ländern macht bei einem Auseinanderklaffen beider Aspekte kognitive Spannungen bzw. Frustrationspotenziale sichtbar: wenn hohe Wichtigkeit von Arbeit mit starker Arbeitsunzufriedenheit einhergeht.[5]

Niedrige Arbeitszufriedenheit herrscht in allen ehemaligen COMECON-Ländern, von denen die meisten mit gravierenden wirtschaftlichen Problemen – zweistelligen Inflations- und Arbeitslosigkeitsraten sowie einem Rückgang der Wirtschaftsleistung (des Bruttoinlandsprodukts) – zu kämpfen haben. Trotz der allen gemeinsamen niedrigen Arbeitszufriedenheit unterscheiden sie sich hinsichtlich der Wichtigkeit von Arbeit und Beruf. Bemerkenswert erscheint die Tatsache, dass die Kombination von niedriger Arbeitszufriedenheit und niedriger Arbeitswichtigkeit vorwiegend auf Länder mit besonders schlechten Wirtschaftsdaten zutrifft (Ausnahme Ungarn). Arbeitslosigkeit und Kaufkraftverlust betreffen beide das Verwertungsinteresse an der Arbeit, was möglicherweise insbesondere die Bedeutung von Arbeit negativ beeinflusst. Auch das Erhaltungsinteresse (Arbeitsplatzsicherheit, Qualifikationserhaltung) ist wesentlich von wirtschaftlichen Einbrüchen betroffen. Auf der anderen Seite schätzen Länder wie Bulgarien, Rumänien und Lettland trotz schlechter Wirtschaftslage die Wichtigkeit von Arbeit relativ hoch ein und weisen gleichzeitig eine geringe Arbeitszufriedenheit auf. Letzteres gilt auch für EU-Länder wie Frankreich, Spanien und Griechenland mit deutlich besseren wirtschaftlichen Rahmendaten.

Niedrige Arbeitszufriedenheit hängt nicht nur mit Motivlagen zusammen, die vom Verwertungsinteresse bestimmt werden. Auch die Entscheidungsfreiheit im Arbeitsleben hat nach gegebener Datenlage einen wesentlichen Einfluss auf die Arbeitszufriedenheit (mehr Entscheidungsfreiheit – größere Arbeitszufriedenheit). Das verweist auf das Gestaltungsinteresse an der Arbeit als eine weitere wesentliche Motivlage.

Änderungen im Zeitverlauf

Die Arbeitszufriedenheit ist im Zeitraum 1990 bis 1999 in den europäischen Ländern insgesamt gesunken, der Anteil von sehr Zufriedenen hat von rund einem Drittel (32,5%) um 4,4% auf 28,1% abgenommen.

Zunahmen lassen sich in Deutschland und Frankreich (sehr kleine auch in Tschechien, Spanien und Portugal) beobachten. Deutliche Rückgänge gibt es hingegen in Schweden (-26,9%), Slowakei (-21,0%), Finnland (-9,0%) und Belgien (-7,2%).

Entscheidungsfreiheit im Beruf

Die Arbeitszufriedenheit hängt stark mit den Entscheidungsmöglichkeiten in der Arbeit zusammen:[6] Der Anteil von mit der Arbeit sehr zufriedenen Personen bei der höchst möglichen Ausprägung von Entscheidungsfreiheit (Skalenwert 10) ist fast fünfmal höher (60,8%) als bei gering ausgeprägter Entscheidungsfreiheit (Skalenwert 2: 12,9%). Noch deutlicher wird dieser Zusammenhang, wenn man die stark unzufriedenen Personen betrachtet. Bei der niedrigsten Stufe der Entscheidungsfreiheit beträgt ihr Anteil (Skalenwert 1) fast ein Fünftel (19,7%) und ist somit gut elfmal so hoch wie bei der höchsten Stufe der Entscheidungsfreiheit (1,7%).

In diesem Zusammenhang ist festzuhalten, dass die skandinavischen Staaten mit ihrer hohen Arbeitszufriedenheit auch jeweils ein hohes Maß an Entscheidungsfreiheit im Beruf aufweisen.

4. Zusammenfassung

Aus der Europäischen Wertestudie liegen hinsichtlich der Arbeitswelt Ergebnisse zu drei zentralen Fragestellungen vor:
1. Wie wichtig ist den Europäern die Arbeit?
2. Welche Anforderungen werden an die Arbeit gestellt?
3. Wie zufrieden sind die Europäer mit der Arbeit?

Insgesamt halten neun von zehn Europäern die Arbeit für sehr wichtig oder ziemlich wichtig. Der Stellenwert der Arbeit schwankt jedoch je nach Land zwischen 95% (wie in Slowenien, Polen, Kroatien, Malta, Norwegen, Tschechien, Italien und Portugal) einerseits und gut 75% (Island, Nordirland, Großbritannien) andererseits.

Aber auch Lebenslagen wie die Art des Berufs, der zeitliche Umfang der Erwerbsarbeit, Geschlecht, Alter oder erreichter Bildungsabschluss haben einen beträchtlichen Einfluss auf die Wertschätzung der Arbeit.

Im Zeitverlauf (1990 bis 1999) ist die Wichtigkeit von Arbeit im Mittel (Bewertungsstufen von „sehr wichtig" bis „überhaupt nicht wichtig") leicht gesunken. Dies ist aber Ausdruck gegenläufiger Entwicklungen, denn sowohl hohe als auch niedrige Bewertungen haben zugenommen – Letztere allerdings etwas mehr. Ein Detail am Rande: Die Wertschätzung von Arbeit stieg vor allem in der jüngsten Alterskohorte am stärksten.

Die am häufigsten genannten Anforderungen an die Arbeit sind europaweit „gute Bezahlung", „angenehme Kollegen", „interessante Arbeit" und „Arbeitsplatzsicherheit". In Ländern mit geringem Lebensstandard (vor allem in Osteuropa) wird auf die gute Bezahlung besonderer Wert gelegt. Angestellte und Frauen weisen angenehmen Kollegen einen vergleichsweise hohen Stellenwert zu. Mit zunehmendem Alter sinkt die Bedeutung der am häufigsten genannten Anforderungen an die Arbeit. Gute Bezahlung und Arbeitsplatzsicherheit sind jene wünschenswerten Aspekte von Arbeit, die von 1990 bis 1999 größten Bedeutungszuwachs erfahren haben.

Die Zufriedenheit mit der Arbeit ist in den einzelnen europäischen Ländern recht unterschiedlich ausgeprägt. Dies wird insbesondere bei den höchsten Ausprägungen der zehnteiligen Zufriedenheitsskala deutlich: So sind etwa die Einwohner Maltas und der skandinavischen Staaten vier- bis fünfmal so häufig sehr zufrieden als jene Weißrusslands und rund doppelt so häufig wie jene Deutschlands.

Die Arbeitszufriedenheit von Selbstständigen ist in der Regel höher als die von Unselbstständigen. Die Möglichkeit, eigene Entscheidungen bei der Arbeit treffen zu können, erwies sich als wichtigste Einflussgröße auf die Arbeitszufriedenheit.

In den 90er-Jahren ist die Arbeitszufriedenheit in Europa gesunken. 1999 lag der Anteil an sehr zufriedenen Personen mit rund 28%

gut 4% niedriger als 1990. Dramatische Einbrüche verzeichnen Schweden (ca. -27%) und die Slowakei (-21%), den höchsten Zuwachs an sehr Zufriedenen Deutschland (ca. +8%).

DIE SEHNSUCHT NACH ORDNUNG

Michaela Watzinger

Säulen der Ordnung – Werte, Normen und Institutionen

1.   Einleitung

Menschen leben in Gemeinschaften – ohne ein gewisses Maß an „Ordnung" (= verbindliche Normen, die von der Mehrheit der Mitglieder geteilt [akzeptiert] werden)[1] wäre ein Zusammenleben nicht möglich. Eingehend mit diesem Thema befasst haben sich etwa Thomas Hobbes (1588-1679) – der in „Leviathan" den Naturzustand beschreibt – oder David Hume (1711-1776), der in „Eine Untersuchung über die Prinzipien der Moral" die Notwendigkeit und Nützlichkeit zwischenmenschlicher Regelungen folgendermaßen begründet: „Ohne Regeln kann man nicht einmal auf der Straße aneinander vorbei. Fuhrleute, Kutscher und Postillione haben Grundsätze, nach denen sie ausweichen; und diese beruhen hauptsächlich auf gegenseitiger Erleichterung und Bequemlichkeit. (...) Krieg hat ebenso seine Gesetze wie Frieden; und selbst jene sportliche Art des Krieges, die unter Ringern, Boxen, Knittelfechtern und Gladiatoren ausgetragen wird, ist durch bestimmte Prinzipien geregelt."[2]

Hinter diesen Normen stehen Werte, die durch die Normen konkretisiert werden. Eine effiziente Form, die Einhaltung dieser Normen zu gewährleisten, stellen Institutionen dar.

Schematisch vereinfacht lässt sich dieser Zusammenhang als Dreieck darstellen, dessen Eckpunkte Wert – Norm – Institution bilden.

Veränderungen in einem Element führen auch zu Veränderungen in den anderen beiden, wenn – wie Klages ausführt – bestimmte elementare Bedingungen erfüllt sind.

Für Werte-Resistenz bzw. für Wertewandel identifiziert Klages (1993, 65f.) zwei elementare Bedingungen:

Erstens sind individuelle Wertorientierungen dann resistent gegenüber Infragestellung, wenn „zwischen ihren emotionalen und ihren kognitiven Komponenten ein Verhältnis gegenseitiger Unterstützung und Bestätigung vorhanden ist und dass das alltägliche Handeln noch in einem ausreichenden Maße als ‚Wertevollzug' verstehbar ist."

Zweitens müssen gesellschaftliche, kulturelle „Außenstützen" existieren, „die die Entstehung des Eindrucks der ‚Isoliertheit' und ‚Vereinsamung' oder gar ‚Entfremdung' verhindern und die dem ‚standhaften' Einzelnen die Gewissheit vermitteln, über Institutionen und Bezugsgruppen verfügen zu können, die sein ‚in Treue festes' Ausharren im kontra-faktischen Wertemilieu (mit-)tragen und – zumindest symbolisch – belohnen."

Einschlägige Theorien zu diesem Themenkomplex finden sich etwa in Systemtheorie, Theorie des sozialen Wandels, Theorie der Postmoderne.

2. Von Ordnungswerten zu Selbstentfaltungswerten? – Wertwandel

Der Begriff „Wert" wird uneinheitlich definiert. Nach Friedrichs (1988, 858) lassen sich drei Gruppen von Definitionen unterscheiden: „Wert als Objekt, als geschätztes oder erwünschtes Gut; Wert als Einstellung zu einem Objekt, das z. B. als richtig, gut, hässlich empfunden wird; Wert als Maßstab, der das Handeln lenkt und Entscheidungen über Handlungsweisen ermöglicht."

Nach Kluckhohn (in: Klages 1989, 807) ist Wert „eine Auffassung vom Wünschenswerten, die explizit oder implizit sowie für ein Individuum oder für eine Gruppe kennzeichnend ist und welche die Auswahl der zugänglichen Weisen, Mittel oder Ziele des Handelnden beeinflusst".

Diese Werte sind nichts Fixes, sondern verändern sich mit den gesellschaftlichen Bedingungen – als deren Folge oder auch als deren Ursache.

Materialismus – Postmaterialismus: Tendenzen in Europa

Ingleharts These des Wertewandels sagt eine „allmähliche intergenerationelle Verschiebung von materialistischen zu postmaterialistischen Werten" voraus (Inglehart 1998, 225). Folgedessen prognostiziert er für das Jahr 2000 einen deutlichen Anstieg von Postmaterialisten in den meisten europäischen Ländern (vgl. Inglehart 1998, 56). Inwieweit diese These für Europa zutrifft, soll im Folgenden näher betrachtet werden, wobei Materialismus den Wunsch nach Sicherheit und Stabilität (Wirtschaft, innere Ordnung, Landesverteidigung), Postmaterialismus den Wunsch nach Partizipation, Freiheit und Selbstverwirklichung bezeichnen.

Die Materialismus-Postmaterialismus-Scores wurden in Anlehnung an Inglehart gebildet. Theoretische Begründungen finden sich ebenfalls an dieser Stelle (1998).

Um Vergleichbarkeit im Zeitverlauf zu gewährleisten, wurden zur Berechnung der jeweiligen Werte für Gesamteuropa, Geschlecht, Region und Generation nur jene 23 Länder herangezogen, die bei den Wellen 1990 und 1999 befragt wurden. Auf eine Gewichtung der Länder wurde verzichtet, da dadurch große Länder das Gesamtergebnis stärker beeinflussen würden als kleine. Für 1982 wurden keine Vergleiche vorgenommen, da nur 13 Länder bei allen Wellen dabei waren. Für den Ländervergleich wurden jeweils alle befragten Länder herangezogen.

Gesamteuropäisch betrachtet sind die *gemäßigten Materialisten* mit 34% die größte Gruppe, gefolgt von den *Materialisten* (29%), den *gemäßigten Postmaterialisten* (24%) und den *Postmaterialisten* als kleinster Gruppe (13%). Frauen, Ältere und Menschen im ehemaligen Ostblock tendieren deutlich mehr zum Materialismus (Frauen: 32%; Männer: 26%; Ost: 39%; West: 20%; Vorkriegs-Generation: 39%; Mauerfall-Generation: 20%) als die Übrigen.

In der Umfrage 1999 stellen die *Materialisten* in elf europäischen Ländern die am stärksten vertretene Gruppe dar (Anteil zwischen 52% und 36%). In erster Linie sind dies Länder des ehemaligen Ostblocks – Russland, Ungarn, Weißrussland, Bulgarien, Slowakei, Ukraine, Rumänien, Estland, Polen und Ost-Deutschland – sowie Portugal als einziges westeuropäisches Land. Vice versa sind dies auch jene Länder, deren Anteil an *Postmaterialisten* unter 10% bzw. gerade bei 10% liegt. Einen niedrigen Anteil (bis einschließlich 10%) an *Postmaterialisten* weisen auch Lettland, Litauen, Malta – Länder mit einem ebenfalls hohen Anteil an *Materialisten*, der nur minimal (zwischen 1% und 2%) kleiner ist als jener der *gemäßigten Materialisten* – sowie Tschechien und Island auf, wo die *gemäßigten Materialisten* (40% bzw. 44%) am stärksten vertreten sind.

In allen übrigen europäischen Ländern nehmen die *gemäßigten Materialisten* die stärkste Gruppe ein, der Anteil differiert allerdings zwischen 51% (Dänemark) und 29% (Italien, Kroatien und Deutschland).

Einen relativ hohen Anteil (21% bis 30%) an *Postmaterialisten* weisen Österreich, Italien, Belgien, Kroatien, Schweden und die Niederlande auf.

Materialismus – Postmaterialismus: Tendenzen 1990-1999

Im Vergleichszeitraum 1990 und 1999 nahmen die *Postmaterialisten* gesamteuropäisch im Zeitverlauf ab (1990:18%; 1999: 15%). Im Gegenzug dazu stieg der Anteil der *Materialisten* (1990: 24%; 1999: 25%) und der *gemäßigten Materialisten* (1990: 33%; 1999: 35%) leicht an. Die Gruppe der *gemäßigten Postmaterialisten* blieb unverändert (1990 und 1999: 25%). Getrennte Berechnungen nach Geschlecht und Alter zeigen, dass diese Trends annähernd durchgängig sind, wenn auch auf unterschiedlichem Niveau und unterschiedlich stark ausgeprägt (Männer und Jüngere tendieren jeweils stärker zum Postmaterialismus). Unterschiede lassen sich vor allem auf regionaler Ebene nachweisen:

Die Sehnsucht nach Ordnung

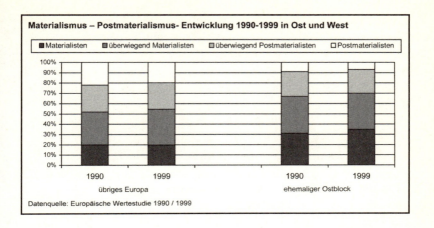

Materialismus – Postmaterialismus- Entwicklung 1990-1999 in Ost und West

■ Materialisten　▨ überwiegend Materialisten　▨ überwiegend Postmaterialisten　□ Postmaterialisten

Datenquelle: Europäische Wertestudie 1990 / 1999

Materialisten nahmen im ehemaligen Ostblock zu (1990: 31%; 1999: 35%), im übrigen Europa blieben sie unverändert (1990 und 1999: 20%). Die Gruppe der *gemäßigten Materialisten* nahm hingegen im ehemaligen Ostblock leicht ab (1990: 36%; 1999: 35%) und war 1999 gleich stark vertreten wie im übrigen Europa, wo diese Gruppe im Zeitverlauf anstieg (1990: 32%; 1999: 35%). Insgesamt tendieren im ehemaligen Ostblock in beiden Jahren deutlich mehr Menschen zum Materialismus – Tendenz steigend, was sich mit zunehmendem Wohlstand aber wieder sehr leicht verändern könnte.

Die Entwicklung im Zeitverlauf in den Ländern Europas zeigt eine leichte Zunahme der *Materialisten* (zwischen 1% und 2%) von 1982 auf 1990 nur in drei Ländern (Dänemark, Norwegen, Island). In allen übrigen kann in diesem Zeitraum ein Rückgang (zwischen 28% und 1%) verzeichnet werden. Gegenläufig stellt sich die Entwicklung bei den *Postmaterialisten* dar: In jenen Ländern, in denen der Materialismus abnahm, stieg im Gegenzug dazu – mehr oder weniger stark ausgeprägt (zwischen 11% und 1%) – der Postmaterialismus. In Dänemark, Island ging der Anteil zurück (13% bzw. 7%), in Norwegen blieb er gleich.

Von 1990 auf 1999 nahmen die *Materialisten* in 14 Ländern zu (zwischen 23% und 1%) und in 10 Ländern ab (zwischen 15% und 1%). Tendenziell sank der Postmaterialismus wiederum in jenen Ländern, in denen der Materialismus stieg (zwischen 29% und 1%). Ausnahmen: Nordirland (Zunahme von Materialismus und Postmaterialismus) sowie Spanien (keine Veränderung bei Postmaterialismus). Weniger einheitlich zeigt sich die Entwicklung dort, wo der Materialismus abnahm: In fünf Ländern (Slowenien, Italien, Dänemark, Österreich, Tschechien) nahmen die *Postmaterialisten* zu, in drei ab (Schweden, Belgien, Irland) und blieben in zwei (Island, Großbritannien) gleich.

Veränderungen Anteil Materialisten – Postmaterialisten im Zeitverlauf

Verände-rungen	Materialisten			
	1982-1990		1990-1999	
keine				
	+	-	+	-
5%	Dänemark, Island, Norwegen	Großbritannien, Finnland	Ungarn, Polen, Nordirland, Litauen, Portugal, Spanien, Niederlande	Irland, Belgien
5%-10%		Ungarn, Schweden, Deutschland	Lettland, Estland, Frankreich, Slowakei	Schweden, Dänemark, Tschechien, Großbritannien, Island, Österreich
11%-15%		Belgien, Frankreich, Niederlande	West-Deutschland	Slowenien, Italien
16%-20%		Irland	Finnland	
21%-25%		Italien	Ost-Deutschland	
26%-30%		Nordirland, Spanien		

DIE SEHNSUCHT NACH ORDNUNG

Veränderungen Anteil Materialisten - Postmaterialisten im Zeitverlauf

Veränderungen	Postmaterialisten			
	1982-1990		1990-1999	
keine	Norwegen		Island, Spanien, Großbritannien	
	+	-	+	-
5%	Ungarn		Tschechien, Österreich, Nordirland, Dänemark	Polen, Ungarn, Estland, Portugal, Schweden, Belgien, Slowakei
5%-10%	Frankreich, Großbritannien, Deutschland, Finnland, Belgien, Schweden Spanien, Nordirland, Irland, Niederlande, Italien	Island Dänemark	Slowenien, Italien	West-Deutschland, Frankreich, Litauen, Irland, Lettland Ost-Deutschland, Niederlande
16%-20%				
21%-25%				
26%-30%				Finnland

Ingleharts (vgl. 1998, 225) These vom postmaterialistischen Wertewandel kann mit den hier dargestellten Ergebnissen nicht bestätigt werden. Auf europäischem Niveau nehmen materialistische Werte zu und vice versa postmaterialistische ab. Dies lässt sich sowohl für den ehemaligen Ostblock als auch für das übrige Europa postulieren – wenngleich auf verschiedenen Niveaus (der ehemalige Ostblock vertritt deutlich stärker materialistische Werte). Stabil bleibt die Tendenz, dass jüngere Generationen eher postmaterialistische Werte präferieren. Eine Abweichung vom allgemeinen Trend der Rücknahme postmaterialistischer Werte ist nur

in sechs europäischen Ländern (Tschechien, Österreich, Nordirland, Dänemark, Slowenien, Italien) zu beobachten. Inwieweit
diese Entwicklungen – wie Inglehart (1998, 71ff., 194f.) annimmt –
in Zusammenhang mit ökonomischen und politischen Verhältnissen stehen, müsste mit eingehenderen Analysen überprüft werden.

Gesellschaftliche Ziele und Werte im Zeitverlauf

In welchem Zusammenhang stehen Materialismus-Postmateria-
lismus-Tendenzen mit konkreten gesellschaftlichen Zielen? Materialistische bzw. postmaterialistische Werte wurden – nach Inglehart –
in der Europäischen Wertestudie mit einem Ranking-Verfahren
gemessen; d. h. die Befragten hatten Fragen nach Sicherheit, Stabilität, Partizipation und Meinungsfreiheit in eine Rangreihe zu
bringen. Durch dieses Vorgehen wird – so die Kritik – ein gleichran-
giges „Nebeneinanderexistieren" unterschiedlicher Werte ungenügend abgebildet. Deshalb präferieren andere ForscherInnen (etwa
Klages) das Rating-Verfahren, bei dem jeder Wert für sich beurteilt
wird.

In weiterer Folge wird hier der Frage nachgegangen, welchen Stellenwert konkrete gesellschaftliche Werte (nach dem Rating-Verfahren gemessen) für die EuropäerInnen haben, ob wir uns „von Pflicht-
und Akzeptanzwerten zu Selbstentfaltungswerten" (Klages 1999)
hin bewegen und ob diese Entwicklungen im Einklang mit den zuvor skizzierten materialistischen / postmaterialistischen Tendenzen
stehen.

Das *Familienleben* wird in Europa nach wie vor hoch gehalten und erlebte von 1990 bis 1999 eine vom ohnehin schon hohen Ausgangsni-
veau weitere leichte Aufwertung (Anteil „begrüße ich" 1990: 90%;
1999: 91%). Dieser Trend zeigt sich durchgängig sowohl beim Geschlecht als auch bei den Generationen und Regionen, wobei Frauen,
Ältere und die Bevölkerung des ehemaligen Ostblocks jeweils höhere
Zustimmungen aufweisen.

Die persönliche Entfaltung fördern wird den EuropäerInnen im Zeitverlauf zunehmend etwas wichtiger (1990: 85%; 1999: 87%) – ein

Trend, der Geschlechter, Generationen und Regionen durchzieht. Der Wunsch nach Förderung der persönlichen Entfaltung ist bei beiden Befragungswellen in der Wiederaufbau-Generation und im übrigen Europa am größten. Lag der Anteil an Zustimmung bei den Frauen 1990 noch geringfügig unter jenem der Männer, stieg er 1999 auf ein etwas höheres Niveau (Männer: 1990: 85%; 1999: 86%; Frauen: 1990: 84%; 1999: 88%).

Einfacher und natürlicher zu leben wird 1999 in Gesamteuropa von einem gleich hohen Anteil wie 1990 begrüßt (83%). Im Zeitverlauf nahm die Zustimmung bei den Männern leicht ab (-1%), bei den Frauen blieb sie konstant. Konträr die Entwicklungen in den Regionen: Während im ehemaligen Ostblock 1999 diesem Item von einem größeren Anteil zugestimmt wird als noch 1990 (1990: 82%; 1999: 85%), ging der Anteil im übrigen Europa zurück (1990: 84%; 1999: 82%) und liegt 1999 damit unter dem Niveau im ehemaligen Ostblock. Ältere tendieren etwas stärker zum einfachen und natürlichen Leben als Jüngere. Im Zeitverlauf nahm die Zustimmung in den Altersgruppen zu diesem Item entweder zu oder blieb konstant.

Mehr für den technischen Fortschritt tun hat 1999 für einen gleich bleibenden Anteil der EuropäerInnen (66%) einen Wert wie 1990. Bei beiden Befragungswellen war dies den Männern wesentlich wichtiger als den Frauen; die Zustimmung bei den Männern ging allerdings leicht zurück, bei den Frauen blieb sie konstant (Männer: 1990: 72%; 1999: 71%; Frauen: 1990: 61%; 1999: 61%). Sowohl 1990 als auch 1999 war es der Bevölkerung im ehemaligen Ostblock wesentlich wichtiger, den technischen Fortschritt zu forcieren – allerdings nahm die Zustimmung im Zeitverlauf deutlich ab, während sie im übrigen Europa anstieg (ehemaliger Ostblock: 1990: 82%; 1999: 76%; übriges Europa: 1990: 58%; 1999: 61%). Die Generationen verhalten sich in ihren Einstellungen zu diesem Item weitgehend homogen.

Weniger Wert auf Geld und Besitz legen war den EuropäerInnen 1999 wichtiger (61%) als 1990 (59%). Dieser Trend zeigt sich durchgängig bei den Geschlechtern (Frauen jeweils höhere Zustimmung als Männer) und den Generationen (1990: Zustimmung nahezu einheitlich: Vorkriegs-Generation 58%; Übrige: 59%; 1999: geringste Zustimmung Mauerfall-Generation: 59%; Übrige: 60%-62%). Bei beiden Befragungswellen lag die Zustimmung im ehemaligen Ostblock weit unter dem Niveau im übrigen Europa, stieg jedoch im Zeitverlauf deutlich an, während sie im übrigen Europa konstant blieb (ehemaliger Ostblock: 1990: 41%; 1999: 51%; übriges Europa: 1990: 66%; 1999: 66%).

Mehr Respekt vor Autorität begrüßen 1999 genau so viele EuropäerInnen wie 1990 (55%). Bei den Geschlechtern blieb die Zustimmung im Zeitverlauf konstant, wobei Frauen dies jeweils etwas stärker befürworten. Während im ehemaligen Ostblock der Wunsch nach mehr Respekt vor Autorität von 1990 auf 1999 deutlich abnahm, stieg er im übrigen Europa an und lag 1999 über dem Niveau im ehemaligen Ostblock (ehemaliger Ostblock: 1990: 60%; 1999: 54%; übriges Europa: 1990: 53%; 1999: 56%). Jüngere Generationen stimmen weitaus seltener zu als ältere – diese Tendenz blieb im Zeitverlauf stabil, wobei von 1990 auf 1999 in allen Generationen der Wunsch nach mehr Autorität zunahm: besonders stark in der Nach-68er-Generation (+5%).

Die Arbeit im Leben weniger wichtig nehmen finden zunehmend mehr EuropäerInnen begrüßenswert (1990: 27%; 1999: 31%). Bei beiden Geschlechtern stieg der Anteil an Zustimmung von 1990 auf 1999, wobei Männer über die Jahre hinweg etwas häufiger zustimmen als Frauen. Junge Generationen können der Vorstellung, die Arbeit im Leben weniger wichtig zu nehmen, mehr abgewinnen als ältere. Im Zeitverlauf nahm der Anteil in allen Generationen zu bzw. blieb konstant. Ausgeprägte Unterschiede zeigen sich zwischen ehemaligem Ostblock und übrigem Europa: Der allgemeine Anstieg von 1990 auf 1999 verläuft allerdings auf sehr unterschiedlichem Niveau – ehemaliger Ostblock: 1990: 12%; 1999: 14%; übriges Europa: 1990: 34%; 1999: 40%.

Die gesamteuropäische Entwicklung bei konkreten gesellschaftlichen Zielen unterstreicht die These vom „additiven Wertewandel". Legte der Vergleich Materialismus – Postmaterialismus (Ranking) noch den Schluss nahe, materialistische Tendenzen seien gesamteuropäisch wieder im Vormarsch, konnte hier bei näherer Betrachtung einzelner konkreter gesellschaftlicher Ziele (Rating) gezeigt werden, dass sowohl Pflicht- und Akzeptanzwerte (bzw. materialistische Werte) als auch Selbstentfaltungswerte (bzw. postmaterialistische Werte)

Die Sehnsucht nach Ordnung

ansteigen oder zumindest gleich bleiben. Es gilt das Motto: Man will alles ...

3. Moral als Privatsache?

Nach Lamnek (1989, 468) ist Norm „eine allgemeingültige Verhaltensregel, deren Einhaltung von den anderen Gesellschaftsmitgliedern erwartet und sanktioniert wird", „Normen werden auch begriffen als (*ethisch-moralische*) Zielvorstellungen, als Orientierungshilfe, als eine aus Wertvorstellungen resultierende Richtschnur des Handelns."

In welchem Ausmaß das *tatsächliche* Verhalten den *Verhaltensregeln* entspricht, ist von mehreren Bedingungen abhängig (vgl. Lamnek 1989, 471):

- vom Grad der Internalisierung; durch Internalisierung verlagert sich die soziale Kontrolle in das Persönlichkeitssystem
- vom Grad der Legitimität; inwieweit Normen mit den Werten übereinstimmen (Akzeptanz!)
- von der Härte und Wirksamkeit der Sanktionen, die eine Nichtbefolgung nach sich ziehen; hier ist zu unterscheiden, ob es sich um Kann-, Soll- oder Muss-Normen handelt
- von der Funktionalität der Normen für Verhaltensziele der Handelnden; Normen, die der Befriedigung der eigenen Interessen dienen, werden eher befolgt
- von der Normeninterpretation durch die Beteiligten; Normen lassen einen gewissen Interpretationsspielraum offen
- vom Grad der inneren Stimmigkeit des gesamten Normensystems

Im Folgenden wird der Frage nachgegangen, welche moralischen Zielvorstellungen die EuropäerInnen vertreten und in welchem Zusammenhang diese mit dem geschätzten Handeln der Landsleute stehen, das heißt: welche moralischen Normen es gibt und ob man sich daran hält.

Moralische Einstellungen und moralisches Handeln[3] der EuropäerInnen

Moralische Einstellungen gegenüber kleinen Betrügereien und Kavaliersdelikten, wie sie in der Europäischen Wertestudie abgefragt wurden, drücken gesellschaftliche Ordnungsvorstellungen aus. Inwieweit diese auf der Handlungsebene umgesetzt werden, kommt im geschätzten Verhalten der Landsleute zum Ausdruck.

Gesamteuropäisch betrachtet ist 1999 die Akzeptanz[4] moralischer Verfehlungen bei weitem geringer als das vermutete tatsächliche Verhalten der Landsleute. Diese Tendenz betrifft die Bereiche *kleinere Betrügereien* (staatliche Leistungen ausnutzen, Steuer hinterziehen, zum eigenen Vorteil lügen und Schmiergelder annehmen) oder *Kavaliersdelikte* (weiche Drogen nehmen oder eine Spritztour mit einem Auto machen, das einem nicht gehört).

48% der EuropäerInnen glauben, dass ihre Landsleute staatliche Leistungen ausnutzen, und 20% finden dies halbwegs akzeptabel. Jeweils 64% sind der Überzeugung, dass die MitbürgerInnen Steuern hinterziehen und zum eigenen Vorteil lügen. Steuerhinterziehung betrachten 26% und zum eigenen Vorteil zu lügen 31% als halbwegs akzeptabel. Schmiergelder anzunehmen finden 12% in Ordnung und 42% vermuten, dass dies ihre Landsleute tun. Die Einnahme weicher Drogen akzeptieren 13%, 32% schätzen, dass MitbürgerInnen diese nehmen.

Darf der Einzelne über sein Leben, seine Sexualität, sein Glück etc. selbst bestimmen? Selbstbestimmungswerte drücken den Grad aus, inwieweit es als legitim betrachtet wird, über Angelegenheiten, die den Einzelnen betreffen, autonom zu entscheiden. Analysen auf der Handlungsebene können hier nicht durchgeführt werden, da hierzu keine Daten erhoben wurden.

Gesamteuropäisch betrachtet wird vor allem Scheidung (75%) akzeptiert, im Gegensatz dazu finden es nur 26% in Ordnung, wenn Verheiratete ein Verhältnis haben. Ähnlich niedrig ist die Akzeptanz von Selbstmord (27%). Über Abtreibung (59%), Euthanasie (59%) und Homosexualität (50%) wollen die EuropäerInnen großteils selbst bestimmen.

Der Unterschied zwischen Norm und Handeln

Die nachfolgend dargestellte eingehendere Analyse[5] moralischer Einstellungen und moralischer Handlungen lässt deutliche Unterschiede innerhalb der Länder erkennen. Selbstbestimmungswerte werden im nächsten Kapitel ausführlicher behandelt.

Die Akzeptanz, *staatliche Leistungen auszunutzen,* schwankt innerhalb Europas zwischen 5% (Dänemark, Malta) und 43% (Frankreich). Noch krassere Unterschiede zeigen sich beim geschätzten Verhalten der Landsleute: Hier reichen die Schätzungen von 6% (Niederlande) bis 96% (Ungarn). Nur in fünf Ländern liegen die Schätzungen, dass die MitbürgerInnen staatliche Leistungen ausnutzen, *niedriger* als (Luxemburg, Weißrussland, Spanien, Frankreich) bzw. *gleich* (Niederlande) wie die Akzeptanz. Vor allem in Ländern, für die ein hoher Anteil an staatliche Leistungen ausnutzenden Landsleuten geschätzt wird (Ungarn, Rumänien, Malta, Italien), ist die Akzeptanz dieser Handlung unterdurchschnittlich gering, wodurch sich eine Diskrepanz zwischen 63% und 85% ergibt. Die Norm passt sich also in diesem Fall nicht an das tatsächliche Verhalten an.

Steuerhinterziehung finden 53% der Bevölkerung Weißrusslands, aber nur 7% jener Maltas halbwegs akzeptabel. Dass ihre Landsleute Steuern hinterziehen, schätzen 97% der Ungarn und 32% der Spanier. Lediglich in Luxemburg ist die Akzeptanz, Steuern zu hinterziehen, höher als das geschätzte Verhalten der Landsleute. Auch hier gilt: In jenen Ländern (Ungarn, Malta, Italien), in denen eine hohe Handlungsbereitschaft vermutet wird, ist die Akzeptanz der Steuerhinterziehung unterdurchschnittlich gering und somit die Diskrepanz zwischen Akzeptanz und vermutetem tatsächlichem Handeln im europäischen Vergleich am höchsten (zwischen 62% und 83%).

Zum eigenen Vorteil lügen finden 57% der Bevölkerung Weißrusslands weitgehend akzeptabel – in Bulgarien hingegen nur 9%. In Weißrussland (74%) und Deutschland (75%) meinen europaweit die meisten Menschen, dass die Landsleute zum eigenen Vorteil lügen, in Luxemburg 36%. Die Differenz zwischen Akzeptanz und vermutetem tatsächlichem Handeln ist in Polen, Italien und Finnland am höchsten (zwischen 42% und 56%).

Schmiergelder annehmen ist in Malta verpönt: Nur 1% kann das halbwegs akzeptieren. In Weißrussland haben 35% damit kein Problem. Dass die MitbürgerInnen auch tatsächlich Schmiergelder annehmen, meinen 69% der Befragten in der Ukraine und 11% in Luxemburg. Der Unterschied zwischen Akzeptanz und vermutetem tatsächlichem Handeln ist in Polen, der Ukraine und Russland am höchsten (zwischen 48% und 57%).

Innerhalb Europas wird die *Einnahme weicher Drogen* vor allem in Großbritannien (36%) und den Niederlanden (34%) weitgehend gebilligt. In Malta, Rumänien, Lettland und Ungarn ist dafür hingegen so gut wie kein Verständnis vorhanden (zwischen 1% und 4% Zustimmung). Trotz geringer Akzeptanz schätzen 79% der Ungarn und 75% der Bevölkerung Maltas, dass ihre Landsleute weiche Drogen nehmen. Womit sich vor allem für diese Länder eine hohe Diskrepanz zwischen Akzeptanz und vermutetem Verhalten der Landsleute ergibt. In fünf Ländern liegen die Schätzungen über den Konsum weicher Drogen durch MitbürgerInnen niedriger als (Niederlande, Luxemburg, Spanien, Slowakei) bzw. gleich (Dänemark) wie die Akzeptanz.

Moralische Einstellungen im Zeitverlauf

Für nachfolgende Betrachtungen wurden Fragen zur moralischen Einstellung betreffend die Bereiche[6] *kleine Betrügereien, Kavaliersdelikte* und *Selbstbestimmung* zusammengefasst:

- „Kleine Betrügereien sind die kleinen Übertretungen, die ohnehin niemand konkret schädigen (‚nur' den Staat …), und dadurch verschafft man sich einen persönlichen Vorteil."
- „Kavaliersdelikte sind die kleinen Übertretungen, die den gewissen ‚Kick' verschaffen."
- „Selbstbestimmung ist der Wunsch, über sein Leben, seine Sexualität, sein Glück etc. selbst zu bestimmen."

Die Akzeptanz von *Kavaliersdelikten* und *Selbstbestimmung* nahm europaweit im Zeitverlauf zu, wobei sie sich bei Männern und jüngeren Generationen durchgängig höher zeigt als bei anderen. BürgerInnen des ehemaligen Ostblocks finden Selbstbestimmung weniger annehmbar als die Übrigen. Bei Kavaliersdelikten gab es 1990 keinen Unterschied zwischen den Regionen: 1999 lag die Akzeptanz im ehemaligen Ostblock geringfügig unter jener im übrigen Europa. Die Billigung *kleiner Betrügereien* nahm gesamteuropäisch von 1990 auf 1999 etwas ab. Über die Jahre hinweg können Frauen und Ältere kleinen Betrügereien weniger abgewinnen. Im ehemaligen Ostblock wurden kleine Betrügereien 1990 noch von einem geringeren Anteil als akzeptabel eingestuft als im übrigen Europa, stieg jedoch 1999 auf ein höheres Niveau (ehemaliger Ostblock: 1990: 21%; 1999: 25%; übriges Europa:1990: 27%; 1999: 23%).

Über die Jahre hinweg können die EuropäerInnen Kavaliersdelikten am wenigsten abgewinnen (Zustimmung: 1990: 7%; 1999: 11%), kleine Betrügereien findet schon ein größerer Anteil akzeptabel (Zustimmung: 1990: 25%; 1999: 24%) und Selbstbestimmung ist ein großes Anliegen (Zustimmung: 1990: 59%; 1999: 68%).

Kleine Betrügereien werden 1999 vor allem in Weißrussland (59%), Frankreich (41%), Litauen (39%) und Belgien (39%) akzeptiert, wobei die Zustimmung in Frankreich im Zeitverlauf sukzessive leicht abnahm (1982: 44%; 1990: 42%), sich in Litauen von 1990 (16%) bis 1999 mehr als verdoppelte (für 1982 stehen keine Daten zur Verfügung), in Belgien von 1982 auf 1990 stark anstieg (von 34% auf 47%) und inzwischen wieder deutlich absank. Für Weißrussland liegen keine Vergleichsdaten vor. Kleinen Betrügereien wenig abgewinnen können die Bevölkerungen Maltas (5%), Dänemarks (7%), Islands (9%) und Bulgariens (13%). Die ohnehin im europäischen Vergleich niedrige Akzeptanz sank in Dänemark von 12% 1982 über 11% 1990 bis auf 7% im Jahr 1999 weiter ab. Ebenso war in Island die Akzeptanz 1982 und 1990 (jeweils 12%) noch höher als 1999 (9%). Für Malta und Bulgarien liegen keine Vergleichsdaten vor.

Kavaliersdelikte werden 1999 vor allem in der Slowakei (29%), den Niederlanden (21%), Großbritannien (21%) und Slowenien (19%) toleriert. In allen vier Ländern stieg die Akzeptanz von 1990 auf 1999 stark bis sehr stark an: Slowakei +13%, Niederlande +6%, Großbritannien +15%, Slowenien +13%. Während in den Niederlanden bereits von 1982 auf 1990 ein Anstieg der Akzeptanz stattfand (von 11% auf 15%), sank sie in Großbritannien zunächst (von

9% auf 6%). Für Slowenien und die Slowakei liegen für 1982 keine Daten vor. Verpönt sind Kavaliersdelikte 1999 in Malta (1%), Ungarn (2%), Rumänien (2%), Ost-Deutschland (3%) und Lettland (3%). Von 1990 auf 1999 sank die Akzeptanz in Lettland um ein Prozent und stieg in Ost-Deutschland um ein Prozent (keine Daten für 1982). In Ungarn zeigt sich hier eine extreme Entwicklung: Hatten 1982 noch 2% Kavaliersdelikte akzeptiert, sprang dieser Wert 1990 auf 16% (europäisches Spitzenfeld) an, um 1999 wieder auf das Niveau von 1982 zu sinken. Für Malta und Rumänien liegen keine Vergleichsdaten vor.

Selbstbestimmung wird in Schweden (93%), Niederlande (86%), Dänemark (86%) und Frankreich (85%) am meisten akzeptiert. In Schweden (1982-1990: +4%; 1990-1999: +21%), Niederlande (1982-1990: +13%; 1990-1999: +5%) und Frankreich (1982-1990: +6%; 1990-1999: +10%) nahm die Akzeptanz im Zeitverlauf zu, in Dänemark sank sie zunächst (1982-1990: -11%), um 1999 auf ein höheres Niveau als 1982 zu steigen (1990-1999: +19%). Mit Abstand am wenigsten toleriert wird Selbstbestimmung in Malta (13%). Relativ niedrig im europäischen Vergleich liegt sie auch in Rumänien (37%), Ungarn (39%) und Polen (42%). In Polen stieg die Akzeptanz von 1990 auf 1999 um 11% an (keine Daten für 1982). Ungarn zeigt auch hier extreme Entwicklungen: Die Akzeptanz von Selbstbestimmung stieg von 1982 auf 1990 um 22% an und ging bis 1999 um 19% zurück. Für Rumänien und Malta liegen keine Vergleichsdaten vor.

4. Legitimation traditioneller Institutionen

Institutionen sind „soziale Einrichtungen, die auf Dauer bestimmen, ‚was getan werden muss'. Institutionen schränken die Willkür, Beliebigkeit, Entropiebereitschaft sozialen Handelns ein; sie geben dem Dasein Gebildecharakter, ordnen es und üben normative Wirkung aus." (Lipp 1989, 306). Als Institutionalisierung wird jener „Vorgang der Generalisierung und Typisierung von gegenseitig aufeinander bezogenen und stark habitualisierten Handlungen [bezeichnet], sodass sich relativ konstante Handlungs- und Beziehungsmuster herausbilden. Die Rücknahme dieser Typisierung, z. B. durch die Schaffung einer privaten und persönlichen Sphäre, wird als Entinstitutionalisierung bezeichnet." (Bühl 1988, 346)

Nach Bühl (1988, 345) sind für die Theorie der Institutionen vor allem zwei Ansätze wichtig: der kulturanthropologische und der struktural-funktionale.

Der *kulturanthropologische Ansatz* geht davon aus, dass der Mensch einen „gesellschaftlichen Instinkt-Ersatz" zur Stabilisierung menschlichen Verhaltens benötigt und diese Funktion von Institutionen übernommen wird. Der *struktural-funktionale Ansatz* betont die Bedeutung der Institutionen für die Selbsterhaltung des sozialen Systems, wobei drei Aspekte von Institutionen unterschieden werden (vgl. Bühl 1988, 345):

- relationaler Aspekt: Ordnung sozialer und materieller (Austausch-) Beziehungen
- regulativer Aspekt: Zuordnung zu Machtpositionen und Verteilung sozialer Belohnungen
- kultureller Aspekt: Sinnzusammenhänge des sozialen Systems (über Ideologien; expressive Symbole)

Aufgabe von Institutionen ist demnach, das Zusammenleben zu ordnen, zu strukturieren und zu stabilisieren, wobei sich die Schwerpunktsetzung der einzelnen Institutionen unterscheidet: Der Fokus kann auf dem kulturellen, regulativen oder relationalen Aspekt liegen.

Um die Funktionen erfüllen zu können, ist ein gewisses Ausmaß an Legitimität erforderlich: Nur wenn Vertrauen in die Institutionen existiert, wird ihnen auch die nötige Kompetenz zur Durchsetzung allgemeiner Normen zugesprochen. Vor allem in demokratischen Regierungsformen müssen – wie auch Inglehart (1998, 249) betont – Institutionen von einer breiten Bevölkerungsmehrheit legitimiert sein; autoritäre Regime können mit Zwang überleben.

Zunächst soll geprüft werden, welches Ausmaß an Vertrauen in den einzelnen Ländern den großen Institutionen im Durchschnitt entgegengebracht wird, um ein etwaiges unterschiedliches Vertrauenspotenzial festzustellen. Darauf folgt eine Analyse des durchschnittlichen Vertrauens im Zeitverlauf und nach soziodemografischen Merkmalen.

Des Weiteren wird der relativen Bedeutung der Institutionen in den einzelnen Ländern nachgegangen und im Anschluss daran werden jene Institutionen, die 1999 in den meisten Ländern Europas hohes Vertrauen genossen, im Zeitverlauf analysiert.

Durchschnittliches Vertrauen in Institutionen

Um das Vertrauenspotenzial zu ermitteln, wurde ein Durchschnittswert[7] aus jenem Vertrauen gebildet, das den Institutionen[8] Kirche, Armee, Bildungssystem, Zeitungswesen, Gewerkschaften, Polizei, Parlament / Nationalrat, Verwaltung und Justiz entgegengebracht wird.

Das durchschnittliche Vertrauen in die Institutionen stieg in Gesamteuropa[9] von 1990 bis 1999 leicht an (von 47% auf 48%). Über die Jahre hinweg wird den Institutionen von den älteren Generationen und den Frauen mehr Vertrauen entgegengebracht. Im ehemaligen Ostblock ist das Vertrauen in Institutionen von 1990 bis 1999 leicht gesunken und liegt bei beiden Befragungswellen deutlich unter dem Niveau der übrigen europäischen Staaten. Dieser Unterschied vergrößerte sich von 5% im Jahr 1990 auf 9% 1999:

ehemaliger Ostblock: 1990: 43%   1999: 42%
übriges Europa: 1990: 48%   1999: 51%

Detaillierte Berechnungen zeigen, dass der Vertrauensverlust im ehemaligen Ostblock bei den Männern stattfand: Von 1990 auf 1999 kann in allen Generationen – mit Ausnahme der Wiederaufbau-Generation, wo die Anteile unverändert bleiben – ein Rückgang von 1% bis 2% verzeichnet werden. Anders bei den Frauen: Hier hatte die Kriegs-Generation 5% mehr Vertrauen als noch 1990; bei allen übrigen Generationen veränderten sich die Anteile nicht.

Das Ausmaß an Vertrauen, das den großen Institutionen 1999 durchschnittlich zugesprochen wird, zeigt sich in den Ländern Europas sehr heterogen und ist im Laufe der Zeit noch heterogener geworden. 1982 war der Unterschied zwischen Ländern mit hohem Vertrauen und jenen mit weniger Vertrauen bei weitem weniger stark ausgeprägt als 1990 und 1999 (Differenz höchstes – niedrigstes Vertrauen: 1982 23%; 1990 30%; 1999: 34%). Das kann aber zu einem

DIE SEHNSUCHT NACH ORDNUNG

großen Teil auf die Einbeziehung des ehemaligen Ostblocks zurückgeführt werden.

In Tschechien, Bulgarien, Griechenland und Kroatien wird den Institutionen am wenigsten (zwischen 28% und 39%), in Finnland, Island, Dänemark und Malta am meisten Vertrauen (zwischen 62% und 60%) entgegen gebracht.

Während in Island und Dänemark das Vertrauen in Institutionen von 1982 bis 1999 sukzessive anstieg (Island: 1982: 53%; 1990: 55% 1999: 62%; Dänemark: 1982: 54%; 1990: 57%; 1999: 62%), erlebte Finnland 1990 einen Vertrauenseinbruch (1982: 65%; 1990: 52% 1999: 62%). Für Malta liegen keine Vergleichsdaten vor. In Irland und Nordirland sank das Vertrauen im Zeitverlauf deutlich, wobei vor allem in Nordirland ein massiver Vertrauensrückgang beobachtbar ist (von 60% 1982 auf 50% 1999). In den Jahren 1982 und 1990 wurde den Institutionen in Norwegen am meisten vertraut – für 1999 ist die Entwicklung nicht nachvollziehbar, da keine Daten vorliegen.

Durchschnittliches Vertrauen in Institutionen im Zeitverlauf

(Prozentwerte der Zustimmung)

Hohes Vertrauen					
1982		**1990**		**1999**	
Norwegen	67	Norwegen	62	Finnland	62
Finnland	65	Irland	58	Island	62
Irland	62	Dänemark	57	Dänemark	62
Nordirland	60	Nordirland	56	Malta	60

Niedriges Vertrauen					
1982		**1990**		**1999**	
Italien	44	Ost-Deutschland	32	Tschechien	28
West-Deutschland	48	Tschechien	38	Bulgarien	34
Spanien	50	Portugal	41	Griechenland	38
Niederlande	50	Estland	43	Kroatien	39

Relative Bedeutung der Institutionen in den Ländern Europas – Institutionen-Ranking

Welche Institutionen besitzen innerhalb der einzelnen Länder 1999 eine breite Legitimationsgrundlage zum Handeln? Die Analyse zeigt, dass sich aus der Geschichte, besonders der jüngsten Geschichte, sehr große Unterschiede vor allem zwischen Ost- und Westeuropa entwickelt haben. Besonders deutlich ist dies an den Institutionen Polizei, Militär und Kirche.

Um die relative Bedeutung der Institutionen in den einzelnen Ländern Europas darzustellen, wurde ein „Institutionen-Ranking"[10] für jedes Land vorgenommen, d. h. die Institutionen Kirche, Armee, Bildungssystem, Zeitungswesen, Gewerkschaften, Polizei, Parlament / Nationalrat, Verwaltung, Justiz, Sozialversicherung, NATO und große Wirtschaftsunternehmen wurden für jedes Land nach dem Ausmaß an Vertrauen gereiht, das ihnen entgegengebracht wird, um so einen Vergleich des relativen Vertrauensausmaßes für jedes Land zu erhalten.

Einig ist sich Europa nur beim *Bildungssystem*: Mit Ausnahme von Portugal und Griechenland belegt diese Institution in allen Ländern einen Platz unter den ersten drei beim Institutionen-Ranking (*Platz 1* in Frankreich, Österreich, Spanien, Niederlande, Belgien, Nordirland, Irland, Estland, Lettland, Polen, Tschechien, Slowakei, Ungarn, Bulgarien, Russland, Slowenien, Ukraine, Weißrussland, Ost-Deutschland. *Platz 2* in West-Deutschland, Schweden, Finnland, Island, Malta und *Platz 3* in Großbritannien, Italien, Dänemark, Litauen, Rumänien, Kroatien, Luxemburg).

Das Vertrauen in die *Polizei* spaltet Europa fast exakt in die Länder des ehemaligen Ostblocks und das übrige Europa: Mit Ausnahme von Ost-Deutschland, Bulgarien und Slowenien, die – entgegen dem allgemeinen Trend im ehemaligen Ostblock – dieser Institution mehr Vertrauen entgegenbringen, und Griechenland und Malta, die sich hier wie die Länder des ehemaligen Ostblocks verhalten, wird der Polizei im ehemaligen Ostblock im Vergleich zu den übrigen Institutionen deutlich weniger vertraut (kein Platz unter den ersten drei Plätzen im Institutionen-Ranking). Relativ hohes Vertrauen genießt die Polizei in den Ländern West-Deutschland, Dänemark, Schweden,

Finnland, Island (jeweils Platz 1), Frankreich, Großbritannien, Österreich, Italien, Irland, Luxemburg, Ost-Deutschland (jeweils Platz 2), Spanien, Portugal, Niederlande, Belgien, Nordirland, Bulgarien, Slowenien (jeweils Platz 3).

Nicht exakt, aber doch ansatzweise konträr verhält es sich mit der *Armee*. Vertrauen in diese Institution bringen vor allem Länder des ehemaligen Ostblocks auf, allerdings lässt sich die Trennlinie weniger klar ziehen als bei der Institution Polizei. Im relativen Vergleich zu den übrigen Institutionen besitzen folgende Länder hohes Vertrauen in die Armee: Großbritannien, Griechenland (jeweils *Platz 1*), Slowakei, Rumänien, Bulgarien, Kroatien, Russland, Ukraine, Weißrussland, Portugal (jeweils *Platz 2*), Polen, Finnland, Irland (jeweils *Platz 3*).

Auch der *Kirche* vertrauen im Vergleich zu den übrigen Institutionen die Länder des ehemaligen Ostblocks tendenziell mehr als im übrigen Europa. Hohes Vertrauen in diese Institution haben Litauen, Polen, Rumänien, Kroatien, Italien, Portugal, Malta (jeweils *Platz 1*), Lettland, Nordirland, Griechenland (jeweils *Platz 2*), Estland, Slowakei, Ungarn, Russland, Ukraine, Weißrussland (jeweils *Platz 3*). Hier spiegelt sich die Rolle der Kirche als nationale Institution während des Kommunismus trotz vieler Verflechtungen mit dem kommunistischen Staat und ihre Rolle bei der Transformation nach 1989 wider.

Hohes Vertrauen in die *Sozialversicherung* besitzen Luxemburg (*Platz 1*), Spanien, Niederlande, Belgien, Estland (jeweils *Platz 2*), Frankreich, Lettland, Malta (jeweils *Platz 3*).

Der *Justiz* wird in Dänemark (*Platz 2*), Ost-Deutschland, West-Deutschland, Österreich, Schweden, Island, Griechenland (jeweils *Platz 3*) relativ zu den übrigen Institutionen betrachtet hohes Vertrauen entgegen gebracht.

Zeitungswesen, *Verwaltung* und *NATO* besitzen nur in einzelnen Ländern hohes Vertrauen (Zeitungswesen: Litauen, Tschechien, Slowenien; Verwaltung: Ungarn; NATO: Tschechien).

Legitimation ausgewählter Institutionen im Zeitverlauf

Für einige zentrale Institutionen soll die Veränderung der Legitimationsbasis auch im Zeitverlauf analysiert werden, da sich darin die politischen Veränderungen deutlich abzeichnen. Die ausgewählten Institutionen sind Bildungssystem (aufgrund seiner allgemeinen Wichtigkeit), Polizei, Armee und Kirche (wegen ihrer so unterschiedlichen Stellung in Ost- und Westeuropa).

Bildungssystem
Das Vertrauen in das Bildungssystem stieg gesamteuropäisch betrachtet von 1990 auf 1999 hoch signifikant (zwischen 2% und 38%) an (1990: 62%; 1999: 72%), lediglich in Schweden (-3%), Dänemark (-6%) und Tschechien (-8%) wurde weniger vertraut darauf als 1990. Für 14 Länder liegen Vergleichsdaten für 1982 vor. Überdurchschnittlich großes Vertrauen (zwischen 89% und 85%) brachten dem Bildungssystem 1999 Finnland, Irland, Österreich und Malta entgegen. Von 1990 bis 1999 stieg in diesen Ländern (mit Ausnahme von Malta, das 1990 nicht befragt wurde) das Vertrauen in das Bildungssystem hoch signifikant an.

1990 war in Dänemark, Island, Polen und Finnland das Vertrauen in diese Institution im europäischen Vergleich noch am höchsten (zwischen 81% und 78%), nahm aber in Dänemark im Zeitverlauf ab und veränderte sich in Polen nicht wesentlich.

Gleichmäßige Aufwärtsentwicklungen von 1982 bis 1999 finden wir in Frankreich, West-Deutschland, Spanien, Island. In Großbritannien, Italien, Niederlanden, Belgien, Finnland, Nordirland und Ungarn sank das Vertrauen von 1982 auf 1990, stieg aber dann bis 1999 wieder an. Umgekehrt der Verlauf in Dänemark und Schweden, wo das Vertrauen in das Bildungssystem von 1982 auf 1990 zunahm und bis 1999 wieder sank, jedoch auf einem höheren Niveau blieb als 1982.

Griechenland, Italien, Tschechien und Bulgarien vertrauten 1999 dieser Institution im europäischen Vergleich am wenigsten (zwischen 37% und 57%). Gegenüber 1990 nahm das Vertrauen in Tschechien ab und in Italien zu (Bulgarien und Griechenland wurden damals nicht befragt).

DIE SEHNSUCHT NACH ORDNUNG

Polizei

Im gesamteuropäischen Durchschnitt stieg das Vertrauen in die Institution Polizei von 1990 auf 1999 hoch signifikant an (1990: 57%; 1999: 61%).

Bei beiden Befragungswellen brachten Frauen und ältere Generationen der Polizei überdurchschnittlich größeres Vertrauen entgegen. Sowohl 1990 als auch 1999 vertraute die Bevölkerung des ehemaligen Ostblocks dieser Institution deutlich weniger:

ehemaliger Ostblock: 1990: 37%   1999: 42%

übriges Europa: 1990: 68%   1999: 71%

1999 hatten zehn Länder weniger Vertrauen in die Polizei als noch 1990: Slowenien -1%, Island -2%, Irland -2%, Litauen -3%, Spanien -3%, Ungarn - 6%, Großbritannien -7%, Tschechien -7%, Niederlande -9%, Nordirland -17%.

In zwei Ländern trat keine Änderung ein: Frankreich, Italien.

In 12 Ländern nahm das Vertrauen zu: Dänemark +1%, Schweden +1%, Belgien +4%, Slowakei +4%, West-Deutschland +5%, Österreich +9%, Estland +12%, Finnland +13%, Lettland +18%, Polen +20%, Portugal +22%, Ost-Deutschland +28%. Bemerkenswert ist der Vertrauenszuwachs in den ehemaligen Ostblockstaaten Estland, Lettland und Polen, hier scheint sich bereits eine Stabilisierung des demokratischen Systems abzuzeichnen. Allerdings gibt es auch Gegentendenzen in Litauen und Tschechien, die – wenn auch nicht sehr großen – Rückgänge sind sicher ein Ausdruck von Enttäuschung.

Für 13 Länder liegen Vergleichsdaten für 1982 vor. Von 1982 auf 1990 stieg das Vertrauen in die Polizei in fünf Ländern an (Niederlande +1%, Italien +2%, Frankreich +3%, Dänemark +5%, Island +29%), nahm in sechs Ländern ab (Nordirland -4%, Schweden -5%, Spanien -6%, Großbritannien -9%, Finnland -10%, Belgien -13%) und blieb in zwei Ländern unverändert (Irland, West-Deutschland).

Armee

Gesamteuropäisch betrachtet hatten die EuropäerInnen 1999 hoch signifikant mehr Vertrauen in die Armee als 1990 (1990: 43%; 1999: 52%).

Vertrauten Frauen 1990 der Armee noch etwas mehr (+3%) als

Männer, ließ sich für 1999 kein Unterschied zwischen den Geschlechtern mehr feststellen. Tendenziell nimmt das Vertrauen in die Armee bei beiden Befragungswellen von Generation zu Generation ab.

Im ehemaligen Ostblock lag das Vertrauen in die Armee 1990 und 1999 jeweils unter dem Niveau im übrigen Europa, obwohl die Armee beim Institutionenranking in den osteuropäischen Staaten sehr weit vorne lag. Das hängt aber mit dem allgemein niedrigen Ausmaß des Vertrauens im Osten zusammen:

ehemaliger Ostblock: 1990: 38%   1999: 47%

übriges Europa: 1990: 46%   1999: 54%

Lediglich in sechs Ländern nahm zwischen 1990 und 1999 das Vertrauen in die Armee ab (Irland -2%, Slowenien -3%, Schweden -6%, Ungarn -5%, Tschechien -15%, Nordirland -22%).

In allen übrigen 18 Ländern stieg das Vertrauen in diesem Zeitraum an (Polen +2%, Spanien +2%, Großbritannien +3%, Italien +4%, Belgien +7%, Frankreich +8%, Niederlande +8%, Estland +10%, Österreich +11%, Island +15%, Dänemark +15%, West-Deutschland +16%, Slowakei +22%, Finnland +23%, Lettland +23%, Portugal +24%, Litauen +28%, Ost-Deutschland +34%).

Für 1982 liegen Vergleichsdaten für 13 Länder vor. 1990 musste die Armee gegenüber 1982 einen teilweise massiven Vertrauensverlust in neun von 13 befragten europäischen Ländern hinnehmen (West-Deutschland -7%, Italien -8%, Schweden -9%, Finnland -10%, Belgien -10%, Niederlande -12%, Irland -15%, Spanien -21%, Island -44%). Lediglich drei Länder hatten mehr Vertrauen (Frankreich +1%, Nordirland +1%, Dänemark +6%), und in Großbritannien trat keine Veränderung ein. 1999 wurde in fünf Ländern ein höheres Vertrauensniveau als 1982 erreicht (Großbritannien, West-Deutschland, Frankreich, Finnland, Dänemark).

Eine nahe liegende Erklärung für diesen Vertrauenseinbruch 1990 ist die „Friedensdividende": Nach dem Mauerfall wurde das Heer vielfach als überflüssig betrachtet, das Ende des kalten Krieges propagiert – diese Euphorie fand mit Ausbruch der Jugoslawienkrise ein ziemlich rasches Ende.

Kirche

Gesamteuropäisch betrachtet nahm das Vertrauen in die Kirche von 1990 auf 1999 leicht ab (1990: 51%; 1999: 50%).

Frauen vertrauen der Kirche über die Jahre hinweg deutlich mehr als Männer (1990: +11%; 1999: +10%). Während bei Frauen das Vertrauen in die Kirche im Zeitverlauf leicht abnahm (1990: 56%; 1999: 55%), blieb es bei Männern unverändert bei 45%.

Ältere Generationen vertrauen bei beiden Befragungswellen der Kirche mehr als jüngere. Allerdings ging von 1990 auf 1999 das Vertrauen in der Vorkriegsgeneration (-3%) zurück und stieg in allen übrigen Generationen an (zwischen +3% und +5%).

1990 wiesen ehemaliger Ostblock und übriges Europa ein gleich hohes Vertrauensniveau auf (51%). Bis 1999 nahm dieses im ehemaligen Ostblock ab (49%) und blieb im übrigen Europa unverändert.

Die scheinbare Konstanz des Vertrauens ergibt sich durch die Addition sehr unterschiedlicher Entwicklungen: Von 1990 bis 1999 nahm das Vertrauen in die Kirche in 16 Ländern ab (Niederlande -2%, Litauen -3%, Slowenien -4%, Island -4%, Frankreich -5%, Ungarn -6%, Belgien -6%, Großbritannien -9%, Tschechien -8%, Österreich -10%, Estland -10%, Spanien -11%, Polen -15%, Nordirland -16%, Ost-Deutschland -18%, Irland -20%) und stieg in acht Ländern an (Lettland +1%, West-Deutschland +2%, Italien +4%, Schweden +6%, Dänemark +11%, Slowakei +19%, Finnland +21%, Portugal +23%).

Für 14 Länder liegen Vergleichsdaten auch für 1982 vor. Daraus ist ersichtlich, dass in fünf Ländern (Niederlande, Frankreich, Belgien, Großbritannien, Irland) das Vertrauen von 1982 bis 1999 kontinuierlich abnahm und in zwei Ländern (Italien, Dänemark) kontinuierlich zunahm. In Schweden und Island trat von 1982 bis 1990 keine Veränderung ein – bis 1990 nahm dann das Vertrauen in Schweden zu und in Island ab. Drei Länder (Spanien, Nordirland, Ungarn) hatten zwischenzeitlich mehr Vertrauen in die Kirche und zwei Länder (West-Deutschland, Finnland) weniger.

5. Zusammenhänge zwischen Werten, Normen und Institutionen

Wie und in welcher Richtung beeinflussen einander Vertrauen in Institutionen, persönliche Normen und postmaterialistische / materialistische Werte?

Je höher das Vertrauen in die Institutionen, desto geringer ist die Akzeptanz von kleinen Betrügereien, Kavaliersdelikten und auch Selbstbestimmung, und desto eher werden materialistische Werte vertreten. Auf diese Beziehungen zwischen Wertorientierungen und Vertrauensbereitschaft weist auch Klages (1993, 130) hin, der feststellt, „... dass sich mit dem Vorherrschen von Pflicht- und Akzeptanzwerten ganz generell gesehen verhältnismäßig hohe Vertrauensbereitschaften verbinden, die aber überall dort mehr oder weniger stark zurückgehen, oder auch völlig verschwinden bzw. durch Misstrauensneigungen ersetzt werden, wo die Selbstentfaltungswerte vorzuherrschen beginnen."

Der hier empirisch nachgewiesene Zusammenhang, dass Materialisten kleine Betrügereien, Kavaliersdelikte und Selbstbestimmung tendenziell eher ablehnen, wird auch von Inglehart (1998, 63ff.) dargestellt, der darauf hinweist, dass Postmaterialisten weniger unumschränkte religiöse Regeln benötigen und deren Einstellung zu Abtreibung, Scheidung, außerehelichen Affären, Prostitution und Sterbehilfe im Vergleich zu Materialisten freizügiger sei.

Untereinander korrelieren kleine Betrügereien, Kavaliersdelikte und Selbstbestimmung positiv. D. h.: Akzeptiert man kleine Betrügereien, so ist auch die Akzeptanz von Kavaliersdelikten und Selbstbestimmung höher.

Die Richtung der Zusammenhänge blieb im Zeitverlauf gleich, allerdings änderte sich die Intensität der Zusammenhänge: Von 1982 bis 1999 wurden sie tendenziell schwächer.

Institutionalisierte Ordnung oder mehr Selbstbestimmung? – Typen der Ordnung

In weiterer Folge soll eine Typologie der Länder entwickelt werden. Zu diesem Zweck wurden jene Variablen, die in der bisherigen Darstellung verwendet wurden (Gesamtvertrauen in Institutionen; Materialismus – Postmaterialismus; kleine Betrügereien, Kavaliersdelikte, Selbstbestimmung) herangezogen und aus den befragten Ländern Gruppen (sog. Cluster) gebildet, die sich hinsichtlich dieser Variablen ähnlich verhalten. Dadurch ergeben sich drei Typen von Ländern:

Typ 1: konservative Länder
Irland, Nordirland, Malta, Portugal, Polen, Ungarn, Rumänien, Bulgarien, Lettland

Typ 2: verunsicherte Länder (ehemalige Ostblockländer)
Ost-Deutschland, Slowakei, Estland, Litauen, Russland, Ukraine, Weißrussland,

Typ 3: westlich (orientierte) moderne Länder
Frankreich, West-Deutschland, Belgien, Niederlande, Luxemburg, Österreich, Großbritannien, Dänemark, Schweden, Finnland, Island, Spanien, Italien, Griechenland, Tschechien, Slowenien, Kroatien

Länder vom Typ 1 sind jene, die im Vergleich mit den anderen Typen den Institutionen das höchste Vertrauen entgegenbringen, starke materialistische Tendenzen aufweisen und kleine Betrügereien, Kavaliersdelikte und Selbstbestimmung am wenigsten akzeptieren.

Beim Typ 2 ist das Vertrauen in Institutionen am niedrigsten und die Akzeptanz kleiner Betrügereien am höchsten. Kavaliersdelikte und Selbstbestimmung liegen zwischen Typ 1 und 2, während Materialismus am stärksten ausgeprägt ist. Hier liegt einerseits eine starke Sicherheits- und Ordnungs-Orientierung vor, andererseits ist das Vertrauen in Institutionen, die dies gewährleisten sollten, relativ gering, deshalb das Bestreben relativ hoch, sich selbst einen Vorteil auf Kosten der Allgemeinheit zu verschaffen. Nicht zufällig sind dies auch – mit Ausnahme von Ost-Deutschland – jene Länder mit einer prekären Demokratie.

Typ 3 sind mit Abstand die meisten Länder zuzurechnen: nahezu alle westlichen (mit Ausnahme der konservativen) und einige westlich orientierte ehemalige Ostblockländer. Beim durchschnittlichen Vertrauen in die Institutionen und kleinen Betrügereien liegt dieser Typ zwischen 1 und 2. Kavaliersdelikte und Selbstbestimmung werden hier am ehesten akzeptiert. Der Anteil an Postmaterialisten ist in diesen Ländern deutlich höher als in den übrigen.

6. Ordnung oder Selbstbestimmung?

Lässt sich nun ein Trend zu mehr institutionalisierter Ordnung oder mehr Selbstbestimmung aus den Daten ableiten? Westlich (orientierte) moderne Länder vertreten mit Abstand häufiger postmaterialistische Werte. Diese stärkere Akzentuierung postmaterialistischer Werte führt keineswegs zu einem „moralischen Verfall"[11]. Ganz im Gegenteil: Kleine Betrügereien werden in Ländern mit den stärksten materialistischen Tendenzen weitaus häufiger akzeptiert. Deutlich zum Ausdruck kommt in den westlich (orientierten) modernen Ländern der Wunsch nach Selbstbestimmung: Über das eigene Leben, das eigene Glück, den eigenen Körper will man sich keine Vorschriften machen lassen, was jedoch nicht zwangsläufig mit einem Vertrauensrückgang in große Institutionen gekoppelt sein muss. Das durchschnittliche Vertrauen in Institutionen unterscheidet sich nicht wesentlich von jenem in konservativen Ländern. Nur: Man wird kritischer und Vertrauen muss erst einmal verdient werden. Der allgemeine Trend in den westlich (orientierten) Ländern scheint somit eher in Richtung institutionalisierter Ordnung und Selbstbestimmung zu gehen. Aber an die institutionalisierte Ordnung werden andere Anforderungen gestellt werden. Klages (1993, 130ff.) sieht im Zusammenhang mit der Ausbreitung von Selbstentfaltungswerten eine abnehmende Bereitschaft, die Autorität von Institutionen und Personen kraft ihres Amtes anzuerkennen, vielmehr werden verstärkt die Kompetenz der jeweiligen Institution und der Nutzen für die eigene Person hinterfragt. In der Aufweichung traditioneller Selbstbeschränkungsnormen und der damit einhergehenden Anhebung der Anspruchsniveaus gegenüber den „zuständigen" Instanzen sieht er folgende Entwicklung: „Die Enttäuschung von inflationierten Erwartungen wird so zu einer Normalerscheinung und der hieraus fließende Vertrauensverlust wird gewissermaßen systemtypisch und gänzlich alltäglich. Man könnte es sogar wagen, von einer Institutionalisierung des Misstrauens insbesondere dort zu sprechen, wo der Wertewandel mit den Bedingungen des hoch entwickelten Sozialstaats zusammenfällt."

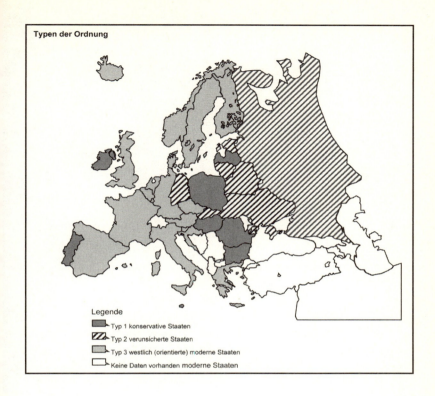

Typen der Ordnung

Legende

Typ 1 konservative Staaten

Typ 2 verunsicherte Staaten

Typ 3 westlich (orientierte) moderne Staaten

Keine Daten vorhanden moderne Staaten

Hermann Denz

Krise der Demokratie – Wiederkehr der Führer?

1. Über Demokratie

Nach Schätzungen von Expertinnen und Experten leben Menschen in 76-118 der insgesamt 190 Länder (Mahnkopf 1997, S.1) bzw. 40-45% der Erdbevölkerung (Schmidt 1997, S. 332) in demokratischen Systemen. Mit Ausnahme der meisten Nachfolgestaaten Jugoslawiens und der UdSSR gelten alle Staaten Europas als Demokratien (Schmidt 1997, S. 311 ff: Slowenien wird nach allen Kriterien, Mazedonien nach einigen, die baltischen Staaten Estland, Lettland und Litauen spätestens seit 1994 als demokratisch gewertet).

Die Demokratisierung erfolgte in drei typischen Wellen, von denen jede ihre eigene Ursachenkonstellation hatte (Schmidt 1997, S. 311 ff.):

- erste Welle (zweite Hälfte des 19. Jahrhunderts bis nach dem Ersten Weltkrieg): rasche ökonomische und soziale Entwicklung, Sieg der Westmächte im Ersten Weltkrieg
- zweite Welle (1945-1960): Demokratisierungspolitik der Alliierten, Politik der Dekolonialisierung
- dritte Welle (1973-1994): sehr heterogene Prozesse wie Rückkehr zur Demokratie in reichen autoritären Staaten (in Europa z. B. Portugal, Griechenland; in Südamerika Argentinien, Chile usw.), aber auch in relativ armen Ländern wie Bangladesh oder Nepal; in Europa vor allem der Fall des „Eisernen Vorhangs".

Wie demokratisch sind nun die in die Wertestudie einbezogenen europäischen Staaten? Die Wertestudie selbst beruft sich auf subjektive Einstellungen, Einschätzungen und Bewertungen. Die politikwissenschaftliche Analyse versucht eher objektive Faktoren heranzuziehen und entwickelt daraus Indizes für die demokratische Struktur eines Staates (ausschließlich Indizes mit aktuellen Werten 1993 oder 1994):

Ein erster Index setzt Partizipation und demokratischen Wettbewerb zueinander in Beziehung (Vanhanen zit. in Schmidt 1997, S. 272):

Demokratieindex = (Partizipation P x Wettbewerb W)/100

P = Prozentsatz der Wähler an der Gesamtbevölkerung

W = 100 – Stimmenanteil der stärksten Partei

Als weiterer Index bewertet der „Freedom House Index" 13 Dimensionen (civil rights und political rights) jeweils mit 0 bis 2 Punkten und fasst sie dann zu einer Skala von 1 bis 7 zusammen: Versammlungsfreiheit, Freiheit der Medien, Gleichheit vor dem Gesetz, freie Gewerkschaften, Religionsfreiheit, Chancengleichheit usw. (Schmidt 1997, S. 278 f.).

Nach dieser Berechnung haben alle westeuropäischen, aber auch einige osteuropäische Staaten den höchsten Wert 1:

Demokratieindex für die europäischen Staaten

Freedom House Demokratieindex	Staaten	Mittelwert des Demokratieindex nach Vanhanen
1	alle westeuropäischen Staaten	36,40
1	Tschechien, Ungarn, Slowenien, Litauen	27,80
2	Polen, Slowakei, Bulgarien	27,50
3	Estland, Lettland, Russland, Ukraine	19,30
4	Rumänien, Kroatien, Weißrussland	20,23

Die Tabelle veranschaulicht, dass sich die Indizes nicht auf die gleichen Dinge beziehen: Die Staaten mit dem Wert 4 auf dem Freedom House Index erreichen auf der Vanhanen-Skala einen höheren Durchschnittswert als jene mit dem Skalenwert 3. Der Zusammenhang zwischen den beiden Indizes ist mit 0,66 aber relativ hoch.

2. Die demokratische Idee in Europa

„Nicht zufällig entstand die Demokratie auf dem Boden einer bestimmten rechtlichen, religiös-kulturellen und wirtschaftlichen Tradition: dem der neuzeitlichen Verfassungsstaaten in Europa und Nordamerika, zu deren Kulturgut das römische und germanische Recht, die christlichen Religionen und die Wertschätzung des Individuums sowie des gemeinschaftsverträglichen Staatsbürgers zählen und zu deren Ausstattung ein relativ hoher Stand wirtschaftlicher Entwicklung und breite Streuung der Machtressourcen gehören." (Schmidt 1997, S. 332)

Diese demokratische Denktradition in Europa spiegelt sich auch in den Antworten auf die Frage wider, ob die Demokratie als Regierungsform grundsätzlich positiv beurteilt wird: Mit Ausnahme von Russland (63%) liegen alle Werte zwischen 84% und 97%. Eine Analyse der Extremgruppen (die höchsten bzw. niedrigsten 4%) zeigt aber deutliche Unterschiede zwischen Ost und West. Der Durchschnittswert differiert in manchen Ländern stark nach dem Alter (Generation, also beeinflusst von den politischen Erfahrungen): In Ländern mit insgesamt niedriger Zustimmung zur Demokratie (Slowakei, Weißrussland, Bulgarien, Russland) zeigt sich die Ablehnung eher in der älteren Generation, die (durch den Fall des Eisernen Vorhangs geprägten) Jüngeren sind deutlich positiver eingestellt. Eine gewisse Ausnahme bildet Ungarn: Hier hat die jüngere Generation eine deutlich negativere Haltung als die ältere (Folge enttäuschter Hoffnungen, die Ungarn als eines der ersten Ostblockländer in die Demokratie, vor allem den freien Markt, gesetzt hat).

Fragt man jedoch nicht abstrakt nach der Zustimmung zur Demokratie als politischem System, sondern nach der Zufriedenheit mit den konkreten Verhältnissen im eigenen Land („Sind Sie mit der Art und Weise, wie die Demokratie in ... funktioniert, alles in allem sehr zufrieden, ziemlich zufrieden, ziemlich unzufrieden oder sehr unzufrieden?") ändert sich das Bild deutlich: Der abstrakten Bejahung steht ein sehr hohes Kritikpotenzial gegenüber. Die Zustimmung sinkt hier deutlich, aber dennoch ist in Westeuropa die Zufriedenheit insgesamt deutlich größer als in Osteuropa.

3. Krisenherde der Demokratie

Der Fall des Eisernen Vorhangs 1989 schien den endgültigen Sieg der liberalen, parlamentarischen Demokratie zu markieren. Zuerst einmal sollte man die politischen Veränderungen außerhalb Europas nicht ignorieren, aber auch in Europa selbst zeigen die Ereignisse des letzten Jahrzehnts, dass die Entwicklung nicht so linear und auch nicht so eindeutig ist: „Offen bleibt die Frage, ob wir uns am Beginn eines ‚Zeitalters der globalen Demokratie' befinden, ob Maßnahmen zur Herstellung einer ‚kosmopolitischen Demokratie', die an den Strukturen und Prozessen des Systems der Vereinten Nationen ansetzen oder globale Gesellschaftsverträge eine neue Welle der demokratischen Transformationen einleiten werden. Vieles spricht gegenwärtig eher für das … Alternativszenario eines ‚Niedergangs der Demokratie' – weil nichtrepräsentative Organisationen wie transnationale Unternehmen oder die G7-Staaten im internationalen System immer mächtiger werden, weil demokratische Verfahren und Prozesse auf nationaler Ebene ihre Legitimation einbüßen, weil ökonomische und soziale Ungleichheiten sich in größere politische Ungleichheit übersetzen und weil die nachlassende Unterstützung von demokratischen Institutionen die wahrscheinlichen Kosten von autoritären Lösungen verringern." (Mahnkopf 1997, S.3)

Demokratiekritik

Zwei Aspekte können unterschieden werden: einerseits die grundlegende Kritik an der Demokratie als politischem System (weil sie nach der Meinung der Befragten nicht effektiv ist), andererseits die Kritik am eigenen politischen System.

Die allgemeine Kritik wird durch drei Fragen erfasst: In Demokratien funktioniert die Wirtschaft schlecht, Demokratien sind entscheidungsschwach, es gibt zuviel Zank und Streit, Demokratien sind nicht gut, um die Ordnung aufrechtzuerhalten. Daraus errechnet sich das Ausmaß der Kritik.

Ausmaß der Demokratiekritik

Ausmaß der Kritik	Osteuropa	Westeuropa
sehr hoch hoch	Russland Polen, Rumänien, Slowenien, Litauen, Lettland	

mittel	Ukraine, Ungarn, Slowakei, Tschechien, Estland, Bulgarien, Weißrussland	Frankreich, Portugal, Griechenland, Belgien, Italien
niedrig	Kroatien	Finnland, Großbritannien, Irland, Spanien, Deutschland-Ost, Nordirland, Niederlande, Schweden, Luxemburg, Malta, Dänemark
sehr niedrig		Österreich, Island, Deutschland-West

Die zweite Frage beschäftigt sich mit dem konkreten politischen System: „Es gibt verschiedene Ansichten über das politische System in … Hier ist eine Skala, mit der man bewerten kann, wie gut oder schlecht die Dinge stehen: 1 bedeutet sehr schlecht und 10 bedeutet sehr gut." Daran ist die Zusatzfrage angehängt, wie man das politische System vor zehn Jahren eingeschätzt hat, ob man findet, es sei besser oder schlechter geworden.

Beurteilung des eigenen politischen Systems in Klassen
(Veränderung in den letzten 10 Jahren in Klammern)

Mittelwert (gerundet)	Osteuropa	Westeuropa
7,0		Malta (+1)
6,0		Luxemburg, Niederlande, Deutschland-West und -Ost (+1), Island (+1), Portugal (+1), Österreich, Finnland, Irland (+1)
5,0	Estland, Bulgarien	Spanien, Nordirland (+1), Großbritannien, Schweden (-1), Dänemark, Belgien, Griechenland (-1), Frankreich
4,0	Slowenien, Weißrussland (-1), Lettland, Tschechien (+1), Polen, Ungarn (-1), Slowakei (-1), Rumänien (-1)	Italien
3,0	Ukraine (-2), Kroatien, Litauen (-2), Russland (-3)	

Innerhalb der westeuropäischen Länder herrscht nur in Schweden und Griechenland das Gefühl vor, dass es in den letzten Jahren schlechter geworden ist (wahrscheinlich Ausdruck der durch die Wirtschaftskrise ausgelösten Veränderung des Sozialsystems). Die positiven Werte in Malta sind sicher Ausdruck des Gefühls, die politischen Krisen der 70er-Jahre nun endgültig überwunden zu haben. Im Gegensatz dazu beherrscht nahezu alle osteuropäischen Länder die Einschätzung, in den letzten Jahren sei es schlechter geworden. Eine Ausnahme ist Tschechien, das sich demokratisch relativ schnell stabilisiert hat (einhergehend mit einer relativ raschen wirtschaftlichen Verbesserung und einer relativ hohen politischen Stabilität durch den charismatischen Präsidenten Vaclav Havel; der Sonderfall Tschechien zeichnet sich in den Daten gleich ab wie in anderen Untersuchungen, ansonsten gibt es doch größere Unterschiede: z. B. Ulram/Waldrauch 1997, insbes. S. 116).

Legitimationskrise?

Hier sollen nur die drei zentralen Institutionen der Demokratie – Legislative (Parlament), Exekutive (Verwaltung) und Justiz (Gerichte) (in Anlehnung an die Theorie der Gewalten-verteilung von Montesquieu) – auf ihre Legitimation bzw. ihr Legitimationsdefizit hin untersucht werden. Gefragt wird nach dem Vertrauen, das man diesen Institutionen entgegenbringt.

Vertrauen in Institutionen 1999
(Anteil derer, die sehr viel oder ziemlich viel Vertrauen haben)
(Veränderung in den letzten 20 Jahren in Klammern)

Ausmaß des Vertrauens	Osteuropa	Westeuropa
70%		Island (+34)
60%		Dänemark (+6), Luxemburg, Norwegen (-14)

50%	Estland, Bulgarien	Schweden (-2), Österreich (+4), Finnland (-17), Malta, Irland (-7), Portugal (+12),Niederlande (-4), Nordirland (-11), Deutschland-West (-5)
40%	Ungarn (-42), Lettland (-8), Slowakei (+3), Polen (-16), Weißrussland	Frankreich (-11), Großbritannien (-8), Spanien (-3), Deutschland-Ost (+10), Belgien (-7)
30%	Estland (-15), Ukraine, Slowenien (-11), Russland, Rumänien, Kroatien, Bulgarien	Italien (0), Griechenland
20%	Tschechien (-20), Litauen (-36)	

Differenz 1990-1999: Deutschland-Ost, Österreich, Portugal, Polen, Tschechien, Slowakei, Slowenien, Estland, Lettland, Litauen
Differenz 1982-1990: Norwegen
keine Differenz (Werte nur 1999): Luxemburg, Griechenland, Malta, Rumänien, Bulgarien, Kroatien, Russland, Ukraine, Weißrussland

In Westeuropa sank vor allem in Finnland und Norwegen das Vertrauen in die Institutionen deutlich (und zwar in der Periode 1982-1990, dann ist es ziemlich konstant geblieben). In Osteuropa zeigt sich fast durchgehend ein zum Teil sehr starker Vertrauensrückgang.

Das politische Spektrum: Konzentration oder Polarisierung?

Die Verteilung der Parteien (der Wählerinnen und Wähler) entlang des politischen Spektrums, der Grad der Konzentration bzw. Polarisierung hat etwas mit der Stabilität des politischen Systems zu tun (Extremfälle: die Erste Republik in Österreich oder die Weimarer Republik mit ihren extremen Polarisierungen).

Als erster Indikator ist die durchschnittliche politische Selbsteinstufung heranzuziehen („In der Politik spricht man von rechts und links. Wie würden Sie ganz allgemein Ihren eigenen politischen Standort beschreiben: Wo auf dieser Skala würden Sie sich selbst einstufen? 1 = links, 10 = rechts."). Die überraschend einheitlichen Mittelwerte reichen von 4,79 (Spanien) bis 5,96 (Tschechien).

Genaueres liefert die Untersuchung der gesamten Verteilung auf ihre Streuung hin. Ein erster Indikator: Welchen Umfang hat die politische Mitte und wie polarisiert sind links und rechts? Der Anteil der sich der politischen Mitte Zurechnenden reicht von 80% in Irland bis zu 55% in Bulgarien. Dadurch bleibt für linke oder rechte Flügel in der Parteienlandschaft auch nicht allzu viel Platz. Der zweite Indikator: die Größe von linken und rechten Flügeln. Mit einem durchschnittlichen Anteil des linken Flügels von 17% und des rechten von 18% sind die Unterschiede meist zwar nicht sehr stark ausgeprägt, in einigen Ländern aber doch erheblich: So haben Spanien und Frankreich bei einem relativ geringen Anteil der Mitte (60% bzw. 61%) eine linksorientierte Gruppe von 24% bzw. 26%, ähnlich auch Russland. Über deutlich größere rechte Flügel verfügen nur Estland, Lettland, Weißrussland, Tschechien, Rumänien.

In Westeuropa scheinen die Zeiten der politischen Polarisierung (vorläufig) vorbei, es konzentriert sich (nach der Selbsteinschätzung) alles in der politischen Mitte. In den osteuropäischen Ländern sind die Tendenzen zu politischen Extremen zwar etwas stärker, aber auch nicht besonders hoch.

4. Qualität der Demokratie

Demokratie ist nicht gleich Demokratie, es gibt unterschiedliche Qualitäten. „Heute scheinen die ‚real existierenden Demokratien' wieder insgesamt problematisch geworden zu sein. Die ‚demokratische Frage' ist wieder ins Zentrum der politischen Agenda gerückt, die demokratischen Qualitäten nationaler politischer Systeme sind wieder Gegenstand leidenschaftlicher Kontroversen, und auch die institutionellen, verfassungsrechtlichen Arrangements der Politik werden heute so intensiv und praktisch folgenreich diskutiert wie kaum je zuvor. ... Man blicke etwa nur nach Italien. Oder nach Österreich." (Schedler 1996, S. 11). Die empirische Festlegung von Kriterien für Demokratie-Qualität erweist sich jedoch als nicht sehr einfach. Über den ersten Ansatz der Demokratieindizes hinaus gibt es eine Reihe von Kriterienkatalogen (Schmidt 1997, S. 264, Schiller 1999, S.31). Neben der Verwirklichung von Gleichheit, den Möglichkeiten der Partizipation, der Transparenz von Entscheidungen und der Effekti-

Die Sehnsucht nach Ordnung

vität sind immer auch die Verwirklichung von Menschenrechten, Minderheitenschutz usw. Kriterien für die Qualität von Demokratie.

Angesichts der Datenlage sind jedoch zwei Einschränkungen notwendig: Es gibt nur sehr wenige Indikatoren dafür (Verwirklichung von Menschenrechten, Ausländerfeindlichkeit) und auch diese sind nicht „objektiv", sondern resultieren aus der Einschätzung der Befragten.

Achtung der Menschenrechte

Die Ergebnisse auf die Frage „Wie stark werden Ihrer Meinung nach die individuellen Menschenrechte heutzutage in … geachtet?" streuen extrem: von 91% in Luxemburg bis 16% in Russland.

Achtung der Menschenrechte

Anteil	Osteuropa	Westeuropa
75-95%		Luxemburg, Finnland, Dänemark, Island, Deutschland-West, Niederlande, Irland, Österreich, Schweden, Malta
50-75%	Tschechien, Slowakei, Ungarn, Polen, Kroatien	Nordirland, Großbritannien, Deutschland-Ost, Spanien, Belgien, Italien, Portugal, Frankreich, Griechenland
25-50%	Estland, Lettland, Slowenien, Weißrussland, Bulgarien	
15-25%	Rumänien, Litauen, Ukraine, Russland	

In diesen Unterschieden drücken sich immer zwei Dinge aus: auf der einen Seite sicher die objektive Situation, aber in der Bewertung derselben auf der anderen Seite auch unterschiedliche Anspruchsniveaus. Wann bin ich mit der Erfüllung der Menschenrechte zufrieden? Reicht es, dass es keine Verfolgung oder Folter gibt, gehört auch ein einigermaßen menschenwürdiges Leben dazu (kein Hunger) oder erwarte ich noch mehr von der Gesellschaft?

Fremdenfeindlichkeit

Die sehr unterschiedlichen theoretischen Zugänge zum Problem der Fremdenfeindlichkeit reichen von soziobiologischen („Fremdenscheu") über psychologisch/psychoanalytische (das Fremde als Projektion der eigenen Schatten) bis eben zu soziologischen Theorien, die Fremdenfeindlichkeit als Folge bestimmter gesellschaftlicher Strukturen sehen (Anomie, Ungleichheit, Deprivation usw.). In diesen Kontext gehört das der Frage der Wertestudie immanente Konzept: Hinter der Ablehnung von Fremden als Nachbarn steht die Vorstellung von einer bestimmten (ganz sicher nicht multikulturellen) Ordnung. Daraus ergibt sich aber die Diskriminierung eines Teils der Bevölkerung (Einschränkung des Wohnrechts) aufgrund einer (wie immer gearteten) Definition anderer als „fremd" und damit die Missachtung der gleichen Würde und Rechte der als anders Definierten (was eben auch ein Teil der Qualität von Demokratie ist).

„Durch Migration vollzog sich in den letzten Jahrzehnten ein immenser gesellschaftlicher Wandel in fast allen hoch industrialisierten Staaten Europas. Aus ethnisch homogen wahrgenommenen Nationalstaaten [was sie in dieser Form aber nie waren, Anm. H.D.] wurden allmählich multikulturelle Gesellschaften. Aber erst in den letzten Jahren haben sich die Reaktionen auf die Anwesenheit der vielen ‚Fremden' massiv geändert. Erst jetzt, da wir mit einer ökonomischen Krise, mit einer steigenden Anzahl von Arbeitslosen und mit unsicheren Zukunftsperspektiven ob des enormen gesellschaftlichen und wirtschaftlichen Wandels konfrontiert sind, fällt unser Blick auf die ‚Ausländer'. ... Soziale und ökonomische Krisen verstärken (den) Wunsch nach homogenen, ‚harmonischen' Gemeinschaften." (Wolf 1997, S. 7 ff.)

Die Frage der Wertestudie: „Auf dieser Liste stehen eine Reihe ganz verschiedener Personengruppen. Könnten Sie einmal alle heraussuchen, die Sie nicht gern als Nachbarn hätten?" Ausgewertet werden die Gruppen (Menschen anderer Hautfarbe, Moslems, Ausländer, Juden), als ausländerfeindlich wird jemand eingestuft, der zumindest eine dieser Gruppen nicht als Nachbarn haben möchte.

Anteil Frem- denfeindlicher	Osteuropa	Westeuropa
5-15%		Portugal, Schweden, Niederlande, Island
15-25%	Lettland	Deutschland-Ost und -West, Spanien, Dänemark, Luxemburg, Frankreich, Großbritannien, Österreich, Irland, Nordirland
25-35%	Russland, Tschechien, Slowenien, Kroatien, Ukraine	Italien, Belgien, Finnland, Norwegen (1990)
35-45%	Estland, Weißrussland, Slowakei, Polen, Rumänien, Bulgarien	Malta, Griechenland
45-55%	Litauen	

Ungarn fehlt in dieser Tabelle, weil diese Frage anders gestellt wurde – die Ergebnisse sind nicht vergleichbar.

Auch hier zeigt sich innerhalb der Ergebnisse eine sehr große Streuung: von Portugal mit 7% bis Litauen mit 48%. In den osteuropäischen Ländern ist die Fremdenfeindlichkeit (wie schon 1990) größer als im Westen, in Gesamt-Europa ist sie gleich geblieben oder sogar zurückgegangen: besonders deutlich in Portugal (-23%), Lettland (-25%) und Slowenien (-24%), etwas auch in Deutschland-Ost (-11%) und West (-13%) und Schweden (-11%).

5. Die Rückkehr der Führer

Ein weniger an politischen Institutionen denn eher sozialpsychologisch orientierter Ansatz erklärt die Sehnsucht nach neuen Führern und neuen Ordnungen als Reaktion des verunsicherten Individuums auf (subjektiv) nicht bewältigbar erscheinende Pluralisierung und Unübersichtlichkeit, wie z. B. in der Modernisierungstheorie von Berger (Berger 1994, S. 142) vertreten: Schlüsselbegriff ist der Autoritarismus (Adorno 1982, Riepl u. a. 2000, für Österreich ist dieser Zusammenhang nachweisbar, in den Europadaten fehlt die Variable Autoritarismus; siehe auch Denz u.a. 2001) als die Suche nach Sicherheiten, die durch Unsicherheit erzeugte Spannungen aufheben sollen. Die westlichen Gesellschaften der 50er-Jahre kennzeichnete ein erhebliches Maß an Unfreiheit, mit den 60er-Jahren begannen sich die Normen zu relativieren. „Dieser Wandel kann durchaus als eine große Befreiung beschrieben werden. Doch sollten auch das Unbehagen und die Schrecken, die dieser neuen Freiheit anhaften können, nicht außer Acht gelassen werden." (Berger 1994, S. 74). Ähnliches lässt sich für die Länder Osteuropas feststellen, nur dass dort die Freiheit mit dem Fall des Eisernen Vorhangs 1989 begann. Es sind nicht einfach „die Leute", die wieder mehr Ordnung wollen, es sind ganz bestimmte gesellschaftliche Gruppen, die bemerken, dass sie im sozialen Wandel auf der Strecke bleiben. Sie können in der neuen Freiheit nichts gewinnen, sondern verlieren ihre Sicherheiten, ihre Beheimatung in der Ordnung. Die Modernisierungsverlierer (ältere Leute, Leute mit wenig Bildung, Leute in ländlichen Gegenden, von der modernen Technologie bedrohte Berufsgruppen) erweisen sich besonders anfällig für alle Typen autoritärer Formen von Politik (aber auch Religion, Werte usw.). Dass die jüngere Generation in den osteuropäischen Staaten deutlich mehr Sympathie für Demokratie hegt, unterstützt diese These.

Der in ganz Europa verbreitete neue Rechtspopulismus bietet den Menschen einfache Antworten für ihre Verunsicherung an. Er verspricht dem „kleinen Mann" eine Modernisierung des Staates (Abbau von Bürokratisierung, Maßnahmen gegen die Bonzen, gegen die Eurobürokratie in Brüssel – zum Teil verbunden mit regionalistischen Gedanken) und eine Verbesserung der individuellen Situation (ohne Ausländer gäbe es keine Arbeitslosigkeit) durch oder in Verbindung mit einem kulturalistisch gewendeten Faschismus (Vordenker: A. de Benoist 1999). Der neue Rechtspopulismus „setzt nicht mehr, wie die alten rechtsextremen Gruppen, auf Destabilisierung der Demokratie durch gezielte Gewaltmaßnahmen, sondern – inspiriert von Gramsci – auf die Erringung der Hegemonie in der zivilen Gesellschaft. Vor der Übernahme der Macht steht der Kampf um die ideologische Mehrheit. Diese ideologische Position grenzt sich einerseits gegen alte rechtsextreme Vorstellungen von Herrenrasse und Untermenschen, andererseits gegen linksliberale Vorstellungen einer multikulturellen Gesellschaft ab, die durch Migration und Vermischung die Identität von Ethnien zerstört. Die kulturelle Substanz ethnischer Einheiten ist in der Sicht der neurechten Ideologien das letzte verbliebene Bollwerk gegenüber dem hedonistischen Individualismus der Moderne und den entfesselten Kräften des globalen Kapitalismus." (Schelkshorn 2001, S. 1 f.). Die Ethnie bleibt die Grundlage der Politik, aber durch die Aufgabe des Konzepts der ungleichen Wertigkeit von Rassen (wobei das in der populären Rezeption der neurechten Ideologien in Frage zu stellen ist) wird dieses Gedankengut auch für breite politische Kreise akzeptabel. Neurechtes Gedankengut soll sich in der Mitte der Gesellschaft festsetzen, soll Allgemeingut werden. „Den modernen Rechtsextremen geht es nicht um die Machtergreifung über Nacht. Sie setzen auf die schleichende geistige, soziale und politische Klimaveränderung, deren Nutznießer sie bereits heute sind. Es geht ihnen um die Gesellschaftsfähigkeit faschistischer Ziele." (Krfel/Oswalt 1989, S. 10) Viele aktuelle politische Diskussionen in Europa zeigen, dass dieser Weg mit einigem Erfolg beschritten wird.

Für viele, aber durchaus nicht alle, ist dieses Gedankengut sehr eng an die Vorstellung eines Führers gekoppelt, der diese Ordnung wieder herstellen soll. In manchen Ländern mit einer entsprechenden Tradition könnte es auch eine Militärregierung sein. Nicht so direkt autoritär wie der Ruf nach dem Führer klingt die Forderung, Experten sollten anstelle von demokratisch gewählten Repräsentanten die Macht übernehmen. Auf alle Fälle wird der Demokratie eine Bewältigung der wirtschaftlichen, sozialen und ökologischen Probleme nicht zugetraut.

„Ich werde Ihnen nun verschiedene Typen von politischen Systemen beschreiben und fragen, wie Sie über die einzelnen Regierungsformen denken. Sagen Sie mir bitte jeweils, ob Sie die Regierungsform als sehr gut, eher gut (werden zusammengefasst), eher schlecht oder sehr schlecht ansehen:

- Man sollte einen starken Führer haben, der sich nicht um ein Parlament und um Wahlen kümmern muss.
- Experten und nicht die Regierung sollten darüber entscheiden, was für das Land das Beste ist.
- Das Militär sollte regieren."

Starker Führer[1]

Starker Führer	Westeuropa	Osteuropa
10-15%	Griechenland, Island, Dänemark, Deutschland-West	Kroatien
16-20%	Italien, Österreich, Malta, Nordirland	Tschechien, Estland, Slowakei
21-25%	Schweden, Spanien, Großbritannien, Deutschland-Ost	Ungarn, Polen, Slowenien
26-30%	Finnland, Irland, Niederlande	
31-40%	Belgien, Frankreich, Portugal	Weißrussland
41-50%	Luxemburg	Bulgarien, Russland
über 50%		Litauen (56%), Lettland (58%), Ukraine (60%), Rumänien (67%)

Experten statt Regierung

Experten	Westeuropa	Osteuropa
unter 30%	Griechenland	
31-40%	Dänemark, Malta, Nordirland, Irland, Niederlande	
41-50%	Schweden, Island, Luxemburg, Großbritannien, Portugal, Frankreich	Ukraine
51-60%	Italien, Deutschland-West, Spanien, Belgien, Finnland	Russland, Estland, Litauen
61-70%	Österreich, Deutschland-Ost	Lettland, Tschechien
71-80%		Weißrussland
über 80%		Slowenien (81%), Bulgarien (82%), Rumänien (85%), Ungarn (85%), Slowakei (86%), Kroatien (87%), Polen (88%)

Vor allem die Staaten des ehemaligen Ostblocks zeigen sich besonders anfällig für autoritäre Regierungsformen. Aber auch in Westeuropa gibt es erstaunliche Ergebnisse: die Neigung zu starken Führern, Männern usw. in Belgien, Frankreich, Portugal (mit über 30% Zustimmung) und Luxemburg (über 40%[2]), der Ruf nach Experten in

Die Sehnsucht nach Ordnung

Österreich (mehr als 60%), die Ewiggestrigen, die wieder eine Militärregierung wollen, in Griechenland, Spanien und Portugal (allerdings nur 8-12%). In den Ländern des ehemaligen Ostblocks (hier hat das Militär auch mehr Vertrauen als im Westen) können sich eine Militärregierung vorstellen: Bulgarien (12%), Ukraine (13%), Polen (17%), Russland (19%), Weißrussland (20%), Rumänien (28%).

Wie weit hängt der Wunsch nach autoritären Regierungsmodellen mit dem Anteil jener zusammen, die sich als politisch rechts stehend einschätzen? Wenig – ein Ergebnis, das sich unterschiedlich interpretieren lässt: Dass die politische Selbsteinschätzung nichts aussagt, stimmt so nicht, weil sie mit einer Reihe von Fragen doch sehr deutlich korreliert: mit jenen nach der Rolle des Staates, nach dem Verhältnis Staat und privat. Die zweite Interpretation: Dieses Gedankengut wurde – ganz dem Konzept der neuen Rechten entsprechend – bereits weit über das rechte Lager hinaus akzeptabel.

6. Nationalismus – Regionalismus

Nationalismus – Nationalstolz

„Nationalismus und Patriotismus als allgemeine Einstellungen zum eigenen Staat werden meist unscharf … diskutiert. … Ein entscheidender Unterschied zwischen den beiden Konzepten besteht darin, dass beim Nationalismus die innergesellschaftliche Homogenität der Mitglieder einer Nation bezogen auf bestimmte Kategorien angestrebt wird, während beim Patriotismus innergesellschaftliche Vielfalt angestrebt und akzeptiert wird." (Schmidt 1997, S. 270) Nationalismus wird in der Wertestudie (wie in vielen anderen Studien) durch die Identifikation mit einer Nation gemessen (Nationalstolz), ohne diese Bindung näher differenzieren oder begründen zu lassen („Wie stolz sind Sie darauf, dass Sie die … Staatsbürgerschaft haben? Würden Sie sagen: sehr stolz, ziemlich stolz (diese beiden Kategorien werden zusammengefasst), nicht sehr stolz oder überhaupt nicht stolz."). Wollte man Patriotismus messen, müsste man differenzieren und den Stolz auf ganz bestimmte Errungenschaften einer Nation erheben: z. B. die demokratischen Institutionen, die sozialstaat-

lichen Leistungen, die politischen Mitbestimmungsmöglichkeiten
(Schmidt 1997, S. 273).

Nationalstolz 1999 und größere Veränderungen seit 1982 bzw. 1990
(Differenzen größer 10% in Klammern)

National-stolz	Westeuropa	Osteuropa
60-70%	Deutschland-West	Litauen (-27%), Ukraine, Estland (-17%), Bulgarien
71-80%	Belgien	Russland, Weißrussland, Slowakei
81-90%	Niederlande (+15%), Deutschland-Ost, Norwegen (Werte 1990, +10%), Nordirland, Schweden (+14%), Luxemburg, Italien, Spanien, Frankreich	Tschechien, Lettland (-11%), Rumänien, Kroatien, Ungarn
über 90%	Großbritannien, Österreich, Griechenland, Dänemark (+17%), Finnland, Portugal, Malta, Island, Irland	Slowenien, Polen

Der Nationstolz hat sich völlig verändert: Betrug das Verhältnis
(Durchschnittswerte) West zu Ost 1982 0,80:0,95, zeigte es sich
1990 ausgeglichen 0,86:0,88 und kehrte sich 1999 auf 0,88:0,78 um.
Einen großen Teil zu diesem Wert tragen die baltischen Staaten bei, in
denen der Nationalstolz deutlich rückläufig ist, während er in den
meisten westeuropäischen Staaten gestiegen ist.

Nationalismus – regionale Identifikation mit dem Land

Eng mit dem Nationalstolz verbunden zeigt sich das Konzept der regionalen Identifikation (oder symbolischen Ortsbezogenheit, weil die
Identifikation über bestimmte Regionalbezeichnungen erfasst wird:
Gemeinde, Region, Staat: Treinen 1965). „Welcher dieser geografischen Gruppen auf dieser Liste hier fühlen Sie sich am meisten zu-

DIE SEHNSUCHT NACH ORDNUNG

gehörig? Dem Ort, wo ich lebe, der Gegend, in der ich lebe, Bezeichnung des Landes, Europa, der ganzen Welt." (Hier ausgewertet wird
die Kategorie Land.)

**Identifikation mit dem eigenen Land 1999
und größere Veränderungen seit 1982 bzw. 1990**
(Differenzen größer 10% in Klammer)

Identifi- kation	Westeuropa	Osteuropa
-20%	Deutschland-West (-13%) und Ost, Norwegen (Wert 1990), Dänemark (-17%)	Polen (-26%), Ungarn
21-30%	Nordirland, Schweden, Italien, Irland, Österreich, Luxemburg, Spanien, Belgien, Großbritannien, Frankreich	Estland (+12%), Kroatien, Weißrussland, Russland, Ukraine, Slowakei (+15%), Rumänien
31-40%	Finnland (-10%), Griechenland	Slowenien (-10%), Tschechien, Litauen (+34%), Lettland (+34%)
über 40%	Niederlande, Portugal (+15%), Island	Bulgarien
für Malta fehlt diese Variable		

Zwar verändert sich auch in Westeuropa die symbolische Landesbe-
zogenheit, aber die großen Veränderungen finden in Osteuropa statt:
eine deutliche Zunahme in allen baltischen Staaten und ein sehr
großer Rückgang in Polen. Die Zahlen spiegeln das veränderte Selbstverständnis dieser Staaten im größeren Europa wider.

Regionalismus – regionale Identifikation mit
kleineren Einheiten

In nahezu allen Ländern ist die Identifikation mit kleineren regionalen Einheiten (Gemeinde, Stadtteil, Region) größer als mit allen anderen Einheiten, insbesondere dem Land. Die einzige Ausnahme bildet Island (45% Identifikation mit kleineren Einheiten, 51% Identifikation mit dem Land).

Globalismus – regionale Identifikation mit größeren Einheiten (Europa, Welt)

In nur wenigen Ländern (11) liegt der Anteil jener Menschen, die sich mit größeren Einheiten (Europa oder der ganzen Welt) identifizieren, über 10%:

Westeuropa – Luxemburg (21%), Belgien (20%) und Frankreich (15%), Italien (13%), Niederlande (12%), Spanien (11%), Griechenland (10%), Schweden (10%);

Osteuropa – Ukraine (17%), Russland (16%) und Kroatien (12%).

Betrachtet man aber die Kategorie „Identifikation mit Europa" gesondert, zeigt sich eine sehr geringe Bezogenheit: Nur Luxemburg und Belgien weisen einen hohen Grad an Identifikation mit Europa auf – beides Länder, in denen sich zentrale Einrichtungen der EU befinden.

7. Eine empirische Typologie der europäischen Länder

Mit Hilfe der Variablen, die sich in den bisherigen Analysen als relevant für die Beschreibung der politischen (demokratischen) Systeme europäischer Länder erwiesen haben, soll eine empirische Typologie derselben entwickelt werden. Als Hintergrund dieser Typenbildung dient die Kenntnis, dass diese einzelnen Variablen ja nicht unabhängig voneinander, sondern in systematischen Kombinationen auftreten. Zwei Fragen sind zu klären: Wie viele Typen können unterschieden werden? Und wie stark unterscheiden sich diese voneinander?

Die Typenbildung erfolgt in zwei Stufen: Auf die Beurteilung der derzeitigen Situation folgt die Frage des Rufes nach autoritären Alternativen – als mögliche Antwort auf eine Einschätzung der derzeitigen Situation als krisenhaft.

DIE SEHNSUCHT NACH ORDNUNG

Beurteilung der demokratischen Situation

Variablen zur Beurteilung der Demokratie:[3]
- der Demokratieindex nach Vanhanen als einigermaßen objektives Kriterium (Damit alle Variablen den gleichen Maßstab haben, wird der Index für die Analyse durch 100 dividiert. Da dieser Index nur für Länder berechnet wird, werden bei Deutschland-Ost die Werte von Deutschland-West und bei Nordirland die Werte von Großbritannien eingesetzt, bei Tschechien und der Slowakei die Mittelwerte gemäß Freedom House-Einstufung.)
- die (fundamentale) Kritik an der Demokratie als System, geringes Vertrauen in die staatlichen Institutionen und die Veränderung des Vertrauens in den letzten zehn Jahren, Bewertung des eigenen politischen Systems, Zufriedenheit mit dem Funktionieren der Demokratie im eigenen Land
- (subjektiv eingeschätzte) Qualität der Demokratie: Beachtung der Menschenrechte und Ausländerfeindlichkeit

Die erste Antwort: Drei empirisch klar unterscheidbare Typen der Beurteilung von Demokratie bilden ein sehr konsistentes Muster. Bei allen Variablen, sowohl bei der objektiven (Vanhanen-Demokratie-Index) als auch bei den subjektiven, ist die Reihenfolge gleich: Typ 1 zeichnet sich durch die positivsten Werte aus (den höchsten Index, das meiste Vertrauen in die staatlichen Institutionen und einen Zuwachs dieses Vertrauens, die beste Bewertung, die höchste Zufriedenheit, die beste Beachtung der Menschenrechte, die geringste Demokratiekritik, die geringste Ausländerfeindlichkeit), Typ 3 hat in allen Dimensionen die schlechtesten Werte, Typ 2 liegt immer dazwischen (Ausnahme: In der Bewertung der eigenen Demokratie sind die Typ 2 und 3 nahezu gleich).

Typ 1 – „traditionelle Demokratie" (13 Länder): Deutschland-West und -Ost, Niederlande, Luxemburg, Österreich, Irland, Dänemark, Schweden, Finnland, Island, Spanien, Portugal, Malta
   In den Ländern vom Typ 1 herrscht eine – vielleicht sogar unkritische – positive Einschätzung der Demokratie vor, man ist demokratisch aus Tradition, selbst wenn diese nur einige wenige Jahre zurückreicht: Deutschland-Ost, Spanien, Portugal, auch Österreich

und Deutschland-West verfügen über nicht sehr lange demokratische Traditionen. Es lässt sich positiv interpretieren: Die Menschen sind mit ihrer (realen) demokratischen Verfasstheit einfach zufrieden. Kritisch gesehen sind diese Werte auch Ausdruck einer gewissen (historischen und aktuellen) Verdrängungsleistung.

Typ 2 – „kritische Demokratie" (14 Länder): Frankreich, Belgien, Großbritannien, Nordirland, Italien, Griechenland, Polen, Tschechien, Slowenien, Kroatien, Estland, Ungarn, Lettland, Slowakei
Die Bezeichnung des Typs 2 als kritische Demokratie versucht beide Seiten des Begriffs aufzugreifen: Auf der einen Seite stehen diese Werte sicher als Ausdruck demokratischer Defizite, auf der anderen Seite aber auch als Ausdruck einer kritischeren Haltung zur konkreten Situation. Der objektive Index ist tatsächlich niedriger als bei Typ 1, deutlich höher als bei Typ 3, das Ausmaß an Kritik aber fast so hoch wie beim Typ 3. Bei den beiden nicht auf Zufriedenheit oder Bewertung gerichteten Variablen Beachtung der Menschenrechte und Ausländerfeindlichkeit sind die Unterschiede zum Typ 1 nicht sehr groß. Sehr unterschiedlich zeigen sich aber die stärker subjektiv gefärbten Variablen Zufriedenheit (mit der Demokratie) und Bewertung (des politischen Systems und Vertrauen in die staatlichen Institutionen).

Typ 3 – „prekäre Demokratie" (6 Länder): Weißrussland, Bulgarien, Litauen, Rumänien, Russland, Ukraine
Beim Typ 3 dürften die objektive Situation und die subjektiven Einschätzungen weitgehend übereinstimmen: niedriger Demokratieindex, viel Kritik an der und wenig Vertrauen in die Demokratie, wenig Achtung der Menschenrechte und hohe Ausländerfeindlichkeit.

Der Ruf nach autoritären Alternativen

Variablen zum Messen der Neigung zu autoritären Alternativen[4]:
- der Wunsch nach einem starken Führer, nach Experten oder nach dem Militär anstelle des Parlaments
- nationalistische Tendenzen – ausgedrückt durch Nationalstolz und

DIE SEHNSUCHT NACH ORDNUNG

den Grad der Identifikation mit dem eigenen Land (symbolischer Ortsbezug)

Vier empirisch unterscheidbare Typen lassen sich herausfiltern (die Lösung mit fünf Gruppen erbringt keinen Informationsgewinn gegenüber der 4-Gruppen-Lösung).

Typ 1 – „Unautoritär, aber mit Nationalstolz" (9 Länder): Deutschland-West, Irland, Nordirland, Dänemark, Schweden, Island, Italien, Griechenland, Malta

Bei allen autoritären Regierungsformen weisen diese Länder die niedrigsten Werte auf, haben aber den höchsten Nationalstolz.

Typ 2 – „Patriotisch mit leichten autoritären Tendenzen" (9 Länder): Frankreich, Belgien, Niederlande, Luxemburg, Großbritannien, Finnland, Spanien, Portugal, Estland

Dieser Typ ist schwieriger: die zweithöchsten Werte beim Wunsch nach einem Führer und nach einer Militärregierung, aber nur die dritthöchsten Werte beim Wunsch nach Experten. Die Identifikation mit dem eigenen Land ist groß, und auch beim Nationalstolz gehört dieser Typ zur Gruppe mit den hohen Werten. Strukturell gibt es einige Ähnlichkeiten mit dem autoritären Typ 4, nur sind alle Werte hier deutlich niedriger.

Typ 3 – „Expertokratie" (8 Länder): Deutschland-Ost, Österreich, Polen, Tschechien, Slowakei, Ungarn, Slowenien, Kroatien

Diese Länder haben einen ähnlich hohen Nationalstolz wie Typ 2, aber die stärkste Tendenz, Regierungsentscheidungen an Experten zu verweisen.

Typ 4 – „Autoritäre Regierungsformen" (7 Länder): Rumänien, Bulgarien, Lettland, Litauen, Russland, Ukraine, Weißrussland

Beim Wunsch nach einem Führer und nach einer Militärregierung gibt es die höchsten Werte, der Nationalstolz ist am kleinsten, die Identifikation mit dem Land dafür am höchsten. Man hat nicht sehr viel Grund, stolz zu sein, aber auch keine Alternative zur Orientierung am eigenen Land. Diese Kombination hat in der Geschichte immer wieder hohen (militanten) Nationalismus hervorgebracht.

Genannte Typen bilden vier recht einheitliche Bereiche in Europa:

- Im Osten die Region der Länder mit deutlich autoritären Tendenzen: die Nachfolgeländer der ehemaligen UdSSR, zusätzlich Bulgarien und Rumänien – alles Länder mit wirtschaftlich sehr schlechten Ausgangsbedingungen, in denen der politische Wandel äußerst schwierig ablief und meist mit bürgerkriegsähnlichen Auseinandersetzungen einherging.
- Westlich davon eine Zone mit ebenfalls autoritären Tendenzen, die sich aber im Wunsch nach Experten manifestieren: Dies sind im Prinzip die Nachfolgeländer der Österreich-Ungarischen Monarchie, zusätzlich Polen und Ostdeutschland als ehemalige Ostblockstaaten.
- Im Zentrum Europas liegen die Länder ohne autoritäre Tendenzen: die nordeuropäischen Staaten Dänemark, Schweden und Island (Norwegen wurde nicht erhoben), Irland und Nordirland, in Mitteleuropa Deutschland und in Südeuropa Malta, Italien und Griechenland.
- Leicht autoritäre Tendenzen verzeichnen die Staaten auf der Iberischen Halbinsel (Portugal und Spanien), Großbritannien, Frankreich, die Beneluxstaaten und Finnland sowie Estland.

Demokratiekritik und die autoritäre Versuchung

Wie weit hängen nun Demokratiekritik und die Versuchung zusammen, in dieser Situation nach autoritären Regierungsformen zu schauen?

Demokratiekritik und die autoritäre Versuchung

	Typ 1 unautoritär	Typ 2 leichte autoritäre Tendenzen	Typ 3 Expertokratie	Typ 4 autoritäre Regierungsformen
Typ 1 traditionale Demokratie	Deutschland-West, Irland, Dänemark, Schweden, Island, Malta	Niederlande, Luxemburg, Finnland, Spanien, Portugal	Deutschland-Ost, Österreich	

DIE SEHNSUCHT NACH ORDNUNG

Typ 2 kritische Demokratie	Nordirland, Italien, Griechenland	Frankreich, Belgien, Großbritannien, Estland	Polen, Tschechien, Tschechien, Slowenien, Slowakei, Ungarn, Kroatien	Lettland
Typ 3 prekäre Demokratie				Rumänien, Bulgarien, Litauen, Russland, Ukraine, Weißrussland

Dunkel unterlegt: die osteuropäischen Staaten (außer Estland)

Auch traditionale und kritische Demokratien sind nicht ganz gegen autoritäre Tendenzen geschützt, zumindest nicht gegen leichte. Eine gewisse Sonderstellung nehmen hier die ehemaligen osteuropäischen Länder und zusätzlich die ehemalige DDR und Österreich ein: In diesen Ländern ist eine eindeutige Tendenz zu Experten statt Regierung zu verzeichnen.

Bei den dem Typus der kritischen Demokratie zugeordneten osteuropäischen Ländern unterscheiden sich drei Gruppen: Estland, mit nur leichten autoritären Tendenzen eher westlichen Demokratien vergleichbar; Polen, Tschechien, Slowenien, Slowakei, Ungarn und Kroatien, die (wie Österreich und die ehemalige DDR) auf Experten setzen; und Lettland mit eindeutig autoritären Tendenzen (Führer und Militär). Zu dieser Gruppe zählen auch alle (osteuropäischen) Länder, die zum Typus der prekären Demokratie gehören.

Österreich – offensichtlich das Land der unvollendeten Aufklärung und der erfolgreichen Gegenreformation (Kuzmics/Axtmann 2000, vgl. auch das Interview mit Emil Brix in Denz u.a. 2001, Die Konfliktgesellschaft) – liegt vom Autoritätsgrad her in einer Gruppe osteuropäischer Staaten, die alle historisch mit der Donaumonarchie verbunden sind. Während sich in anderen (vor allem den protestantisch geprägten) europäischen Monarchien bereits die Aufklärung durchgesetzt hatte, galt in Österreich der Kaiser immer noch „von Gottes Gnaden". Der Ruf nach Obrigkeit hat sich zwar verändert, ist aber immer noch stark.

Der Ruf nach dem Kaiser ist nicht länger aktuell, jener nach dem Führer nicht mehr opportun (wird die Frage aber leicht umformuliert und nicht mehr nach dem starken Führer, sondern nach dem starken Mann gefragt, erhöht sich der Anteil der Zustimmenden sofort von 16% auf 20%). Heute sind es Experten, die dieses Defizit ausfüllen – in einer Situation, in der man sich nicht auskennt, eine schnelle (allerdings auch autoritäre) Lösung, die gut klingt und in ihren Konsequenzen nicht reflektiert wird (der Prozess der Reflexion dieses Widerspruchs lässt sich in der Diskussion der Maturantinnen und Maturanten in „Konfliktgesellschaft", S. 192, nachvollziehen).

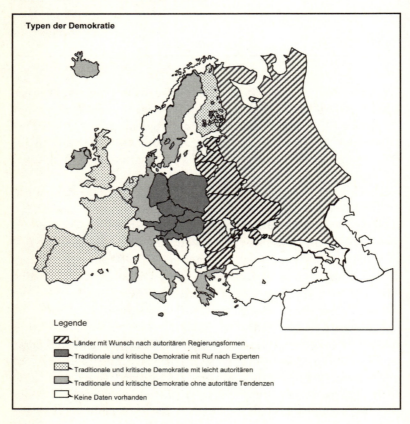

Typen der Demokratie

Legende

Länder mit Wunsch nach autoritären Regierungsformen

Traditionale und kritische Demokratie mit Ruf nach Experten

Traditionale und kritische Demokratie mit leicht autoritären

Traditionale und kritische Demokratie ohne autoritäre Tendenzen

Keine Daten vorhanden

DIE SEHNSUCHT NACH ORDNUNG

Die Sehnsucht nach Sicherheit

Christine Goldberg / Ulrike Kratzer / Liselotte Wilk

Familie als Beziehung zwischen den Geschlechtern und Generationen

1. Einleitung

Europa besteht – nach einer wechselhaften Geschichte – aus einer Vielzahl unterschiedlich entstandener Nationalstaaten, dennoch fanden und finden Staatsgrenzen überschreitende Homogenisierungsprozesse statt. Außerhalb der EU als Zusammenschluss von heute fünfzehn Staaten zu einer Wirtschafts- und Wertegemeinschaft stehen, um Integration bemüht, die ehemaligen Ostblockstaaten. Nach 1945 zeigte sich ein ganz anderes Bild. Europa zerfiel in zwei Blöcke, in denen konträre Ideologien und rivalisierende Konzepte von Fortschritt und Entwicklung dominierten.

Diese weltanschaulichen Differenzen bestimmten auch die Denkweisen über Sinn und Funktion von Ehe und Familie. Im Osten wurde – zumindest auf theoretischer Ebene – die Gleichheit der Geschlechter forciert. Die volle Integration in die Arbeitswelt, das eigene Einkommen sollten die Emanzipation von Frauen gewährleisten. Dadurch wurden ökonomische Gründe für eine Eheschließung obsolet. Die Ehe basierte auf einem Vertrag zwischen gleichberechtigten Individuen. Demgemäß galt auch das Auflösen einer Ehe nicht als moralische Verfallserscheinung, sondern als Teil der gesellschaftlichen Normalität[1]. Charakteristisch für den Ostblock sind hohe Heirats- und Scheidungsraten, ein großer Anteil an berufstätigen Frauen, kollektive Kinderbetreuung, egalitäre Familiengesetzgebung, das Verbot körperlicher Züchtigung von Kindern (1920 in Russland) und bald nach 1950 die Liberalisierung der Abtreibung.

Anders gestaltete sich die Entwicklung von Ehe und Familie in Westeuropa. In der Nachkriegszeit dominierte das Ernährermodell. Der Ehemann war das Oberhaupt der Ehe und Familie, die Ehefrau von ihm ökonomisch abhängig. Die Vorherrschaft der patriarchalen Kernfamilie bestand bis in die 60er-Jahre des 20. Jahrhunderts, kennzeichnend dafür waren hohe Heiratsraten und eine große Zahl von Vollzeithausfrauen mit Kindern. Nach 1968 begann das Monopol dieser „Normalfamilie" zu zerbrechen. Die sich ändernden sozio-ökonomischen Bedingungen[2] beschleunigten den der Modernisierung inhärenten Individualisierungsprozess. Die Institution Kernfamilie erfuhr eine Ausdifferenzierung hin zu einer partnerschafts- und kindzentrierten individualisierten Form des privaten Zusammenlebens. Die Entwicklung der Familie in Westeuropa kennzeichnet heute die Gleichzeitigkeit unterschiedlicher Typen privater Lebensformen[3], wovon die traditionelle Ehe und Familie nur einen Typus unter vielen darstellt.

Vor diesem Hintergrund werden im folgenden Beitrag Ehe und Familie im Kontext unterschiedlicher Staaten diskutiert. Ausgehend von der Familiensoziologie, die der Familie als Lebensform die Aufgabe zuschreibt, verlässliche Beziehungen zwischen den Generationen und Geschlechtern zu gestalten, bietet sich folgende Strukturierung an: Der erste Teil geht der Frage nach, welche Bedeutung Familie im Vergleich zu anderen Lebensbereichen für die EuropäerInnen heute hat. Anschließend wird Ehe – die Beziehung zwischen den Geschlechtern – aus unterschiedlichen Perspektiven betrachtet, ihre Aktualität, ihre Rolle für das Glücklichsein und die Bedingungen ihres Funktionierens in ländervergleichender Perspektive beleuchtet. Ein Kapitel stellt die Akzeptanz von Untreue, Scheidung, aber auch alternativen Lebensformen dar, die sich gegenwärtig um Anerkennung bemühen (Homosexuelle). Männer und Frauen in ihrer Elternrolle leiten über zur Beziehung zwischen den Generationen. Nach einleitenden theoretischen Ausführungen liegt der Schwerpunkt auf dem Wandel der Erziehungsziele, um Unterschiede und Gemeinsamkeiten zwischen europäischen Staaten herauszufiltern.

2. Zur Bedeutung der Familie als zentraler Lebensbereich

Die Ergebnisse der vorliegenden Studie weisen in Übereinstimmung mit anderen Untersuchungen, wie z. B. dem „Eurobarometer 1993", darauf hin, dass Familie für die Europäer nach wie vor sehr große Bedeutung besitzt.

Familie rangiert 1999 als wichtigster Lebensbereich in allen befragten Ländern eindeutig vor anderen zentralen Bereichen wie Arbeit oder Freizeit.

Vergleicht man die Wichtigkeit der einzelnen Lebensbereiche (gemessen auf einer 4-stufigen Skala von 1 = sehr wichtig bis 4 = überhaupt nicht wichtig), liegt Familie europaweit mit einem Mittelwert von 1,19 vor Arbeit (Mittelwert 1,55) und Freizeit (Mittelwert 1,89). Familie wird im Durchschnitt aller Länder von 84% für sehr wichtig gehalten, Arbeit hingegen nur von 58% und Freizeit von 32%.

Zugleich zeigen sich deutliche Unterschiede zwischen den einzelnen Ländern. So variiert der Anteil derer, die Familie für sehr wichtig halten, von 67% in Litauen bis 96% in Malta.

Folgende Tabelle weist Länder mit einer relativ hohen bzw. relativ niedrigen Zahl an Menschen aus, die Familie für sehr wichtig halten. In allen übrigen Ländern liegt der Anteil bei 80% bis 90%.

Wichtigkeit von Familie (1999) (Beurteilung als „sehr wichtig")

	Osteuropa	Westeuropa
> 90%	Polen, Ungarn	Malta, Island, Irland, Großbritannien, Italien
< 80%	Lettland, Litauen, Kroatien, Weißrussland, Russland	Deutschland

Fasst man hingegen die Antworten „sehr wichtig" und „wichtig" zusammen, unterscheiden sich die Länder nur mehr geringfügig voneinander (Variation zwischen 93% und 99%).

Zwar verdeutlichen diese Zahlen, dass die Familie für alle EuropäerInnen sehr hohen Stellenwert einnimmt, zugleich zeigen sich in den untersuchten Ländern deutliche, wenn auch unterschiedlich stark ausgeprägte Differenzen zwischen Männern und Frauen: Die Familie ist für Frauen durchgehend wichtiger als für Männer – ein deutlicher Hinweis darauf, dass unabhängig von strukturellen und kulturellen Merkmalen einer spezifischen Gesellschaft in Europa die Familienorientierung der Frauen stärker ausgeprägt ist als jene der Männer. Daraus lässt sich nicht der Schluss ziehen, dies liege an der „Natur der Frau", sondern jener, dass europaweit ein familienorientiertes Bild der Frau präsent ist.

Vergleicht man die Bedeutung, die der Familie von unterschiedlichen Altersgruppen in einem Land zugeschrieben wird, zeigen sich zwar ähnliche Tendenzen in einer Mehrzahl von Ländern, jedoch keine über alle Länder bestehenden gleichgerichteten eindeutigen Unterschiede. Die größte Bedeutung wird der Familie meist von der mittleren Generation, den 40- bis 55-Jährigen, eingeräumt.

In etwa zwei Drittel der erfassten Länder schreiben die Unter-20-Jährigen Familie die geringste Bedeutung zu, in einem Drittel hingegen die ältesten Befragten, nämlich die Über-65-Jährigen. Diese Ergebnisse verweisen darauf, dass Familie erwartungsgemäß in jener Lebensphase im Mittelpunkt steht, die gekennzeichnet ist durch das räumliche Zusammenleben mit den heranwachsenden Kindern und die damit verbundene Aufgabe ihrer Betreuung und Sozialisation. Darauf deutet auch das Ergebnis der 1990 durchgeführten European Values Study hin, die die zum Befragungszeitpunkt 40- bis 55-Jährigen als jene Kohorte ausweist, für welche Familie die größte Bedeutung besitzt.

Ein Vergleich der Studien-Ergebnisse von 1990 und 1999 lässt keinen eindeutigen, europaweiten Veränderungstrend erkennen, weder in Richtung eines Bedeutungsverlustes noch eines Bedeutungszuwachses von Familie. In den meisten der untersuchten Länder hat sich die Bewertung von Familie nur geringfügig verändert (Mittelwertdifferenzen < 0,05), in einigen Ländern hat sie zugenommen (Island, Großbritannien, Frankreich, Belgien, Portugal, Deutschland, Litauen), in einigen wenigen abgenommen (Nordirland, Finnland). Auffallend ist jedenfalls, dass die Gesamtheit der weit reichenden politischen und wirtschaftlichen Änderungen, wie sie in Osteuropa im letzten Jahrzehnt stattgefunden haben, ohne Auswirkungen darauf geblieben ist, welchen Stellenwert Familie im Leben des Einzelnen einnimmt.

3. Familie als Beziehung zwischen den Geschlechtern

Der *Industrialisierungsprozess* und die damit verbundene Lösung des Individuums aus einem festgefügten Normen- und Bezugssystem verlegte die Eheschließung und/oder Gründung einer Familie als eine Möglichkeit in den individuellen Entscheidungsspielraum einzelner Männer und – seit den 60er-Jahren – auch einzelner Frauen. Ob eine Ehe geschlossen oder aufgelöst, ob Kinder gewünscht oder abgelehnt werden, obliegt nun der individuellen Lebensplanung. Die Ehe als eine Wahlmöglichkeit unter vielen, die soziale Anerkennung der Erwerbstätigkeit verheirateter Mütter und die veränderte Stellung der Väter im Familienverband beeinflusst das kulturelle Verständnis von Ehe und Familie als soziale Institutionen.

Auch wenn langfristige demografische Entwicklungen die familiären Veränderungen relativieren, können wir neben der Zunahme vielfältiger Lebensformen die Beharrlichkeit eines „Ideals von Ehe und Familie" konstatieren. Die Tatsache, dass viele dieser Ehen wieder geschieden werden, bedeutet nicht die Ablehnung von Ehe an sich, sondern nur, dass „diese" Ehe nicht passt. Darüber hinaus wird die Ehe nach wie vor als sexuell exklusiv gesehen (vgl. Schneider 1992).

Prognosen über die Ehe einerseits und die Familie andererseits divergieren. So scheint sich in jüngster Zeit die Verbindlichkeit der ehelichen Beziehung abzuschwächen, während die Eltern-Kind-Beziehung stärkere Bedeutung erhält. Dieser Entkoppelungsprozess der modernen Familie (die auf der Einheit und Synthese von Ehe und Elternschaft beruht) lässt zwei Veränderungen erwarten: eine verstärkte Institutionalisierung der Elternschaft, die dem Prinzip „verantworteter Elternschaft" gehorcht (Indikatoren dafür wären die Bestrebungen von immer mehr unverheirateten oder geschiedenen Eltern nach einem gemeinsamen Sorgerecht für die Kinder sowie Väter, die neuerdings das Sorgerecht für Kinder in Anspruch nehmen wollen) und Veränderungen im Verwandtschaftssystem selbst. Die Beziehungen zwischen Müttern, Kindern und weiblichen Verwandten verdichten sich und Männer verlieren Autorität und Funktionen.

Damit deutet sich auch eine Verlagerung in der Sinnzuschreibung von Ehe und Elternschaft an. Noch 1954 nannten einer deutschen Untersuchung zufolge zwei Drittel der Befragten „gemeinsames Schaffen, Harmonie und Geborgenheit" als „wichtigsten Sinn" einer

Ehe, und nur ein Viertel sah diesen in der Kinderbetreuung. In der Nachkriegszeit gingen Paare primär aus ökonomischen Gründen eine Ehe ein, während die Eheschließung in den 80er-Jahren vom Wunsch nach Kindern dominiert war. Wenn aber innerhalb einer Familie die Eltern-Kind-Beziehung die einzig stabile ist, werden „familienuntaugliche, verantwortungsunwillige Väter" (Tyrell 1994) weggeschickt oder aber – im Falle der Tauglichkeit – biparentale (Mutter-Kind und Vater-Kind) Beziehungen zum Kind aufgebaut.

Ehe als persönliche Intimbeziehung zweier erwachsener Menschen misst ihr Glück an eigenen Ansprüchen. Diese „Glücks-Ansprüche" wachsen mit der gegenwärtigen Verdichtung des emotionalen Klimas" der (Ehe-)Partner aneinander: „Was heute zusammenbringt, ist nicht eine gemeinsame Sache, sondern die persönliche Glückserwartung" (Beck/Beck-Gernsheim 1990, 132).

Hohe Glückserwartungen an die Partnerschaft verbunden mit der Abschwächung normativer Verbindlichkeit führen aber auch zu einer relativ leichten Auflösung der Beziehung, zum Suchen nach einer neuen, besseren, in der das erwartete Glück schließlich gefunden wird. Dieser Anspruch resultiert in einer hohen Partnermobilität oder im Entschluss, alleine zu leben.

Bei all diesen Prozessen kommt den Frauen eine aktive Rolle zu, da durch sie die angeführten Veränderungen ausgelöst und perpetuiert werden. Ihre ökonomische Unabhängigkeit erlaubt ihnen, eine Ehe einzugehen oder alleine zu leben, höhere Bildung bzw. qualifizierte Berufe anzustreben und dies mit einer gewollten Mutterschaft zu verbinden oder ohne Kinder in einer homo- oder heterosexuellen Beziehung zu leben.

Frauen können in Zukunft bisher verwehrte Machtpotenziale für sich in Anspruch nehmen, die aus dem männlichen Kontrollverlust über die Erbfolge durch die künstliche Insemination resultieren. Verhütungsmaßnahmen erlaubten Frauen bisher die Zahl wie auch den Zeitpunkt der gewünschten Kinder zu bestimmen, nun kommt auch die Wahl eines potenziellen Vaters hinzu. Diese Betrachtungen zeigen, wie viele Faktoren die gegenwärtigen Transformationsprozesse von Ehe und Familie beeinflussen und eine Vielzahl parallel existierender Lebensformen möglich machen.

Glück und Zweisamkeit

Immer wieder wird darauf hingewiesen, dass heute nicht mehr materielle Gründe, sondern die Erwartung persönlichen Glücks Gründe für das Eingehen einer Beziehung oder Ehe – und konsequenterweise auch für deren Kurzlebigkeit – sind. In der Wertestudie 1999 wurde mit folgender Feststellung auf diese Ansprüche eingegangen: „Um glücklich zu sein, ist es notwendig, in einer Ehe oder dauerhaften Beziehung zu leben."

Am Antwortmuster zeigt sich die Beständigkeit der Glückserwartungen bei einer Mehrheit der EuropäerInnen: Insgesamt zwei Drittel der Gesamtstichprobe teilen obige Feststellung. Zwischen den Ländern gibt es allerdings erhebliche Unterschiede. Grundsätzlich sind Menschen aus osteuropäischen Ländern in höherem Ausmaß der Meinung, dass eine langfristige Beziehung für das Glücklichsein notwendig ist: Die Zustimmungsanteile der Befragten aus Ungarn, Rumänien, Slowenien und Lettland bewegen sich zwischen 81% und 90%, jene von Bulgarien, Ukraine, Slowakei, Estland, Russland, Polen, Weißrussland und Litauen zwischen 71% und 80%. Mit Ausnahme von Tschechien und Kroatien (61-70%) glauben in Osteuropa über 80% der Befragten, dass es für das Glücklichsein notwendig ist, in einer Ehe oder dauerhaften, festen Beziehung zu leben.

In Westeuropa findet sich nur ein Land mit entsprechend hoher Zustimmung – Griechenland –, alle übrigen Länder liegen deutlich unter diesen Werten. Es scheint ein Gefälle von Süden nach Norden zu geben, das mit einer Abnahme der Zustimmungsquoten einhergeht (Niederlande mit den geringsten Anteilen und Portugal, Frankreich, Italien, allerdings auch Deutschland, wo 61-70% der Befragten diese Meinung teilen). Insgesamt wird Glücklichsein eher mit Zweisamkeit verbunden, sei es in ehelicher oder nicht-institutionalisierter Gemeinschaft. Obwohl steigende Scheidungsraten das Gegenteil vermuten ließen, lässt sich in den Einstellungen kein Trend zur Singlegesellschaft feststellen.

Leider wurden in der Wertestudie 1999 nur Fragen zur Ehe gestellt, sodass im Folgenden nur mehr diese Aspekte behandelt werden können. Aussagen, die sich auf die Vor- und Nachteile alternativer Beziehungsformen beziehen, müssen – wie so oft – ausgeblendet bleiben.

Akzeptanz der Ehe

In der Europäischen Wertestudie wurde gefragt, ob die Ehe heute noch Sinn macht: „Wenn jemand sagt: ,Die Ehe ist eine überholte Einrichtung.' Würden Sie da eher zustimmen oder eher nicht zustimmen?"

Nur für 19% der Gesamtstichprobe macht eine Ehe heute keinen Sinn. Der hohe Anteil der Ablehnung dieser Einstellung in der Gesamtpopulation (80%) verweist auf die beachtliche Akzeptanz der Ehe.

Allerdings gibt es erhebliche Unterschiede zwischen den einzelnen Ländern. Auffällig ist, dass Osteuropa in der Gruppe mit hohen Zustimmungsquoten (mehr als 25%) nur durch ein Land (Slowenien: 27%) vertreten ist: ein Land, dessen BewohnerInnen auch in hohem Maße der Meinung sind, eine Ehe oder dauerhafte Beziehung zum Glücklichsein zu brauchen. Umgekehrt finden sich in der Gruppe mit geringen Zustimmungsquoten nur zwei westeuropäische Inseln (Malta mit 6% und Island mit 8%). Anders ausgedrückt: Die Ehe wird als überholte Einrichtung in Westeuropa häufiger abgelehnt als in Osteuropa, wo ihr noch erhebliche Akzeptanz zukommt. Für Befragte aus jenen Ländern, die in einer Ehe oder dauerhaften Beziehung die Voraussetzung zum Glücklichsein sehen (und das sind wiederum vorwiegend osteuropäische Länder), ist die Ehe auch keine überholte Institution.

Voraussetzungen für eine gute Ehe

Aus historischer Perspektive waren mit der Entstehung des bürgerlichen Familienideals markante Neuerungen verbunden. Vor der Industrialisierung bestimmten gesellschaftliche Normen und rechtliche Beschränkungen mögliche zukünftige Ehepartner. Wer wen heiraten durfte, entschieden nicht die Beteiligten selbst, sondern Eltern und Verwandte. Die individuelle Wahl der Ehepartner ist ein relativ junges Phänomen und auch heute nicht in allen Schichten verbreitet (vgl. Goldberg 1997a). Oben genannte Normen und Regelungen sind in der Gegenwart nicht mehr denkbar, dennoch darf ihr Einfluss nicht unterschätzt werden[4]. Ein Beispiel dafür: die Neigung zur Endogamie, also Heirat innerhalb derselben Ethnie, Religion oder Schicht. Es ist durchaus vorstellbar, dass Merkmale wie z. B. gleiche soziale Herkunft, gemeinsame religiöse Überzeugungen oder Übereinstimmung in politischen Fragen nach Meinung der Befragten für eine gute Ehe wichtig sind.

Nicht nur die Partnerwahl, sondern auch die Ehe an sich und die Ansprüche an eine gute Ehe unterliegen Veränderungen, die sowohl Folge als auch Ursache weiterer gesellschaftlicher Veränderungsprozesse darstellen. Gesellschaftliche Differenzierungs- und Spezialisierungsprozesse führen auch im Teilbereich Ehe und Familie zu einer erheblichen Komplexitätssteigerung im familialen oder ehelichen Geschehen. Ein Beispiel dafür sind die gestiegenen Erwartungen an das wechselseitige Verständnis, an die Emotionalität und Sexualität. Materielle Werte wie ein angemessenes Einkommen oder gute Wohnverhältnisse, aber auch die normative Erwartung, dass eine Ehe nur dann gut sein kann, wenn Kinder vorhanden oder gewünscht werden, treten mehr und mehr in den Hintergrund.

An die Stelle materieller Erwartungen treten im Zuge des Modernisierungsprozesses zusehends kommunikative, interaktive Kompetenzen als Qualitätsmerkmale einer guten Beziehung. Die Nutzung der gemeinsamen Zeit und die Bereitschaft zur Diskussion über Probleme in der Partnerschaft sind ebenso wichtig geworden wie die gemeinsame Bewältigung der Hausarbeit oder das Gespräch über gemeinsame Interessen.

Gibt es gesamteuropäische Vorstellungen über eine gute Ehe?

Die Analyse[5] der zu diesen Themen gestellten Fragen ergab, dass gesamteuropäisch die herausragenden Gründe für eine gute Ehe im respektvollen Umgang zwischen treuen PartnerInnen (in allen Clustern die höchsten Werte) gesehen werden. Geringer Einfluss auf die Qualität der Ehe wird hingegen gleicher politischer und religiöser Orientierung sowie gleicher sozialer Herkunft beigemessen.

Über diese einheitliche Positionierung hinaus lassen sich zwei typische Phänomene ausmachen, die jeweils wieder in sich differieren (vgl. nachfolgende Tabelle):

Der eine Typus umfasst die *Gruppen 1* und *2*: Beide weisen dem interaktiven Aspekt in einer Ehe den höchste Stellenwert zu, gefolgt von Unabhängigkeit und materiellen Erwartungen. Die beiden Gruppen unterscheiden sich dahingehend, dass in Gruppe 2 die Präferenz eindeutiger auf dem interaktiven Aspekt liegt, in Gruppe 1 hingegen die Verteilungen wesentlich ausgewogener sind. In beiden Clustern gruppieren sich mehrheitlich westeuropäische Staaten.

Im zweiten Typus (*Gruppen 3, 4, 5*) sind die materiellen Voraussetzungen von größter Bedeutung für eine gute Ehe. In Gruppe 3 wird dem interaktiven Gesichtspunkt mehr Gewicht beigemessen, in Gruppe 4 und 5 der Unabhängigkeit. Letztere differieren insofern, als in Gruppe 4 den materiellen Bedingungen mehr Bedeutung zukommt, Unabhängigkeit und Interaktion sind annähernd gleich wichtig. Gruppe 5 bietet ein sehr ausgewogenes Bild, die drei angeführten Aspekte erhalten annähernd gleiches Gewicht. Die Gruppen 3, 4 und 5 umfassen fast ausschließlich osteuropäische Staaten.

Voraussetzungen für eine gute Ehe

Typ		An-zahl	Osteuropa	Westeuropa
INTERAKTIONAL	*Gruppe 1:* Interaktion, Unabhängigkeit und materielle Erwartungen ausgeglichen	12	Slowenien, Kroatien	Deutschland, Niederlande, Italien, Luxemburg, Österreich, Dänemark, Schweden, Finnland, Island, Spanien
	Gruppe 2: Interaktion höheres Gewicht als Unabhängigkeit und materielle Erwartungen	6		Frankreich, Belgien, Großbritannien, Irland, Nordirland, Malta
MATERIELL	*Gruppe 3:* Interaktion höheres Gewicht als Unabhängigkeit	6	Polen, Ungarn, Rumänien, Bulgarien, Ukraine	Griechenland
	Gruppe 4: Interaktion und Unabhängigkeit gleich wichtig	5	Tschechien, Slowakei, Lettland, Russland, Weißrussland	

Gruppe 5: materielle Erwartungen, Interaktion und Unabhängigkeit ausgeglichen	3	Estland, Litauen	Portugal

Zusammenfassend: Europaweit werden Respekt, Toleranz und Treue als Bedingungen für eine gute Ehe gesehen. Soziale, politische und religiöse Gemeinsamkeiten sind nach Ansicht der Befragten für die Güte einer Ehe nur marginal bedeutsam. Wenn aber Abschottung gegenüber anderen Meinungen bzw. unterschiedliche soziale Herkunft keine Barriere zwischen Eheleuten darstellen, deutet dies auf die Entwicklung zu einer offenen Gesellschaft hin. Unabhängig von diesen Extrempositionen verteilen sich die untersuchten europäischen Länder auf zwei Gruppen, die weit gehend den ehemaligen politischen Grenzen zwischen West- und Osteuropa entsprechen. In den osteuropäischen Ländern werden vorrangig materielle Aspekte als wesentlich für eine gute Ehe erachtet, was aufgrund der in diesen Ländern herrschenden ökonomischen Bedingungen nicht überrascht. Die Befragten westeuropäischer Länder führen hingegen die interaktiven Aspekte der Partnerschaft stärker als Basis für eine gute Ehe ins Treffen. Wie sagte doch Bert Brecht in der „Drei-Groschen-Oper": „Zuerst kommt das Fressen und dann die Moral …"

Akzeptanz von Tabuthemen im privaten Lebenszusammenhang

Die weit reichenden gesellschaftlichen Veränderungen im Bereich der privaten Lebensführung führten zur Enttabuisierung und öffentlichen Diskussion verschiedenster Bereiche: Abtreibung, Scheidungsrecht und damit in Zusammenhang die materiellen Konsequenzen für „schuldig" Geschiedene. In jüngster Zeit werden auch immer wieder Homosexualität, das Recht Homosexueller auf öffentliche Trauung bzw. in Österreich die Abschaffung des § 209 thematisiert. Nach Meinung der Juristen sind Gesetze in Schrift gegossene Normen, Soziologen analysieren erhebliche Veränderungen in den normativen Vorgaben. Ob diese zu Gesetzesänderungen oder die veränderten Gesetze zur Lockerung der Normen beigetragen haben, ist kaum zu beantworten. Fest steht, dass viele ehemals tabuisierte Themen in den Alltagsdiskurs einfließen und so ihren Tabu-Charakter verlieren.

In der Wertestudie 1999 wurden einige dieser Themen aufgezählt und wie folgt nach ihrer Akzeptanz gefragt: „Können Sie mir bitte sagen, ob Sie ... in jedem Fall für in Ordnung halten (10), oder unter keinen Umständen (1), oder irgendetwas dazwischen?"

Ohne auf die Werte in den einzelnen Ländern näher einzugehen, zeigt ein Vergleich des Antwortverhaltens, dass der ehelichen Treue noch hoher Stellenwert zukommt. Ein Seitensprung erfährt nur geringe (durchschnittliche) Akzeptanz, während die Beantwortung der übrigen so genannten Tabuthemen in allen Ländern variiert.

Wird Homosexualität noch in vielen Ländern als „nicht in Ordnung" angesehen, erfährt die Abtreibung deutlich höhere Akzeptanz. Die Zahl jener Länder, für die eine Scheidung der sittlichen Ordnung widerspricht, ist sehr gering. Im Folgenden werden am Beispiel zweier ausgewählter Themen – Scheidung und Homosexualität – die länderspezifischen Unterschiede dargestellt.

Akzeptanz der Scheidung
Mit der Entwicklung neuer Ansprüche an die Ehe sind auch neue Einstellungen zur Scheidung verknüpft, die als solche zu zentralen Indikatoren von Wandlungserscheinungen zählen (Théry 1988, 84). Scheidungen werden heute nicht mehr als „abweichendes Verhalten" oder „Störung" eines dominanten Familientyps interpretiert, sondern als Ausdruck einer geänderten Einstellung zur Institution Ehe und Familie.

Nach der Akzeptanz von Scheidung wurde in der Europäischen Wertestudie 1999 über eine 10-stufige Skala in bereits erwähnter Form gefragt: „Können Sie mir bitte sagen, ob Sie Scheidung in jedem Fall für in Ordnung halten (10), oder unter keinen Umständen (1), oder irgendetwas dazwischen."

Zusammenfassendes Resultat: In den nordeuropäischen Ländern – allen voran Schweden und Dänemark – ist Scheidung in hohem Maße akzeptiert. Neben Malta zählen Irland und Nordirland zu jenen Ländern, in denen Scheidung – im Vergleich zu den übrigen westeuropäischen Staaten – die geringste Akzeptanz erfährt.

Akzeptanz der Scheidung (Mittelwerte)

Mittelwerte	Osteuropa	Westeuropa
durchschnittlich geringe Akzeptanz	Litauen, Kroatien, Polen, Ungarn, Lettland, Ukraine, Rumänien	Nordirland, Irland, Malta
durchschnittlich mittlere Akzeptanz	Tschechien, Estland, Slowakei, Russland, Bulgarien	Deutschland, Österreich, Belgien, Großbritannien, Portugal, Italien
durchschnittlich hohe Akzeptanz	Slowenien, Weißrussland	Finnland, Niederlande, Island, Frankreich, Griechenland, Spanien, Luxemburg
durchschnittlich sehr hohe Akzeptanz		Schweden, Dänemark

Obwohl in den ehemaligen Ostblockstaaten Scheidung niemals den Charakter devianten Verhaltens hatte und Scheidungen schon frühzeitig zur Alltagsrealität gehörten, erstaunt es, dass die Befragten aus Litauen, Kroatien, Polen, Ungarn, Lettland, Ukraine und Rumänien diese nur wenig akzeptieren (Mittelwerte unter .5). In Slowenien und Weißrussland wird die Scheidung am ehesten für „in Ordnung" befunden.

Akzeptanz der Homosexualität
Heterosexualität als ausschließliche Form der Beziehungsgestaltung hat speziell in den letzten Jahren an Gültigkeit verloren. Das Ringen der Lesben- und Schwulenorganisationen um Legalisierung und öffentliche Anerkennung homosexueller Beziehungen konnte in einigen Ländern Erfolge verbuchen (wie z. B. den Niederlanden oder in Dänemark).

Die Akzeptanz von Homosexualität erweist sich in den westeuropäischen Staaten eindeutig höher als in den osteuropäischen (vgl. Abbildung Akzeptanz der Homosexualität in ost- und westeuropäischen Ländern). Dass homosexuelle Beziehungen Teil der Pluralität und insofern Normalität innerhalb verschiedener Beziehungsformen sind, zeigen die Akzeptanzwerte in den Niederlanden, Schweden, Island, Dänemark und Luxemburg. Weniger prononciert kommt die Zustimmung in Spanien, Deutschland, Belgien, Österreich, Frankreich, Finnland und Großbritannien zum Ausdruck. In Italien, Irland, Nordirland, Portugal und Malta findet Homosexualität wenig Anerkennung.

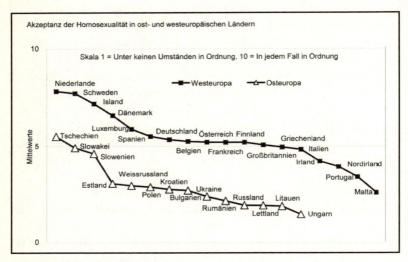

In zwölf von fünfzehn osteuropäischen Staaten zeichnen sich in unterschiedlichem Ausmaß deutliche Ressentiments gegen Homosexuelle ab, nur in Tschechien ist dieser Trend nicht auszumachen.

Diese Ergebnisse weisen auf die Wichtigkeit öffentlicher und staatlicher Anerkennung alternativer Lebensformen hin, wofür die Niederlande als Vorbild gelten können.

4. Familie als primäre Sozialisationsinstanz: Erziehungsziele

Als Generationenbeziehung nimmt Familie eine Vielzahl von Aufgaben wahr, deren Erfüllung für das einzelne Individuum wie auch für die Gesamtgesellschaft unentbehrlich ist. Unter den wichtigsten: die Sozialisation der in ihr aufwachsenden Kinder.

Die Sehnsucht nach Sicherheit

Auch wenn die vorliegende Studie nicht direkt Auskunft darüber gibt, wie Familien in den unterschiedlichen Ländern an diese Aufgabe herangehen, liefert sie doch Hinweise auf Werthaltungen, die deren Gestaltung mitbestimmen. Diese kommen in den Erziehungszielen zum Ausdruck, die Eltern bei der Sozialisation ihrer Kinder verfolgen.

Familie ist nicht nur jener Ort, der die Lebens- und Entwicklungschancen eines Kindes wesentlich mitbestimmt, sondern ist, wie Kaufmann (1995, 26) es ausdrückt, zu einem „thematisch auf Kinder spezialisierten Lebensraum" geworden. Dies manifestiert sich beispielsweise in der Präambel der UN-Konvention über die Rechte des Kindes, wo es heißt: „In der Erkenntnis, dass das Kind zur vollen und harmonischen Entfaltung seiner Persönlichkeit in einer Familie und umgeben von Glück, Liebe und Verständnis aufwachsen sollte" und „dass der Familie als Grundeinheit der Gesellschaft … für das Wachsen und Gedeihen … insbesondere der Kinder, der erforderliche Schutz und Beistand gewährt werden soll, damit sie ihre Aufgaben innerhalb der Gesellschaft voll erfüllen kann." Familie hat für das Wohlergehen der in ihr aufwachsenden Kinder zu sorgen und stellt nach wie vor die primäre Sozialisationsinstanz dar, deren Aufgabe es ist, Kinder dabei zu unterstützen und es ihnen zu ermöglichen, sich zu kompetenten Mitgliedern ihrer Gesellschaft zu entwickeln. Familien mögen unterschiedliche personelle Strukturen aufweisen, sie mögen sich durch verschiedene Aufgabenteilungen und Rollenzuschreibungen unterscheiden, sie mögen ihre Struktur im Zeitablauf verändern: Unabhängig von all dem wird die Erfüllung oben genannter Aufgaben vorrangig von Familie erwartet, auch wenn sie darin in unterschiedlichem Maß bei anderen gesellschaftlichen Institutionen Unterstützung oder Entlastung findet.

Auf welche Art Familien die Aufgabe der Sozialisation im Rahmen der Gestaltung von Generationenbeziehungen wahrnehmen, ist von einer Vielzahl von Faktoren abhängig, die in enger Beziehung zu gesamtgesellschaftlichen Entwicklungen sowohl im kulturellen als auch im ökonomisch-technisch-materiellen Bereich stehen. Diese Entwicklungen haben beispielsweise in den mittel- und westeuropäischen hoch entwickelten Wohlfahrtsstaaten dazu geführt, dass die Generationenbeziehung von einer hierarchisch strukturierten, durch klare Rollendefinitionen bestimmten zu einer zunehmend partnerschaftlichen wurde, von den beiden Beziehungspartnern in Interaktionsprozessen ausgehandelt. Charakterisiert wird diese Entwicklung mit den Schlagworten „von der Erziehung zur Beziehung" (Schneewind 1992,14) oder „vom Befehls- zum Verhandlungshaushalt". Auch wenn diese Beziehung zunehmend partnerschaftliche Merkmale aufweist, bleibt sie eine von Asymmetrie gekennzeichnete, da den Eltern innerhalb dieser Beziehung die Aufgabe obliegt, die Entwicklung ihrer Kinder zu fördern und sie für das Leben als Erwachsene in ihrer Gesellschaft zu befähigen, sie also zu sozialisieren. Sozialisation erfolgt dabei im Alltag auf vielfältige Weise und umfasst bedeutend mehr als familiale Erziehung, die als jene absichtsvolle, zielgerichtete und meist von seiten der Eltern gesetzte Handlung verstanden werden kann, die beim Kind die Aneignung wünschenswerter Erfahrungs- und Verhaltensmuster bewirken soll. Nehmen Eltern explizit ihre Erzieherrolle wahr, setzen sie bestimmte instrumentelle Handlungen, von denen sie annehmen, dass sie im Hinblick auf ihre erzieherischen Absichten zielführend seien. Erzieherische Absichten bzw. angestrebte Erziehungsziele können sich dabei auf konkrete Fertigkeiten (z. B. gutes Benehmen), auf die Ausbildung gewünschter Fähigkeiten und Eigenschaften (z. B. Kultivieren von Kreativität, Energie und Ausdauer) oder die Verinnerlichung bestimmter Normen und Werthaltungen (z.B. Toleranz oder persönliche Verantwortlichkeit) beziehen (Schneewind 2000, 194). Um diese Ziele zu erreichen, bedienen sich Eltern einer Vielfalt unterschiedlicher Methoden.

Erziehungsziele als Gegenstand wissenschaftlicher Forschung

Die Ziele, die Eltern verfolgen, und die Methoden, die sie dabei einsetzen, sind nicht unabhängig voneinander, sie stellen den Gegenstand der seit Jahrzehnten etablierten Erziehungsstilforschung dar. Dabei untersuchte die traditionelle Erziehungsstilforschung vor allem die Auswirkungen bestimmter idealtypischer Konzepte elterlichen Erziehungsverhaltens auf die kindliche Persönlichkeitsentwicklung und ging dabei weit gehend von einfachen Ursachen-Wirkungs-Modellen aus.
    Die Erforschung der *Erziehungsziele* erfolgte schwerpunktmäßig im Rahmen der Konzeption des Wertewandels und orientierte sich

Die Sehnsucht nach Sicherheit

vorwiegend an zwei Modellen: Ronald Inglehart (1989) versteht den Wandel als Übergang von materialistischen zu postmaterialistischen Werten, Helmut Klages (1993) als Übergang von Pflicht- und Akzeptanzwerten zu Werten der Selbstverwirklichung. Als sichtbarer Ausdruck dieses allgemeinen Wertewandels gilt beiden Autoren die Veränderung der Erziehungsziele hin zu verstärkter Betonung von Selbstverwirklichung. Auch wenn die beiden Hauptvertreter der Diskussion um den Wertwandel die Akzente in der Beurteilung von dessen Ursachen etwas anders setzen, auch wenn sie verschiedene Begrifflichkeiten verwenden und die Periodisierungen etwas unterschiedlich konzipieren (Reuband 1997, 131), stimmen sie in der Diagnose der globalen Trends weit gehend überein.

Die Diskussion des Wertewandels von Pflicht- und Akzeptanzwerten zu Werten der Selbstverwirklichung scheint die Forschung über Erziehungsziele im deutschen Sprachraum geleitet zu haben, bei denen vielfach drei unterschiedliche Erziehungsziele, nämlich Selbstständigkeit und freier Wille, Ordnungsliebe und Fleiß sowie Gehorsam und Unterordnung sowie der Wandel dieser Werte im Mittelpunkt standen. Wie die Studien des Emnid-Institutes – die als eine lange Zeitreihenstudie Aussagen über den Wandel von Erziehungszielen in Westdeutschland ermöglichen – zeigten, bestätigt sich der von Klages angenommene Wandel (Emnid 1992, 1995 in Reuband 1997, 134). Demnach entwickelte sich ab 1955 die Bedeutung der zum genannten Zeitpunkt ähnlich wichtigen Ziele Selbstständigkeit und freier Wille einerseits, Gehorsam und Unterordnung andererseits stark auseinander. Ersteres Ziel nahm bis 1995 permanent an Bedeutung zu, zweites befindet sich seit 1980 auf relativ niedrigem Niveau. Der Wert für Ordnungsliebe und Fleiß veränderte sich in diesem Zeitraum kaum.

Sieht Klages im Wandel der Erziehungswerte einen direkten Ausdruck und Indikator für den allgemeinen Wertewandel, so macht Reuband (1997, 131) darauf aufmerksam, dass Erziehungsziele sowohl durch sozialstrukturelle als auch durch kulturelle Faktoren bestimmt werden und sich der kulturelle Wandel von Erziehungszielen nicht allein aus dem allgemeinen Wertewandel ableiten lässt (Reuband 1997, 130).

Die sozialstrukturellen Faktoren eröffnen die Rahmenbedingungen und definieren die funktionalen Erfordernisse, die aufgrund der objektiven Lage gegeben sind. Kulturelle Faktoren schreiben – ungeachtet der Rahmenbedingungen – bestimmte Formen der Orientierung und des Handelns vor. Zu den sozialstrukturellen Faktoren zählt die Gesamtheit der vorgegebenen Lebensbedingungen, seien es der wirtschaftlich-technische Entwicklungsstand und die damit verbundene ökonomische Sicherheit, das politische System, die Arbeits- und die Wohnsituation oder die Struktur und Stabilität familialer Lebensformen. Zu den kulturellen Faktoren gehören beispielsweise das Bild vom Kind, wie es von den Wissenschaften und den Medien geprägt wird, die Vorstellungen verantworteter Elternschaft, der Kindern in einer Gesellschaft zugeschriebene spezifische Wert oder fest verwurzelte Traditionen.

Sowohl die sozialstrukturellen als auch die kulturellen Faktoren unterliegen einem ständigen Wandel. Bisher fehlen umfassende wissenschaftlich abgesicherte Erkenntnisse darüber, in welcher Weise die sozialstrukturellen und kulturellen Faktoren Einfluss auf die Erziehungsziele nehmen. Dies lässt Reuband (1997, 142) zu folgendem Schluss gelangen: „Der Zusammenhang zwischen Lebensbedingungen, kulturellen Modellen, politischen Systemen und Erziehungszielen ist offenbar komplexer als bisher vermutet. Zusätzliche Einflussfaktoren müssen berücksichtigt werden."

Versteht man Erziehungsziele in der hier angesprochenen komplexen Bedingtheit, so ist zu erwarten, dass sich die Erziehungsziele in den europäischen Ländern einerseits deutlich voneinander unterscheiden, zum anderen gewisse Übereinstimmungen bestehen zwischen Ländern mit Ähnlichkeiten in Bezug auf sozialstrukturelle Merkmale oder kulturellen Background. Geht man davon aus, dass beide Faktoren in enger Beziehung zu dem in einer Gesellschaft vorherrschenden politischen System stehen, sind gravierende Unterschiede zwischen den ehemals kommunistischen osteuropäischen und den traditionell demokratisch verfassten übrigen Ländern Europas wahrscheinlich.

Messung der Bedeutsamkeit unterschiedlicher Erziehungsziele in der vorliegenden Studie

In der Europäischen Wertestudie wurden elf Erziehungsziele vorgegeben:
- gute Manieren
- Unabhängigkeit, Selbstständigkeit
- hart arbeiten
- Verantwortungsgefühl
- Fantasie
- andere achten, tolerant sein
- Sparsamkeit
- Energie, Ausdauer
- fester Glaube, feste religiöse Bindung
- Selbstlosigkeit
- Gehorsam

In Zusammenhang mit der Frage, welche dieser Einstellungen man Kindern für ihr späteres Leben mit auf den Weg geben soll, was Kinder im Elternhaus lernen sollen, konnten bis zu fünf für wesentlich erachtete Ziele ausgewählt werden. Der Prozentsatz an Personen, die ein Erziehungsziel als besonders wichtig genannt hatten, wird als Maß für die Bedeutsamkeit dieses Erziehungszieles bei der Darstellung der Daten angesehen. (Für Norwegen liegen keine Daten von 1999 vor, in Kroatien waren bis zu elf Nennungen erlaubt. Beide Länder werden daher nicht in die Analyse einbezogen.)

Europaweite Gemeinsamkeiten – allgemein gültige Erziehungsziele?

Die Studie von 1999 ergibt drei Erziehungsziele, denen in den meisten der erfassten Länder hohe Bedeutung zukommt: Von gesamt mindestens 70% der Befragten werden Verantwortungsgefühl, Toleranz und Achtung vor dem anderen sowie gute Manieren als „besonders wichtig" gewertet. Der Prozentsatz variiert in den einzelnen Ländern jedoch in nicht unbeträchtlichem Maß. Folgende Tabelle veranschaulicht die häufig als „sehr wichtig" angesehenen Erziehungsziele: Es führt jene Länder an, in denen das Erziehungsziel entweder besonders häufig oder eher relativ selten genannt wurde. Alle anderen, nicht angeführten Länder befinden sich dazwischen.

Bedeutung von Toleranz, Verantwortungsgefühl und guten Manieren

als „sehr wichtig" genannte Werte	Osteuropa	Westeuropa
TOLERANZ		
> 80%		Belgien, Dänemark, Finnland, Frankreich, Island, Niederlande, Polen, Spanien, Schweden, Großbritannien
< 70%	Tschechien, Ungarn, Lettland, Litauen, Slowakei, Rumänien, Bulgarien, Russland, Ukraine, Portugal	Griechenland, Malta
VERANTWORTUNGS-GEFÜHL		
> 80%		Österreich, Belgien, Deutschland, Finnland, Island, Italien, Niederlande, Dänemark, Spanien, Schweden
< 70%	Tschechien, Rumänien, Slowakei,	Nordirland, Portugal, Großbritannien
GUTE MANIEREN		
> 80%	Tschechien, Ungarn, Rumänien	Irland, Finnland, Nordirland, Niederlande, Spanien, Großbritannien, Griechenland, Malta, Luxemburg
< 70%	Deutschland, Frankreich	Litauen, Polen, Russland, Ukraine, Weißrussland

Ein mittleres Maß an Bedeutung wird relativ übereinstimmend Sparsamkeit (in 25 Ländern von 30% bis 55% genannt) und Ausdauer (in 28 Ländern von 25% bis 50% genannt) sowie Gehorsam (in 22 Ländern von 15% bis 40% genannt) zugeschrieben.

Die europaweit am seltensten (in 18 bis 25 Ländern von weniger

als 30%) als besonders wichtig bezeichneten Erziehungsziele sind
Fantasie und Religiosität. In einigen Länder wird ihnen aber mehr Bedeutung zuerkannt: So wurde Fantasie in Dänemark, Nordirland, den
Niederlanden, Schweden und dem UK von mehr als 30% als sehr
wichtig genannt, Religiosität in Irland, Nordirland, Italien, Griechenland, Malta, Polen, Slowakei und Rumänien.

Einzelne Erziehungsziele lassen eine große Streuung zwischen den
einzelnen Ländern erkennen (vgl. nachstehende Tabelle): „Hart arbeiten" bezeichneten in einigen Ländern mehr als 90% der Befragten, in
anderen weniger als 20% sehr wichtig; „Unabhängigkeit/Selbststän-
digkeit" wird je nach Land von 22% bis 81% der Befragten ausgewählt.

Bedeutung der Erziehungsziele hart arbeiten und Unabhängigkeit/Selbständigkeit

als „sehr wichtig" genannte Werte	Osteuropa	Westeuropa
HART ARBEITEN		
> 80%	Estland, Lettland, Litauen, Polen, Rumänien, Bulgarien, Russland, Ukraine und Weißrussland	
< 30%	Slowenien, Niederlande	Spanien, Schweden, Österreich, Deutschland, Dänemark, Finnland
UNABHÄNGIGKEIT SELBSTSTÄNDIGKEIT		
> 70%	Ungarn, Litauen, Slowenien	Österreich, Deutschland, Dänemark, Island
< 30%	Estland, Polen, Rumänien	Frankreich, Portugal

Zusammenfassend lässt sich festhalten, dass die Vermittlung einiger Wertorientierungen und Fähigkeiten an die nächsten Generationen in den meisten europäischen Ländern als wesentlich angesehen
wird: Toleranz und Achtung vor den Mitmenschen, Verantwortungsgefühl und gute Manieren. Einigen anderen Orientierungen
und Fähigkeiten, insbesondere Religiosität und Fantasie, wird hingegen relativ übereinstimmend ein sehr niedriger Stellenwert einge-

räumt. Erklären lassen sich diese Ergebnisse möglicherweise damit, dass bei aller Unterschiedlichkeit der politischen und wirtschaftlichen Situation europäischer Länder heute und in den letzten Jahrzehnten ihnen doch eine gesamteuropäische Kultur und Tradition zugrunde liegt, die sich in diesen gemeinsamen Grundorientierungen äußert.

Erziehungsziele als Ausdruck der spezifischen sozialstrukturellen und kulturellen Merkmale einer Gesellschaft

Sieht man Erziehungsziele in engem Zusammenhang mit den politisch-sozialen und kulturellen Merkmalen einer Gesellschaft sowie mit ihrem wirtschaftlichen Entwicklungsstand, so sind einerseits deutliche Unterschiede zwischen den osteuropäischen und den übrigen europäischen Ländern zu erwarten, andererseits müssten kulturelle Unterschiede, wie sie z. B. die nord- und südeuropäischen Länder kennzeichnen, ihren Niederschlag finden.

Zur Überprüfung dieser Hypothese wurde eine Clusteranalyse durchgeführt, die vier sich voneinander klar unterscheidende Gruppen zeigte:

Gruppe 1: Erziehung zum sozialen Individualisten

Das meiste Gewicht wird hier Verantwortungsbewusstsein und Toleranz zugeschrieben, gefolgt von Unabhängigkeit. Hart arbeiten und einen festen Glauben zu haben kommt hingegen nur sehr geringe Bedeutung zu. Dieser größten Gruppe gehört mehr als ein Drittel aller Länder an, vorwiegend nord- und mitteleuropäische, nämlich Deutschland, Österreich, die Niederlande, Dänemark, Schweden, Finnland und Island, aber auch Spanien, Griechenland und Slowenien.

Gruppe 2: Erziehung zum sozial orientierten Angepassten

Gute Manieren stellen das am häufigsten genannte wichtige Erziehungsziel dar, gefolgt von Toleranz. Zugleich wird aber auch Selbstlosigkeit, Gehorsam und festem Glauben mehr Bedeutung zugeschrieben als in allen anderen Clustern. Zu dieser Gruppe zählt etwas mehr als ein Viertel der befragten Länder, zum einen der Großteil der Mittelmeerländer – Italien, Frankreich, Portugal und Malta –, aber auch Luxemburg, Großbritannien, Irland und Nord-irland.

DIE SEHNSUCHT NACH SINN

Gruppe 3 : Erziehung zum egozentrischen Materialisten

Mit großem Abstand zu allen übrigen Zielen steht hart zu arbeiten im Vordergrund. Auch Sparsamkeit wird relativ hohe Bedeutung, Fantasie und Selbstlosigkeit hingegen die geringste Bedeutung zugemessen. Dieser Gruppe, die ein Viertel der befragten Länder umfasst, gehören ausschließlich osteuropäische Länder an: Polen, Rumänien, Bulgarien, Estland, Lettland, Russland, Ukraine und Weißrussland.

Gruppe 4: Erziehung zum individualistischen Materialisten

Die wichtigsten Ziele in dieser Gruppe stellen zum einen hart zu arbeiten, zugleich aber auch Unabhängigkeit dar. Mit Abstand die geringste Bedeutung wird Fantasie gegeben. Zu der weniger als ein Siebentel der Länder umfassenden kleinsten Gruppe gehören Tschechien, die Slowakei, Ungarn und Litauen, also alles Länder des ehemaligen Ostblocks.

Die Clusteranalyse verweist zuallererst auf die heute in Europa bestehenden eindeutigen Unterschiede, was Eltern denken, Kindern auf ihren Weg mitgeben zu sollen. Wie erwartet ist die Differenz am deutlichsten zwischen den osteuropäischen Staaten einerseits und dem übrigen Europa andererseits. Bei Ersteren scheint eine rein materialistische Orientierung im Vordergrund zu stehen, in der außerhalb dieser liegende Werte wie Religiosität oder Fantasie keinen Platz haben. Allerdings bleibt offen, ob hart arbeiten nur als Ausdruck der politisch jahrzehntelang vorherrschenden materialistisch-marxistischen Orientierung gewertet werden kann oder ob darin heute auch ein Mittel gesehen wird, das angesichts des Übergangs zu kapitalistischen Wirtschaftsstrukturen Erfolg versprechend für die Verbesserung der eigenen Lebenssituation scheint.

Die Öffnung hin zu westlichen Gesellschaftsstrukturen scheint, wie dies Gruppe 2 veranschaulicht, nicht ohne Einfluss auf die angestrebten Erziehungsziele. Jene Ostblockländer, deren Öffnung und Umstrukturierung am weitesten fortgeschritten ist, schreiben auch dem in den westlichen Gesellschaften vorherrschenden, von individualistischen Orientierungen geprägten Wert der Unabhängigkeit und Selbständigkeit hohe Bedeutung zu. In diesen Ländern scheinen materialistische und individualistische Erziehungsziele zugleich und nebeneinander hohe Bedeutung zu haben.

Den Ländern der beiden ersten Gruppen ist eine lange demokratische Tradition und ein relativer wirtschaftlicher Wohlstand gemeinsam. In den Ländern der Gruppe 1 scheinen Individualisierung, Liberalisierung und Säkularisierung am weitesten fortgeschritten zu sein und – gekoppelt mit sozialer Orientierung – das Leitbild für Erziehung darzustellen. In den Ländern der Gruppe 2 hingegen dürften bei aller Modernisierung traditionelle und gesellschaftlich vorgegebene allgemein verbindliche Orientierungen entscheidend mitbestimmen, was Eltern ihren Kindern für ein erfolgreich gestaltetes Leben mitgeben wollen. Die Abbildung Erziehungswerte 1999 (S. 143) verdeutlicht die Aufteilung der europäischen Länder in oben genannte vier Gruppen.

Verändertes Europa – veränderte Erziehungsziele?

Die vergangenen zwei Jahrzehnte haben Europa politisch und wirtschaftlich weit reichend verändert. Hier stellt sich die Frage, ob und wie weit diese Veränderungen sich auf die Bedeutsamkeit unterschiedlicher Erziehungsziele ausgewirkt haben. Leider erlauben es die im Rahmen der Europäischen Wertestudie erhobenen Daten nicht, eine exakte und umfassende Analyse des Wandels der Erziehungsziele über alle befragten Länder hinweg zu erstellen (für einige Länder liegen nur Daten von ein oder zwei Erhebungszeitpunkten vor, in einigen Ländern waren unterschiedliche Antwortmöglichkeiten gegeben). Die vorhandenen Ergebnisse können lediglich Hinweise auf Stabilität bzw. Veränderung in den verschiedenen Ländern geben und Ähnlichkeiten zwischen einzelnen Gruppen von Ländern aufzeigen.

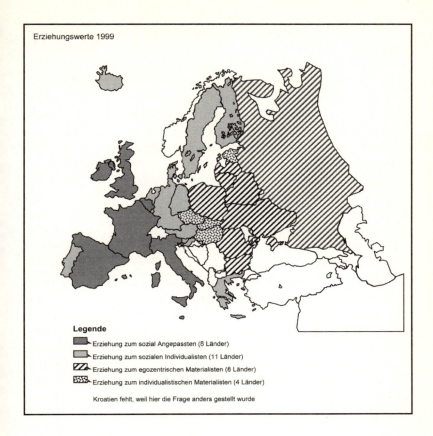

Erziehungswerte 1999

Legende

▪ Erziehung zum sozial Angepassten (8 Länder)

▪ Erziehung zum sozialen Individualisten (11 Länder)

▨ Erziehung zum egozentrischen Materialisten (8 Länder)

▨ Erziehung zum individualistischen Materialisten (4 Länder)

Kroatien fehlt, weil hier die Frage anders gestellt wurde

Insbesondere lassen sich kaum Aussagen über die Veränderung der Erziehungswerte in den ehemaligen Ostblockländern treffen, da ein Teil von diesen erst 1999 in die Studie einbezogen wurde. Die bereits 1990 untersuchten osteuropäischen Länder (die baltischen Staaten, Polen, Tschechien und die Slowakei, Ungarn sowie Slowenien) zeigen keine all diese Länder umfassenden Trends.

In den baltischen Staaten, Tschechien und der Slowakei nimmt die Bedeutung des Erziehungszieles hart arbeiten zwar ab, wird aber noch immer von mehr als drei Viertel für sehr wichtig gehalten. Einen leichten Bedeutungszuwachs erfährt das Erziehungsziel Verantwortungsbewusstsein in allen Ländern mit Ausnahme der baltischen Staaten und Slowenien.

Die von Klages aufgestellte These einer Abnahme der Pflicht- und Akzeptanzwerte in hoch entwickelten Ländern scheint für eine Reihe von ost- und westeuropäischen Ländern wie Italien, Österreich, Dänemark, den Niederlanden, Irland und Großbritannien deutlich zuzutreffen. Eine Tendenz in diese Richtung ist auch in Schweden, Portugal, Litauen, Polen, Slowakei und Ungarn erkennbar. In einigen Ländern wie Spanien, Belgien und Estland nahm im Gegensatz dazu die Bedeutung des Gehorsams als Erziehungsziel in den letzten beiden Jahrzehnten etwas zu.

Der großteils vorherrschende Bedeutungsverlust von Gehorsam lässt unterschiedliche Erklärungen zu: so z. B. dass der gesamtgesellschaftliche Prozess von Individualisierung, Liberalisierung und Demokratisierung in den meisten Ländern in den letzten zwei Jahrzehnten weiter wirksam wurde; dass die Beziehung zwischen Eltern und Kindern zu einer mehr partnerschaftlichen denn patriarchalisch bestimmten wurde; dass die Rolle des Kindes und dessen Rechte allgemein in der Gesellschaft Aufwertung erfuhren; dass in einer postmodernen Gesellschaft mit ihren Unbestimmtheiten, Widersprüchlichkeiten und Wahlmöglichkeiten Gehorsam kein effektives Mittel zur Lebensbewältigung darstellt; und dass in einer wirtschaftlich-technologisch hoch entwickelten Gesellschaft mit ständig neuen Herausforderungen Gehorsam z. B. im beruflichen Bereich kaum von Nutzen ist. Die Veränderungen in Osteuropa betreffen vorwiegend Länder, die sich früh und umfassend westlichen Ideen und Wirtschaftsformen geöffnet haben. Mit dieser Öffnung scheint auch die Übernahme der oben genannten, in westlichen Staaten vorherrschenden Vorstellungen und Orientierungen verbunden zu sein.

Nicht nur Gehorsam, auch religiöse Bindung hat in den letzten beiden Jahrzehnten in einer Reihe von Ländern an Bedeutung eingebüßt, zu denen auch solche mit traditionell hoher Religiosität zählen. Deutlich kommt dies in Italien, Spanien, Belgien, Nordirland und Irland zum Ausdruck, der Tendenz nach zeigt es sich auch in den Niederlanden, Frankreich und Polen – durchaus ein Hinweis darauf, dass traditionelle Bindungen zusehends auch in diesen Ländern brüchig werden und Säkularisierung als ein mit postmoderner Entwicklung verbundener Prozess in diesen Ländern wirksam wird.

Einige Werte erfahren in verschiedenen Ländern gegensätzliche Entwicklungen: So z. B. hat in Italien, Belgien und Finnland die Bedeutung des harten Arbeitens zu-, in Spanien, den Niederlanden und Belgien aber abgenommen.

Auch Sparsamkeit hat als wichtige bürgerliche Tugend in einer Reihe von Ländern (Frankreich, Deutschland, Österreich, Belgien, Dänemark, Schweden, Finnland, Slowenien und Ungarn) an Bedeutung eingebüßt, in einigen wenigen anderen (Italien, Spanien, Estland, Slowakei) aber gewonnen.

5. Zusammenfassung

Der Familie kommt in ganz Europa sehr hohe Bedeutung zu, die eindeutig jene anderer zentraler Lebensbereiche wie Arbeit oder Freizeit übertrifft. Am wichtigsten ist Familie für die Gruppe der 40- bis 55-Jährigen, den geringsten Wert messen ihr sehr junge oder sehr alte Personen bei. Soweit die Daten von 1999 einen Vergleich mit 1990 erlauben, ist keine deutliche Veränderung der Bedeutung von Familie während des letzten Jahrzehnts feststellbar.

Die grundlegende Veränderung in den sozialen, ökonomischen und politischen Strukturen Europas lässt auch einen Wandel in den Einstellungen zu Ehe und Familie erwarten. Vor allem die Ehe – in Westeuropa vielfach als eine vom Zerfall bedrohte Institution gesehen – erfährt unterschiedliche Wertigkeiten, je nachdem, ob von Befragten aus Ost- oder Westeuropa beurteilt. Eine dauerhafte Beziehung oder Ehe erachten OsteuropäerInnen stärker als Befragte in Westeuropa als notwendig, um glücklich zu sein. Konsequenterweise vertreten weniger OsteuropäerInnen die Meinung, die Ehe sei eine überholte Einrichtung. WesteuropäerInnen stimmen dem eher zu.

Befragt um die Voraussetzungen einer guten Ehe besitzen bestimmte Auffassungen sowohl für ost- als auch für westeuropäische Befragte Gültigkeit: Der generelle Anspruch an eine gute Ehe sind Toleranz und der respektvolle Umgang zwischen den Ehepartnern, gepaart mit Treue. Eine Auflösung der endogenen Heiratskreise zeigt sich in der übereinstimmenden Meinung aller EuropäerInnen, dass gleiche politische und religiöse Orientierungen bzw. soziale Herkunft nur sehr geringen Einfluss auf die Güte einer Ehe haben.

In zwei Dimensionen differieren allerdings die Einschätzungen zwischen West- und Osteuropa: in der Bedeutung der materiellen und der interaktionalen Werte für die Qualität einer Ehe. In Osteuropa – aber auch in Portugal und Griechenland – dominiert die Vorstellung, angemessenes Einkommen, gute Wohnverhältnisse und Kinder haben sehr wesentlichen Anteil an einer guten Ehe. WesteuropäerInnen sehen dagegen in der gemeinsamen Zeit, den Diskussionen und Konfliktlösungen sowie der partnerschaftlichen Bewältigung der Hausarbeit die Basis für den hohen Wert einer Ehe. Dieser Gruppe gehören auch zwei osteuropäische Länder an: Slowenien und Kroatien.

Mit dem Aufbrechen rigider Normen und dem Etablieren einer durch Vielfalt charakterisierten Normalität wurden Themen und Verhaltensweisen, die als tabu bzw. deviant gegolten hatten, ihres marginalisierenden Charakters beraubt. Als Beispiel für derartige Tabuthemen seien Homosexualität, Abtreibung, Ehebruch oder Scheidung genannt. Eine vergleichende Betrachtung dieser Themen im Hinblick darauf, ob sie von den Befragten als „in Ordnung" eingeschätzt werden, ergab, dass der Seitensprung in nahezu allen Ländern kaum akzeptiert wird. Bei der Beurteilung aller übrigen Themen variiert ein breites Feld mittlerer Akzeptanz zwischen den einzelnen Ländern. Extreme Unterschiede zwischen West- und Osteuropa zeigen sich bei der Frage der Homosexualität: Diese wird erheblich öfter von west- als von osteuropäischen Befragten als „in Ordnung" befunden. Scheidung hat eindeutig die Interpretation als deviantes Verhalten verloren, was die veränderte Einstellung zur Institution Ehe und Familie widerspiegelt.

Familie stellt nach wie vor eine zentrale Sozialisationsinstanz dar. Die mit Hilfe der familiären Erziehung zu erreichenden Ziele differieren zwar zwischen den einzelnen europäischen Ländern deutlich, dennoch wird einigen Erziehungszielen in den meisten Ländern übereinstimmend relativ hohe oder relativ niedrige Bedeutung zugeschrieben. Zu Ersteren zählen Verantwortungsgefühl, Toleranz und gute Manieren, zu Letzteren Fantasie und Religiosität. Auffallende Unterschiede bestehen hingegen bezüglich der Bedeutsamkeit von harter Arbeit und Selbstständigkeit. Zusammenschauend finden sich vier Gruppen von Ländern mit je unterschiedlichen Kombinationen wichtiger Erziehungsziele: In mehr als einem Drittel der Länder – und zwar vorwiegend solchen Nord- oder Mitteleuropas – wird angestrebt, Kinder zu „sozialen Individualisten" zu erziehen, die über hohe Tole-

Die Sehnsucht nach Sicherheit

ranz, Verantwortungsgefühl und Selbstständigkeit verfügen. In etwas mehr als einem Viertel (vorwiegend Mittelmeerländer, aber auch Großbritannien und die beiden Irland) ist das Ideal der „sozial orientierte angepasste" Mensch, der sich durch gute Manieren und Toleranz, aber auch Selbstlosigkeit und Gehorsam auszeichnet. In den osteuropäischen Ländern überwiegt eine materialistisch orientierte Erziehungseinstellung, in der hart zu arbeiten zentrales Ziel darstellt. Dabei lassen sich allerdings zwei Gruppen unterscheiden: im Großteil Osteuropas vorherrschend jene, deren Erziehung als eine am „egozentrischen Materialisten" orientierte bezeichnet werden kann, bei der neben harter Arbeit Sparsamkeit von besonderer Bedeutung ist, Selbstlosigkeit hingegen einen sehr niedrigen Rang einnimmt; und bedeutend kleiner die Gruppe jener, deren Erziehung sich am Leitbild des „individualistischen Materialisten" orientiert, der neben der Fähigkeit zu harter Arbeit auch über ein hohes Maß an Unabhängigkeit und Selbstständigkeit verfügt.

Zu einem europaweiten Wandel der Erziehungsziele lassen sich aufgrund mangelnder Daten keine zuverlässigen Aussagen treffen. Soweit Vergleichsdaten über das letzte Jahrzehnt vorhanden sind, zeigen sich einige mehreren west- und mitteleuropäischen Ländern gemeinsame Trends wie Abnahme der Bedeutung von Gehorsam, Sparsamkeit und Religiosität, in einigen Ländern werden aber auch gegenläufige Trends sichtbar.

Joachim Gerich / Fritz Hemedinger

Soziale Sicherheit zwischen Selbstverantwortung, Zivilgesellschaft und Staat

„Von außen ist die Demokratie durch die Globalisierung, von innen durch die geistige Leere des Individualismus bedroht." (Touraine 2000, 51) Die These von einer fortschreitenden Individualisierung und den damit verbundenen steigenden Gefahren für den gesellschaftlichen Zusammenhalt bestimmt seit Jahren nicht nur die soziologische Diskussion (Kron 2000). Am Beginn des neuen Jahrtausends ist das Modell einer solidarischen Gesellschaft vielfachen Bedrohungen ausgesetzt (vgl. Prisching 2000, 142ff.). Begriffe wie „Wohlfahrtsstaat" oder „soziale Marktwirtschaft" bestimmen die politische Diskussion immer weniger. Eine Politik, die die Freiheit des Marktes gewährleistet, aber auch Rahmenbedingungen zum Schutze der Schwächeren schafft, die auf die Verringerung von sozialer Ungleichheit abzielt, ohne dabei die individuelle Freiheit aufs Spiel zu setzen, hat im Zeitgeist der Sachzwänge wenig Chancen. Der zum Schlag- und auch zum Reizwort für Befürworter und Gegner verkommene Begriff der „Globalisierung" gab diesen Sachzwängen einen Namen. An dieser Stelle sollen nicht einmal mehr Inhalt und Konsequenzen von Globalisierung im Mittelpunkt stehen[1]. Globalisierung dient an dieser Stelle lediglich als ein Symbol für die Rahmenbedingungen einer in erster Linie an ökonomischen Prinzipien und Interessenslagen orientierten Gesellschaft mit den daraus resultierenden Werthaltungen.

„Gegen diese Politik der Entpolitisierung gilt es nun dem politischen Denken und Handeln wieder ihren rechtmäßigen Platz einzuräumen." (Bourdieu 2001) Den unterschiedlichen zivilgesellschaftlichen Organisationsformen wird in diesem Zusammenhang oftmals eine bedeutende integrative Rolle zugeschrieben.

In diesem Beitrag soll einerseits nachgegangen werden, inwieweit sich Entwicklungen auf der Makro-Ebene in den Werthaltungen der EuropäerInnen wiederfinden, d. h. ob sich auch auf individueller Ebene eine Tendenz zu Individualisierung, Entsolidarisierung und neoliberalen Einstellungen verorten lässt.

Andererseits stellt sich die Frage, wie sehr gesellschaftliche, zwischen Staat und Individuum angesiedelte Strukturen in der Lage sind, den skizzierten gesellschaftlichen Entwicklungen entgegenzusteuern, d. h. einen Beitrag zur gesellschaftlichen Integration zu leisten, in dem demokratische Kultur gestärkt, aber auch individuelle Sinnerfüllung möglich wird. Konkret ist damit die Frage nach den Möglichkeiten zivilgesellschaftlichen Engagements angesprochen.

1. Staat versus privat – Werthaltungen zwischen Selbstverantwortung und staatlich garantierter Sicherheit

Auch wenn von vielen Autoren nach dem Fall des Eisernen Vorhangs das Ende der Geschichte (Fukuyama 1992) oder zumindest das Ende der Ideologien beschworen wurde, scheint die Auseinandersetzung mit der vordergründigen Dichotomie von „Freiheit" und „Gleichheit" auch in Zeiten einer globalen Wirtschaft keineswegs obsolet. Der ideologische Systemkampf ist zwar entschieden, die zukünftige soziale und politische Entwicklung der europäischen Gesellschaften wird aber nicht zuletzt davon abhängen, ob und in welcher Form ein Ausgleich zwischen den beiden konträren Forderungen gefunden wird.

Präferenz für Freiheit oder für Gleichheit?

Wird von den befragten EuropäerInnen die persönliche Freiheit mit einer ungehinderten Entfaltungsmöglichkeit oder eine weit gehende gesellschaftliche Gleichheit mit geringen sozialen Unterschieden und ohne Benachteiligungen als wesentlicher angesehen? Die Befragten hatten die Möglichkeit, sich zwischen diesen beiden Positionen zu entscheiden, die Antwortverteilung zeigt folgende Tabelle:

Entscheidung zwischen Freiheit und Gleichheit

	Freiheit	Gleichheit	Keine Entscheidung
Westeuropa	52%	42%	6%
Osteuropa	54%	39%	7%
Gesamt	53%	41%	6%

Die Prozentwerte illustrieren deutlich, dass sich hinsichtlich dieser Einschätzung West- und Osteuropa kaum voneinander unterscheiden.[2] Die nach Ländern getrennte Auswertung ergibt allerdings beträchtliche Differenzen bezüglich der Entscheidung für Freiheit oder für Gleichheit (siehe nachstehende Tabelle). Zu beachten ist, dass auch in der Kategorie „keine Entscheidung" deutliche Länderunterschiede auftraten. So bewegen sich zwar die meisten Länder in einer Bandbreite von 4-8%, sieben Länder weisen aber deutlich höhere Werte auf: Deutschland-Ost 19%, Slowakei 12%, Spanien und Italien 11%, Litauen, Estland und Luxemburg 10%. Nordirland konnte in der folgenden Übersicht nicht zugeordnet werden, da sich sowohl für Freiheit als auch für Gleichheit genau 47% der Befragten entschieden.

Entscheidung für Freiheit bzw. für Gleichheit nach Ländern gereiht nach dem prozentuellen Unterschied

Mehrheitliche Entscheidung für Freiheit	Prozentueller Unterschied	Mehrheitliche Entscheidung für Gleichheit
Dänemark, Slowakei, Deutschland-West, Weißrussland	30% und mehr	
Großbritannien, Schweden, Litauen, Bulgarien, Tschechien, Rumänien, Österreich, Estland,	20-29%	
Malta, Niederlande, Polen, Deutschland-Ost, Ukraine	10-19%	
Finnland, Luxemburg, Spanien, Frankreich, Lettland, Portugal, Irland, Slowenien	0-10%	Russland, Griechenland, Belgien, Ungarn, Kroatien, Island, Italien

In diesem Zusammenhang ist die Frage interessant, in welchem Ausmaß eine allgemeine Präferenz für Freiheit oder Gleichheit mit der Wahrnehmung des Ausmaßes an persönlicher Selbstbestimmung der Befragten korrespondiert und wie sich diese Einschätzung im Zeitverlauf darstellt. Auf einer 10-teiligen Skala von „überhaupt keine

Freiheit" bis „völlige Freiheit" konnte eine diesbezügliche Einschätzung vorgenommen werden.

Einschätzung des Ausmaßes an persönlicher Selbstbestimmung 1990 und 1999

	Ausmaß an Freiheit					
	wenig		mittel		viel	
	1990	1999	1990	1999	1990	1999
Westeuropa	7%	6%	50%	47%	43%	47%
Osteuropa	9%	14%	54%	52%	37%	34%
gesamt	8%	10%	51%	49%	41%	41%

Selbsteinschätzung auf einer 10-stufigen Skala: Die Kategorien 1-3 wurden zur Kategorie „wenig Freiheit", 8-10 zur Kategorie „viel Freiheit" zusammengefasst. Die Antwortmöglichkeiten 4-7 bilden eine mittlere Kategorie.

Vor dem Hintergrund des schwierigen Transformationsprozesses in den Ländern Osteuropas, der die ökonomische, politische und soziale Struktur von Grund auf verändert (hat), erscheint es nicht überraschend, dass insgesamt in diesen Ländern das Ausmaß an persönlicher Selbstbestimmung geringer eingeschätzt wird. Betrachtet man die Veränderungen im Zeitverlauf, zeigt sich zwischen den west- und osteuropäischen Staaten eine gegenläufige Tendenz: Während in Westeuropa das subjektive Freiheitsgefühl ein wenig wuchs, reduzierten sich in Osteuropa die entsprechenden Prozentwerte.[3] So ist der Anteil derer, die sich in ihrer Lebensgestaltung als sehr selbstbestimmt empfinden, von 37% auf 34% zurückgegangen. Von 9% auf 14% stieg hingegen die Einschätzung, über wenig Freiheit zu verfügen. Somit hat sich bei dieser Frage der Abstand zwischen ost- und westeuropäischen Ländern im letzten Jahrzehnt vergrößert. 1990 betrug die Differenz zwischen den Befragten in West- und Osteuropa, die nach eigener Einschätzung über ein hohes Ausmaß an Selbstbestimmung verfügten, 6%; 1999 ist der Unterschied auf 13% angewachsen. Zwei osteuropäische Länder weisen allerdings eine gegenläufige Tendenz auf: In Tschechien ist das subjektive Freiheitsgefühl etwas und in Slowenien deutlich angewachsen.

Wie hängt nun das empfundene Ausmaß an Selbstbestimmung mit

DIE SEHNSUCHT NACH SICHERHEIT

der Präferenz für ein eher die Freiheit oder eher die Gleichheit betonendes Gesellschaftsmodell zusammen? Tendenziell wird mit einem höherem Ausmaß an Selbstbestimmung eher ein freiheitsbetonendes Gesellschaftsmodell bevorzugt. Für ein Mehr an sozialer Gleichheit sprechen sich eher Befragte aus, die für sich wenig Möglichkeiten einer selbstbestimmten Lebensgestaltung sehen. Zieht man in Betracht, dass sich die Unterschiede zwischen Ost- und Westeuropa hinsichtlich des Ausmaßes an Fremdbestimmung im letzten Jahrzehnt vergrößert haben, wird hier ein möglicher innereuropäischer Wertekonflikt erkennbar. Allerdings nicht nur zwischen Ost und West, sondern vor allem auch innerhalb der osteuropäischen Gesellschaften, die sich bei der Einschätzung des Grades an Selbstbestimmung als heterogener erwiesen: So finden sich unter den zehn Ländern mit der größten Streuung bei dieser Frage neun Länder Osteuropas.

Staat und Selbstverantwortung

Nach der eher allgemeinen Einschätzung soll diese Thematik etwas differenzierter betrachtet werden: Wo sehen sich die Befragten zwischen den Polen Selbstverantwortlichkeit und staatlicher Fürsorge bzw. zwischen der Betonung wirtschaftlicher Marktorientierung und der Forderung nach mehr staatlicher Wirtschaftskontrolle? Anhand gegensätzlicher Aussagen zu diesem Themenbereich hatten die Befragten die Möglichkeit, ihre persönlichen Präferenzen auf einer 10-stufigen Antwortskala anzuführen.

Einstellungen zu Eigenverantwortung vs. staatlicher Verantwortung 1999 in West- und Osteuropa

		Zustimmung	unent-schieden	Zustimmung	
A	Jeder einzelne Bürger sollte mehr Verantwortung für sich selbst übernehmen.	W O G	48% 33% 42%	27% 27% 27%	25% 40% 32%	Der Staat sollte mehr Verantwortung dafür übernehmen, dass jeder Bürger abgesichert ist
B	Arbeitslose sollten jede Arbeit machen müssen, die sie bekommen, oder ihre Arbeitslosenunterstützung verlieren.	W O G	51% 43% 48%	23% 20% 22%	26% 37% 31%	Arbeitslose sollten Arbeit, die sie nicht machen möchten, ablehnen können.
C	Wettbewerb ist gut. Er bringt die Menschen dazu, hart zu arbeiten und neue Ideen zu entwickeln.	W O G	60% 66% 63%	25% 20% 23%	15% 14% 15%	Wettbewerb ist schädlich. Er bringt das Schlechte im Menschen zum Vorschein.
D	Der Staat sollte den Unternehmen mehr Freiheit lassen.	W O G	43% 32% 38%	29% 21% 25%	28% 47% 36%	Der Staat sollte die Unternehmen besser kontollieren.

Aus Gründen der besseren Übersichtlichkeit wurde die 10-stufige Antwortskala in 3 Kategorien zusammengefasst (1-4 bilden die Kategorie „Zustimmung zur linken Aussage", 5 und 6 die Kategorie „unentschieden" und 7-10 die Kategorie „Zustimmung zur rechten Aussage"). Ergebnisse auf Prozentwerte gerundet. Es werden nur jene Aussagen verwendet, die in allen Ländern erhoben wurden. Die Abkürzungen „W", „O" und „G" in der zweiten Spalte stehen für „Westeuropa", „Osteuropa" und „Europa gesamt".

DIE SEHNSUCHT NACH SICHERHEIT

Mit Ausnahme der deutlich positiven Einschätzung des Wettbewerbes zeigen sich keine eindeutigen Einstellungspräferenzen. Allerdings finden die auf Selbstverantwortung und unternehmerische Freiheit zielenden Aussagen für Gesamteuropa höhere Zustimmungswerte mit beträchtlichen Unterschieden zwischen West- und Osteuropa.

Änderungen zwischen 1990 und 1999

Von besonderem Interesse erscheint in diesem Zusammenhang die Frage nach dem Ausmaß der Veränderung dieser Einschätzungen im Vergleich zur Erhebung 1990. Für die Länder des ehemaligen Ostblocks, nach 1990 und nach wie vor in einer dramatischen ökonomischen, politischen aber auch sozialen Umbruchsphase, gilt dies im besonderen Maße. Vor dem Hintergrund des Zusammenbruchs der planwirtschaftlichen Ökonomie, des Aufbaus (oder teilweisen Wiederaufbaus) demokratischer Strukturen westlicher Prägung, des Entstehens eines kapitalistischen Wirtschaftssystems, aber auch der Notwendigkeit der Orientierung an neuen Normen und Werten gewinnt die Frage, wie sich Einstellungen und Orientierungen am Beginn dieser Entwicklung und nach fast zehn Jahren darstellen, eine hohe gesellschaftliche Relevanz. Leider liegen nicht für alle Aussagen und für alle Länder Vergleichsdaten vor.[4] Die folgenden Tabellen illustrieren die Differenzen im Zustimmungsgrad zu den angeführten Aussagen jener Länder, für die Daten beider Befragungswellen vorlagen.[5]

Zustimmung zu verschiedenen Aussagen im Zeitvergleich

		1990	1999	Differenz
Jeder einzelne Bürger sollte mehr Verantwortung für sich selbst übernehmen.	W	49,9%	49,3%	- 0,6
	O	40,2%	30,4%	- 9,8
Wettbewerb ist gut. Er bringt die Menschen dazu, hart zu arbeiten und neue Ideen zu entwickeln.	W	66,3%	59,6%	- 6,7
	O	78,2%	66,1%	- 12,1
Arbeitslose sollten jede Arbeit machen müssen, die sie bekommen, oder ihre Arbeitslosenunterstützung verlieren.	W	55,2%	51,6%	- 3,6
	O	42,8%	47,3%	+ 4,2

Sowohl der ersten als auch der zweiten Aussage stimmen im Zeitverlauf deutlich weniger Menschen zu. Die Betonung der Selbstverantwortung, auch als Absage an wohlfahrtsstaatliches Denken interpretierbar, hat insgesamt um 5% abgenommen, die Zustimmung zur positiven Bewertung von Wettbewerb – als Indikator für eine wirtschaftsliberale Grundorientierung – insgesamt um fast 8%. Zieht man noch in Betracht, dass die Zustimmung zu einer stärkeren Angleichung von Einkommensunterschieden im Zeitverlauf von 28% auf 36% gestiegen ist, könnte dies, bei aller gebotenen Vorsicht, als Indiz gegen die These immer weiter wachsender Individualisierung und neoliberaler Einstellungen gesehen werden. Besonders ausgeprägt zeigt sich diese Tendenz in den „neuen" Demokratien, in denen der Zustimmungsgrad um fast 10% (Selbstbestimmung) und 12% (Wettbewerb) abgenommen hat, wobei vor allem die Extrempositionen (1 und 2 auf der 10-stufigen Antwortskala) deutlich weniger oft gewählt wurden (1990: 21% – 1999: 12% bei der ersten Aussage, 56% – 38% bei der zweiten). Dies könnte, als Folge der Nichterfüllung geweckter Erwartungen und der – neben den positiven Veränderungen – auch spürbaren negativen Konsequenzen des Wandlungsprozesses, auf eine gewisse Desillusionierung in diesen Ländern hindeuten. Als Indikator dafür lässt sich auch die im ersten Abschnitt gezeigte Abnahme des Ausmaßes an selbstbestimmter Lebensgestaltung deuten.

Eine etwas andere Tendenz zeigt sich bei der Einstellung zu Arbeitslosen. Auch bei dieser Aussage nahm der Zustimmungsgrad etwas ab, allerdings fast ausschließlich in Westeuropa. In den Staaten des ehemaligen Ostblocks ist hingegen der Zustimmungsgrad gestiegen und nähert sich westeuropäischem Niveau an.

Die fast 50%-ige Zustimmung ließe sich dahingehend interpretieren, dass Arbeitslosigkeit nach wie vor eher als individuell verschuldetes Problem und weniger als strukturell verursacht angesehen wird. Es kann durchaus von einer mangelnden Solidarität gegenüber Arbeitslosen gesprochen werden. Ein Faktum, das vor dem Hintergrund hoher Arbeitslosenzahlen in vielen Länder Westeuropas und noch verstärkter in den Staaten des ehemaligen Ostblocks Politik und Wissenschaft herausfordern sollte.

Ländervergleiche

Nach den gezeigten Veränderungen im Zeitverlauf soll nun auf länder- und gruppenspezifische Unterschiede eingegangen werden. Ein Vergleich des Ausmaßes einer individualistischen wirtschaftsliberalen Einstellung[6] der Befragten ergibt folgende Verteilung: 46% wirtschaftsliberale Orientierung, 35% unentschieden, 19% Ablehnung.

Länderspezifische Unterschiede bezüglich einer wirtschaftsliberalen Grundeinstellung anhand der aufsummierten Zustimmung (in%) zu den Aussagen A, C, D

Wirtschafts-liberale Einstellung	Zustimmung	Länder
sehr hoch	60% und mehr	Island, Österreich, Schweden, Deutschland-West,
hoch	50 - 59%	Dänemark, Kroatien, Nordirland, Großbritannien, Finnland, Malta, Rumänien, Litauen, Irland, Weißrussland, Frankreich, Bulgarien
mittel	40 - 49%	Tschechien, Deutschland-Ost, Ukraine, Italien, Portugal
niedrig	30 – 39%	Slowenien, Niederlande, Belgien, Russland, Luxemburg, Spanien, Griechenland, Estland, Polen
sehr niedrige	20 – 29%	Ungarn, Slowakei, Lettland

Die Länder Osteuropas weisen mit einer Zustimmung von 40% zwar insgesamt einen niedrigeren Wert bezüglich einer wirtschaftsliberalen Einstellung auf als die westeuropäischen Länder mit 50%. Die Länderverteilung zeigt aber auch, dass mit Ausnahme der Extremausprägungen hier keine eindeutige Länderzuordnung nach einem Schema West-Ost möglich ist.

Analysiert nach Geschlecht, Beschäftigung und Generation zeigen sich folgende Ergebnisse:
• Männliche Befragten stimmen einer wirtschaftsliberalen Einstellung ausgeprägter zu (49%) als weibliche (42%), wobei sich der prozentuelle geschlechtsspezifische Unterschied in Ost- und Westeuropa völlig gleich darstellt.

- Hohe Zustimmungsraten finden sich bei Selbstständigen (61%), Studenten (50%) und Vollerwerbstätigen (48%), die niedrigsten bei Arbeitslosen mit 37%. Ost- und Westeuropa unterscheiden sich dabei zwar nicht von der Tendenz, aber die Unterschiede sind in Osteuropa deutlicher: Besonders ausgeprägt ist dort eine wirtschaftsliberale Sichtweise bei Selbstständigen sowie bei Schülern und Studenten, die dabei sogar höhere Zustimmungswerte als die westeuropäische Vergleichsgruppe aufweisen. Den Gegenpol bezüglich dieser Einstellung bilden in Osteuropa die Pensionisten, die sich wiederum in Westeuropa nicht vom Bevölkerungsdurchschnitt unterscheiden.

- Zeigen sich in Westeuropa keine wesentlichen generationsspezifischen Einstellungsunterschiede, herrschen in Osteuropa zwischen den Altersgruppen gravierende Unterschiede im Zustimmungsgrad, was vor dem Hintergrund des zuvor gezeigten Unterschiedes zwischen Schülern/Studenten einerseits und Pensionisten andererseits keine Überraschung darstellt. Der Prozentwert der Zustimmung beträgt bei der „Vorkriegsgeneration" 28% und steigt bei der „Mauerfall-Generation" auf fast 50% an.

Die Vorstellung von einer gerechten Gesellschaft

Nachdem bisher das Ausmaß und die gruppen- bzw. länderspezifischen Unterschiede einer individualistischen wirtschaftsliberalen Einstellung im Zentrum standen, soll nun dargestellt werden, was die Befragten von einer gerechten Gesellschaft erwarten und als wie wichtig sie somit Maßnahmen zur Verringerung von sozialer Ungleichheit einschätzen. Die folgende Tabelle zeigt die Antwortverteilung auf die diesbezügliche Fragestellung.

Prozentuelle Antwortverteilung von Aussagen zu Zielen einer gerechten Gesellschaft getrennt nach West- und Osteuropa

		wichtig
Große Einkommensunterschiede zwischen den Bürgern	W	62%
beseitigen.	O	70%
Garantierte Befriedigung der Grundbedürfnisse aller	W	91%
Einwohner: Essen, Wohnung, Kleidung, schulische		
Grundausbildung, Gesundheit.	O	92%
Die Anerkennung der Verdienste und Leistungen jedes	W	81%
Einzelnen.	O	87%
Gleiche Bildungschancen für alle jungen Menschen	W	96%
unabhängig vom Familieneinkommen.[7]	O	97%

Alle vorgegebenen Aussagen werden von einer deutlichen Mehrheit als wichtig und somit als wesentliche Aufgaben einer gerechten Gesellschaft angesehen. Etwas paradox erscheint die Tatsache, dass einerseits fast 70% die Beseitigung großer Einkommensunterschiede als wichtig erachten und mehr als 90% für die garantierte Befriedigung der Grundbedürfnisse eintreten. Andererseits finden aber auch – wie schon gezeigt – wirtschaftsliberale Positionen eine nicht unbeträchtliche Zustimmung, und die Anerkennung der Verdienste und Leistungen jedes Einzelnen stellt für mehr als 80% der Befragten ein wichtiges gesellschaftspolitisches Ziel dar. Somit spiegelt das Antwortverhalten das Spannungsfeld zwischen Gerechtigkeit und Ungleichheit auf interessante Weise wider. Individuelle Leistung soll belohnt werden, der Staat sich dabei eher zurückziehen, aber dennoch wird der Gesellschaft die Verantwortung für die Befriedigung der Grundbedürfnisse zugedacht, wobei die Einkommen nicht zu unterschiedlich sein sollten. Etwas pointierter gesagt: Der Staat soll dem Einzelnen die Basis für individuellen Erfolg schaffen und im Falle des Scheiterns mit Maßnahmen der sozialen Sicherung einspringen (vgl. Denz 2001, 225).

Um länder- und gruppenspezifische Unterschiede darzustellen, wird der durch die Zusammenfassung der ersten beiden Aussagen aus oben angeführter Tabelle entstehende Wert zum Indikator für das Ausmaß einer an sozialen Gleichheitsvorstellungen orientierten Einstellung. Insgesamt ergab sich folgende Verteilung: 76% halten Gleichheit für wichtig, 20% sind unentschieden und 4% halten sie für unwichtig. Die länderspezifische Analyse brachte folgendes Ergebnis:

Länderspezifische Unterschiede bezüglich einer gleichheitsorientierten Einstellung (in %)

gleichheitsorientierte Einstellung	wichtig	Länder
sehr hoch	90% und mehr	Slowakei, Ungarn, Portugal, Griechenland, Lettland
hoch	80 - 89%	Rumänien, Kroatien, Spanien, Polen, Island, Frankreich, Irland, Deutschland-Ost
mittel	70 - 79%	Nordirland, Slowenien, Litauen, Belgien, Finnland, Bulgarien, Weißrussland, Italien, Russland, Großbritannien, Estland
niedrig	60 – 69%	Luxemburg, Österreich, Deutschland-West, Tschechien, Schweden, Niederlande
sehr niedrige	40 – 59%	Malta, Dänemark

Tendenziell ist eine gleichheitsorientierte Einstellung in den Ländern Osteuropas also etwas häufiger zu finden. Der zusammengefasste Prozentwert für diese Länder beträgt 79%, der Vergleichswert für Westeuropa 73%. Die Länderzuordnung illustriert aber auch die Heterogenität der west- und osteuropäischen Staaten.

Differenziert man nach Geschlecht, Beschäftigung und Generation, ergibt sich ein ähnliches Bild wie bei der schon dargestellten wirtschaftsliberalen Grundeinstellung, allerdings in spiegelbildlicher Form:

- Ausgeprägter ist diese Einstellung bei den weiblichen Befragten (78% wichtig). Der Vergleichswert der Männer beträgt 73%, wobei der prozentuelle Unterschied zwischen West- und Osteuropa kaum differiert.
- Die höchsten Werte finden sich bei Arbeitslosen (81%) und bei Pensionisten (79%), die niedrigsten bei den Selbstständigen (67%). Die Unterschiede zwischen den einzelnen Gruppen sind in

Osteuropa deutlich ausgeprägter: Hier beträgt der entsprechende Wert bei den Pensionisten 87% und bei den Selbstständigen 66%. Die prozentuelle Differenz liegt also bei 21% gegenüber nur 6% in Westeuropa.

- Generationsspezifische Unterschiede sind in Westeuropa nicht feststellbar, in Osteuropa hingegen differieren die Prozentwerte zwischen den Generationen hinsichtlich der Wichtigkeit einer Gleichheitsorientierung beträchtlich.

In den bisherigen Ausführungen wurden zwei unterschiedliche gesellschaftliche Grundorientierungen (eine wirtschaftsliberale bzw. eine gleichheitsorientierte Sichtweise) hinsichtlich länderspezifischer Unterschiede getrennt untersucht. Wie ähnlich oder unähnlich sind die Länder aber hinsichtlich beider Einstellungen und wie weit können Ländergruppen mit einem vergleichbaren Einstellungsmuster gebildet werden?

Ergebnisse der Typenbildung

Ländergruppe	Einstellung	Länder
I	Wenig wirtschaftsliberal, Gleichheit sehr wichtig	Lettland, Slowakei, Ungarn, Griechenland, Portugal
II	Etwas wirtschaftsliberaler als I, Gleichheit mittel wichtig	Estland, Luxemburg, Russland, Italien, Belgien, Polen, Slowakei, Deutschland-Ost, Spanien
III	Etwas wirtschaftsliberaler als II, Gleichheit mittel wichtig	Niederlande, Tschechien, Malta, Großbritannien, Weißrussland, Finnland, Bulgarien, Irland, Nordirland, Litauen, Frankreich, Kroatien, Rumänien
IV	Etwas wirtschaftsliberaler als III, Gleichheit wie III	Schweden, Deutschland-West, Österreich, Island
V	Etwas weniger wirtschaftsliberal als IV, Gleichheit wenig wichtig	Dänemark

- Die von Lettland, Slowakei, Ungarn, Griechenland und Portugal gebildete Ländergruppe (I) lässt sich durch eine geringere Ausprägung einer wirtschaftsliberalen Sichtweise (mit Ausnahme von Portugal, das eher im mittleren Bereich angesiedelt ist) und durch ein hohes Ausmaß einer gleichheitsorientierten Einstellung charakterisieren.

• Die aus Schweden, Österreich, Deutschland-West und Island bestehende Ländergruppe IV weist von allen Gruppen die höchste wirtschaftsliberale Orientierung auf, unterscheidet sich aber hinsichtlich der Gleichheitsorientierung wenig von den Ländergruppen II und III.

• Dänemark wird infolge seiner überdurchschnittlich geringen Gleichheitsorientierung bei gleichzeitig hoher Ausprägung einer wirtschaftsliberalen Einstellung keiner Ländergruppe zugeordnet (V).

Einerseits ist so keine eindeutige Differenzierung zwischen west- und osteuropäischen Ländern möglich, andererseits lassen sich die beiden Einstellungsmuster nicht als konträr bewerten. Mit Ausnahme der beiden Ländergruppen I und V, die eher diesem Idealtypus entsprechen würden, liegt die Mehrzahl der Länder bei beiden Orientierungen in einem mittleren Bereich. Es kann also weniger von einem „entweder – oder" denn von einem „sowohl – als auch" bezüglich des Verhältnisses der beiden Grundorientierung zueinander ausgegangen werden. Diese auf Individualdatenebene bereits angesprochene Ambivalenz spiegelt sich demnach auch auf aggregierter Länderebene wider.

Insgesamt ist eine wirtschaftsliberale Sichtweise in den westeuropäischen Länder nach wie vor in höherem Maße als in Osteuropa vorhanden, die Zustimmung zu den entsprechenden Aussagen hat im Zeitverlauf aber etwas abgenommen. Umgekehrt werden an Gleichheitsvorstellungen orientierte gesellschaftliche Aufgaben in den osteuropäischen Ländern häufiger als wichtig erachtet. Die westlichen Staaten zeigen insgesamt ein homogeneres Einstellungsbild, in Osteuropa streut das Antwortverhalten zwischen verschiedenen gesellschaftlichen Gruppen deutlich mehr. Hier ist mit aller gebotener Vorsicht von einem Generationskonflikt zu sprechen hinsichtlich der Frage, welche gesellschaftlichen bzw. staatlichen Aufgaben Priorität haben sollten. Die jüngeren Generationen, deren schulische und berufliche Sozialisation zum größeren Teil nach der „Wende" stattfanden, haben offensichtlich weniger Probleme mit dem ökonomischen

Wandel und den damit zusammenhängenden Einstellungsmustern, sehen in ihnen tendenziell wahrscheinlich neue Chancen und Herausforderungen. Die Lebenssituation der älteren Generationen hingegen wurde über Jahrzehnte durch völlig andere Wertorientierungen geprägt, Verunsicherung scheint im Vordergrund zu stehen. Daneben lassen sich – in Osteuropa stärker, in Westeuropa weniger ausgeprägt – auch zwischen Arbeitslosen und unselbstständig bzw. selbstständig Erwerbstätigen Unterschiede zu konstatieren. Die Heterogenität zwischen, vor allem auch innerhalb der Länder Europas wird für die Politik in Ost und West und nicht zuletzt für die europäische Integration noch länger eine große Herausforderung darstellen.

2. Mitgliedschaft und ehrenamtliche Mitarbeit in Organisationen zivilgesellschaftlichen Typus

Die Zivilgesellschaft umfasst intermediäre Strukturen zwischen staatlicher und wirtschaftlicher Ebene auf der einen und jener individuellen Handels auf der anderen Seite. Zivilgesellschaft äußert sich vor allem in der Mitgliedschaft und Mitarbeit in Vereinen, Organisationen und Initiativen, bei denen individuelle und gemeinschaftliche Interessen zusammentreffen. Einer ausdifferenzierten und funktionierenden Zivilgesellschaft werden verschiedenste Funktionen zugeschrieben. Die Sichtweise, zivilgesellschaftliches Engagement diene der Stärkung der Selbstverantwortung des Einzelnen und Entlastung staatlicher oder wohlfahrtstaatlicher Strukturen, führt zuweilen zur Ansicht, staatlicher Rückzug und Kürzung von Sozialausgaben könnten durch zivilgesellschaftliche Organisationen aufgefangen werden. Zivilgesellschaftliche Strukturen lassen sich jedoch gleichsam auch als Verankerung oder Grundlage legitimierter Demokratie auffassen, da geteilte Werte zum Ausdruck kommen und Vermittlungsinstanzen zwischen Staat und dem Einzelnen entstehen: „Durch die Sorge für andere und das freiwillige Engagement wird zugleich die in Rede stehende Gemeinschaft lebendig und wirksam gehalten." (Heinze / Olk 1999, 84) Zivilgesellschaft kann jedoch auch die Funktion als Quelle sozialen Kapitals zugeschrieben werden, als „ein Katalysator für neue Vergesellschaftungsformen und Netzwerke sozialer Beziehungen jenseits der Erwerbsarbeit" (dieselben, 86) – d. h. als ein soziales Netzwerk mit sinnstiftender Funktion für den Einzelnen, das Vertrauen und Solidarität zwischen den Individuen stärkt.

In der Europäischen Wertestudie wurden Mitgliedschaft und ehrenamtliche Mitarbeit im Rahmen von 14 verschiedenen Organisationen erfasst. Auf der Basis von Ergebnissen einer Faktorenanalyse lassen sich vier Haupttypen erstellen:

- neue soziale Bewegungen: Dritte-Welt- oder Menschenrechtsgruppen, Friedensbewegung, Ökologie/Tierschutz, Gemeindearbeit (Armut, Arbeitslosigkeit, Wohnen)
- politische und gewerkschaftliche Organisationen: Gewerkschaften, Parteien/politische Gruppen, Berufsverbände
- traditionelle Sozialvereine: religiöse Organisationen, Soziale Hilfsdienste, Frauengruppen, Hilfsorganisationen im Gesundheitsbereich
- Organisationen in den Bereichen Kultur und Freizeit: Sport/Freizeit, Jugendarbeit, Bildung/Kunst/Musik

Die Fragestellung nach zivilgesellschaftlichem Engagement bildet, darauf sei verwiesen, dieses nur ungenau und unzureichend ab. Einerseits ist mit der Frage nach Mitgliedschaft oder ehrenamtlicher Mitarbeit noch nicht die tatsächliche Form und der Umfang des Engagements beschrieben. Zum anderen ist der Inhaltsbereich durch die oben genannten Organisationen begrenzt und könnte noch erweitert werden. Weiters werden gewisse Formen zivilgesellschaftlichen Engagements weniger innerhalb formaler Organisationen als in Form von Einzelprojekten oder als Nachbarschaftshilfen erbracht und so nicht erfasst (vgl. Rauschenbach 1999, Evers 1999).

Eine Zusammenfassung nach diesen Organisationstypen ergibt folgende Verteilung in den Jahren 1990 und 1999:

Anteilswerte Mitgliedschaft: Anteile jener, die mindestens eine Mitgliedschaft je Organisationsbereich angegeben haben

	neue soziale Bewegungen	Politik / Gewerkschaft	traditionelle Sozialbereiche	Kultur/Freizeit
Mitgliedschaft 1999	9,0%	21,5%	23,5%	25,8%
Mitgliedschaft 1990	8,6%	30,2%	18,8%	23,5%
Differenz (1999-1990)	0,4%	-8,8%	4,8%	2,3%

Es wurden nur die 23 Länder mit Daten zu beiden Wellen (1999 und 1990) einbezogen. Dadurch fallen folgende Länder aus der Analyse: Niederlande, Norwegen, Rumänien, Bulgarien, Kroatien, Griechenland, Russland, Malta, Luxemburg, Ukraine, Weißrussland.

Im Vergleich zu 1990 hat der Bereich Kultur und Freizeit relativ an Bedeutung gewonnen und verzeichnet heute die – relativ gesehen – höchsten Anteile an Mitgliedschaften. Ebenfalls zugenommen haben die Mitgliedschaften in traditionellen Sozialbereichen.

Wenig Veränderung lässt sich dagegen bei den neuen sozialen Bewegungen erkennen. Die verbreitete Vision einer neuen Zivilgesellschaft zu Beginn der 90er-Jahre gerade in diesen Bereichen ist damit – zumindest für die Anteile in einer gesamteuropäischen Betrachtung – ausgeblieben.

Der drastische Rückgang in gewerkschaftlichen und politischen Organisationen lässt sich großteils auf die Veränderungen in den osteuropäischen Ländern bei relativer Stagnation in den übrigen Ländern zurückführen.

Eine differenziertere, länderbezogene Betrachtung der Anteile an Mitgliedschaften in den vier Organisationstypen und deren Veränderung macht folgende markante Eckpunkte deutlich:

Reihungen der Länder nach den Anteilswerten der Mitgliedschaft in Organisationen (1999)

	neue soziale Bewegungen	Politik und Gewerkschaft	traditionelle Sozialbereiche	Kultur und Freizeit
1 (geringe Anteile)	0-2%	0-10%	0-8%	0-6%
	Litauen, Weißrussland, Russland, Rumänien, Portugal, Lettland	Portugal, Litauen, Spanien, Frankreich, Estland, Bulgarien	Weißrussland, Bulgarien, Russland, Lettland,Rumänien, Ukraine, Lettland	Weißrussland, Rumänien, Ukraine, Polen, Russland Litauen
2	2-4%	10-13%	8-12%	6-15%
	Bulgarien, Deutschland-Ost, Ungarn, Polen, Ukraine, Estland, Deutschland-West	Großbritannien, Ungarn, Nordirland, Rumänien, Polen, Deutschland-West, Lettland	Litauen, Portugal, Polen, Großbritannien, Frankreich, Estland, Spanien	Ungarn, Bulgarien, Lettland, Portugal, Malta, Spanien, Estland
3	4-7%	13-18%	12-18%	15-23%
	Malta, Kroatien, Frankreich, Spanien, Großbritannien, Nordirland	Deutschland-Ost, Italien, Malta, Griechenland, Irland, Tschechien	Slowenien, Ungarn, Deutschland-Ost, Kroatien, Malta, Italien	Großbritannien, Italien, Kroatien, Griechenland, Nordirland, Deutschland-Ost
4	7-12%	18-25%	18-26%	23-35%
	Italien, Tschechien, Slowakei, Irland, Griechenland, Slowenien, Finnland	Kroatien, Luxemburg, Slowenien, Ukraine, Slowakei, Rußland, Belgien	Tschechien, Deutschland-West, Griechenland, Dänemark, Irland, Belgien, Luxemburg	Frankreich, Slowenien, Slowakei, Tschechien, Österreich, Irland, Finnland

5 (hohe Anteile)	12-55%	25-73%	26-78%	35-71%
	Island, Österreich, Belgien, Luxem- burg, Dänemark, Schweden, Nieder- lande	Österreich, Finn- land, Niederlande, Weißrussland, Dänemark, Schweden, Island	Slowakei, Nordir- land, Österreich, Niederlande, Finn- land, Island, Schweden	Deutschland- West, Belgien, Luxemburg, Dä- nemark, Island, Schweden, Niederlande

Die Abstufungen 1-5 wurden nach den Quintilen der sortieren Anteilswerte vorgenommen. Die Länder sind in aufsteigender Reihenfolge ihrer Anteilswerte angegeben. Die Spannweite der Anteilswerte der Gruppen ist in Prozent angegeben.

Bei der Mitgliedschaft in neuen sozialen Bewegungen 1999 ist eine deutliche Polarisierung Europas ersichtlich: Die nordeuropäischen Staaten und die Beneluxländer (aber auch Österreich) zeigen hohe Anteile an Mitgliedschaften, osteuropäische Staaten (aber auch Portugal) geringe Anteile. Im Vergleich zu 1990 hat sich diese Polarisierung verstärkt: Während die schon 1990 hohen Mitgliedschaftsanteile in den nordeuropäischen Staaten weiter stiegen, zeigte sich 1990 die Gruppe mit den geringsten Anteilen an Mitgliedschaften stärker durchmischt (Spanien, Ungarn, Portugal, Litauen, Italien) – 1999 sind ihr mit Ausnahme Portugals sämtliche osteuropäischen Länder zuzurechnen.

Etwas unterschiedlicher ist die Situation hinsichtlich der Mitgliedschaft in politischen Parteien und gewerkschaftlichen Organisationen: Hier stehen zwar ebenfalls die nordeuropäischen Länder an der Spitze, aber auch Weißrussland, Russland, Slowakei, die Ukraine und Slowenien verfügen über relativ hohe Mitgliedschaftsanteile. Die geringsten weisen Portugal, Litauen, Spanien, Frankreich, Estland und Bulgarien auf. Im Zeitverlauf hat sich die Trennung zwischen Ost und West abgeschwächt: 1990 waren die süd- und westeuropäischen Staaten jene mit den geringsten Mitgliedschaften, die osteuropäischen Staaten standen zu diesem Zeitpunkt überwiegend noch vor den Reformen und hatten hohe Mitgliedszahlen. In den vergangenen zehn Jahren verzeichneten Estland, Litauen, Lettland und Ungarn drastische Verluste in der Mitgliedschaft bei politischen und gewerkschaftlichen Organisationen.

Eindeutig wiederum die Polarisierung bei den traditionellen sozialen Organisationen: Nordeuropäische Staaten (und Österreich) haben mit Abstand die höchsten, osteuropäische Staaten (Ausnahme: Slowakei) die geringsten Mitgliedschaften. Das hat sich auch in den letzten zehn Jahren nur unwesentlich verändert. Die nordeuropäischen Staaten legten jedoch noch deutlicher zu.

Ganz ähnlich weisen bei den Mitgliedschaften in Kultur- und Freizeitorganisationen die höchsten Anteile die nordeuropäischen und die Beneluxstaaten auf, die geringsten die osteuropäischen Staaten. Ergaben sich in den letzten zehn Jahren in Osteuropa Mitgliedschaftsverluste, verzeichneten nord- und mitteleuropäische Staaten Zuströme – auch hier also eine Verstärkung der Polarisierung Europas.

Betrachtet man (soweit dies das Datenmaterial zulässt) die Gesamt-Entwicklung der Mitgliedschaften in zivilgesellschaftlichen Organisationen seit 1990, zeigen sich neben den bereits deutlich gewordenen Zuwächsen in den nordeuropäischen Staaten auch Zuwächse in den südeuropäischen Ländern Italien und Spanien, die so ihre Stellung als Länder mit den geringsten Mitgliedschaften in den letzten zehn Jahren verloren haben und im europäischen Mittelfeld gereiht sind. Ebenso weisen die ehemaligen Ostblockländer Tschechien, Slowakei und Slowenien Zuwächse auf. Österreich und Irland fallen als einzige Länder der mittel- bzw. westeuropäischen Länder durch Zuwächse auf. Bemerkenswert ist auch, dass Portugal im Vergleich zu den südeuropäischen Ländern Spanien und Italien einen gegenläufigen Trend aufweist: Hier ging die Mitgliedschaft in allen erfassten Organisationsgruppen zurück – Portugal ist heute hinsichtlich der Mitgliedschaft in Organisationen zusammen mit osteuropäischen Ländern europäisches Schlusslicht. Deutliche Rückgänge weisen neben den baltischen Ländern auch Ungarn und Polen auf. In West- und Mitteleuropa (Frankreich, Großbritannien, Nordirland, Deutschland-West und -Ost) ist insgesamt gesehen ebenso von einem tendenziellen Rückgang bei den Mitgliedschaften zu sprechen.

Das Ausmaß an ehrenamtlichem Engagement – d. h. an konkreter Mitarbeit – in den vier Bereichen zeigt vergleichbare Verhältnisse wie bei der Mitgliedschaft: Ehrenamtliche Mitarbeit wird häufiger im Rahmen traditioneller Sozialvereine und im Kultur- und Freizeitbereich, weniger im Bereich der neuen sozialen Bewegungen und im Bereich Politik und Gewerkschaft geleistet.

Anteilswerte ehrenamtliche Mitarbeit: Anteile jener, die mindestens für eine
Organisation je Organisationsbereich angaben, ehrenamtlich mitzuarbeiten.

	neue soziale Bewegungen	Politik / Gewerkschaft	traditionelle Sozialbereiche	Kultur/ Freizeit
Ehrenamtlichkeit 1999	4,9%	5,7%	11,7%	13,9%
Ehrenamtlichkeit 1990	4,5%	7,2%	9,6%	11,8%
Differenz (1999-1990)	0,3%	-1,5%	2,1%	2,1%

Es wurden nur die 24 Länder mit Daten zu beiden Wellen (1999 und
1990) einbezogen. Dadurch fallen folgende Länder aus der Analyse:
Norwegen, Rumänien, Bulgarien, Kroatien, Griechenland, Russland,
Malta, Luxemburg, Ukraine, Weißrussland.

Mitgliedschaft und Ehrenamt korrelieren je nach Organisationsbereich zwischen 0,4 und 0,6 – stehen also in relativ starkem Zusammenhang. Dennoch ergibt ein Ländervergleich einige Unterschiede
im Detail, die jedoch schwer zu begründen sind, da verschiedenste
Ursachen für das Auseinanderfallen von Mitgliedschaft und Ehrenamt denkbar sind (im Mittelpunkt stehen sicher sozialrechtliche, ver-
einsrechtliche u. ä. Gründe). Besonders in Großbritannien fallen die
Unterschiede zwischen Ehrenamt und Mitgliedschaft auf: Hohen Anteilen ehrenamtlicher Mitarbeit stehen hier durchwegs relativ geringe
Anteile an Mitgliedschaften gegenüber.

Da einerseits die Differenzen zwischen Ehrenamtlichkeit und Mitgliedschaft schwer zu interpretieren sind und andererseits die Übersichtlichkeit der Darstellung leidet, sollen nachfolgend Mitgliedschaft
und Ehrenamtlichkeit detaillierter betrachtet und zusammengefasst
werden. Ein für jeden der vier Bereiche (neue soziale Bewegungen, Po-
litik/Gewerkschaft, traditionelle Sozialbereiche, Kultur/Freizeit) ge-
bildeter Index gibt den Anteil derer an, die Mitglied sind und/oder
mitarbeiten. Damit wird eine breitere Definition des Engagements in
Organisationen abgebildet.

Fasst man wiederum die Länder nach dem Ausmaß der Mitgliedschaft oder Ehrenamtlichkeit (1999) zusammen, lassen sich sechs verschiedene Typen zivilgesellschaftlichen Engagements unterscheiden.

Gruppe	Engagementtyp	Länder
I	Geringe Anteile: neue soziale Bewegungen, Politik / Gewerkschaft. Mittlere Anteile: traditionelle Sozialbereiche, Kultur / Freizeit	Frankreich, Deutschland-Ost, Nordirland, Spanien, Italien, Malta, Ungarn, Kroatien, Estland
II	Mittlere Anteile in allen 4 Bereichen	Deutschland-West, Belgien, Luxemburg, Österreich, Großbritannien, Irland, Griechenland, Tschechische Republik, Slowakei, Slowenien
III	Hohe Anteile: neue soziale Bewegungen, Politik / Gewerkschaft, Kultur / Freizeit. Mittlere Anteile: traditionelle Sozialbereiche	Dänemark
IV	Hohe Anteile in allen Bereichen	Schweden, Island
V	Hohe Anteile: Politik / Gewerkschaft, traditionelle Sozialbereiche, Kultur / Freizeit. Mittlere Anteile: neue soziale Bewegungen	Finnland
VI	Geringe Anteile: neue soziale Bewegungen, traditionelle Sozialbereiche, Kultur / Freizeit. Mittlere Anteile: Politik / Gewerkschaft	Portugal, Polen, Rumänien, Bulgarien, Litauen, Lettland, Russland, Weißrussland, Ukraine

Bei den sechs Typen handelt es sich nicht um scharf voneinander abgrenzenbare Ländergruppen, da die Anteilswerte innerhalb der Gruppen zum Teil erheblich streuen. Diese Lösung bietet aber dennoch die Möglichkeit eines groben Überblicks über die einzelnen Länder:

Die Ländergruppe (VI) – neben Portugal ausschließlich osteuropäische Staaten – weist die niedrigsten Anteile in den Bereichen neue soziale Bewegungen, traditionelle Sozialbereiche, Kultur und Freizeit auf, jedoch mittlere (aber stark streuende) Anteile bei Gewerkschaft und Politik.

Über – relativ gesehen – geringe bis mittlere Anteile in allen Bereichen verfügt die heterogene Ländergruppe (I) mit Frankreich,

Deutschland-Ost, Nordirland, Spanien, Italien, Malta, Ungarn, Kroatien und Estland.

Mittlere bis höhere Anteile in allen vier Bereichen weist die im Wesentlichen westeuropäische Länder, aber auch die Tschechische Republik, die Slowakei und Slowenien umfassende Ländergruppe (II). Dänemark, Schweden, Island und Finnland (III, IV, V) mit überwiegend hohen Anteilen in allen vier Bereichen unterscheiden sich nur schwerpunktartig voneinander: Dänemark durch die – verglichen mit anderen nordeuropäischen Staaten – geringeren Anteile im traditionellen Sozialbereich, Finnland durch geringere Anteile bei neuen sozialen Bewegungen, Schweden und Island durch die insgesamt höchsten Anteile in allen vier Bereichen.

Um auch die Entwicklungen in den vergangenen zehn Jahren zu beschreiben, wurden zusätzlich die Anteile von 1999 parallel mit den Veränderungsraten je Land seit 1990 analysiert. Dies lässt sich jedoch nur für eine eingeschränkte Gruppe von Ländern mit Vergleichsdaten durchführen.

Vier Gruppen lassen sich als Ergebnis dieser Analyse unterscheiden:

Einerseits weisen wiederum Schweden und Island nicht nur die höchsten Anteile, sondern auch die stärksten Zugewinne in allen vier Bereichen auf.

Eine neben verschiedenen westeuropäischen Ländern auch die Tschechische Republik, Slowakei und Slowenien umfassende Gruppe ist charakterisiert durch ebenfalls hohe Anteile 1999 und Verluste bzw. Stagnation im Bereich Politik/Gewerkschaft in den vergangenen Jahren. In den übrigen Bereichen weisen diese Länder tendenziell leichte Zugewinne auf.

Zu einer Ländergruppe mit tendenziell geringen Anteilen und Verlusten oder Stagnation in allen vier Bereichen gehören Frankreich, Deutschland-West, Nordirland, die südeuropäischen Länder Italien, Spanien, Portugal sowie Ungarn und Polen.

Die geringsten Anteile und deutlichsten Verluste verzeichnen die baltischen Staaten Estland, Lettland und Litauen sowie Deutschland-Ost.

Wer sind die Engagierten?

Betrachtet man – abgehend von der Länder-Analyse – die individuellen Unterschiede der Europäer genauer, lässt sich folgende Differenzierung des zivilgesellschaftlichen Engagements nach soziodemografischen Merkmalen der Personen darstellen:

Anteilswerte Mitgliedschaft/Ehrenamt nach gesellschaftlichen Gruppen

	neue soziale Bewegungen	Politik und Gewerkschaft	traditionelle Sozialbereiche	Kultur und Freizeit
Männer	10% (-0,2)	26% (-10,6)	21%(+5,4)	32% (+1,5)
Frauen	10% (+1,5)	19% (-7,0)	28% (+5,0)	23% (+3,8)
Generation:				
Vorkriegszeit	8% (-0,1)	13% (-9,0)	29% (+4,3)	16% (+3,0)
Kriegszeit	12% (+0,5)	24% (-13,6)	29% (+6,5)	23% (-0,0)
Wiederaufbau	12% (+1,6)	29% (-9,9)	26% (+7,2)	28% (+0,1)
Nach-68-er	9% (+0,7)	22% (-6,0)	22% (+6,8)	32% (-2,1)
Mauerfall	7%	8%	18%	44%
Bildung:				
niedrige	6%	16%	24%	17%
mittlere (ohne Matura)	8%	22%	26%	30%
höhere	12%	25%	27%	34%
hohe	14%	31%	28%	36%
Berufstätigkeit:				
mehr als 30h	11% (+1,1)	33% (-10,3)	23% (+5,5)	32% (+3,2)
weniger als 30h	13% (+1,1)	23% (-10,7)	31% (+8,6)	37% (+10,2)
selbstständig	12% (+4,2)	27% (+2,6)	27% (+9,3)	33% (+8,3)
Rentner	9% (+1,9)	14% (-2,6)	30% (+5,2)	17% (+5,9)
Hausfrau/-mann	7% (+0,9)	4% (-2,5)	24% (+1,1)	15% (+0,8)
Student/Schüler	10% (-1,6)	10% (-2,5)	22% (+8,4)	49% (+5,9)
arbeitslos	6% (-4,0)	10% (-10,5)	14% (-1,1)	15% (-5,5)

Zeilenprozente 1999. In Klammern: Differenz zu 1990. Analysiert wurden nur Länder, in denen die Frage nach der Mitgliedschaft und Ehrenamtlichkeit zu beiden Untersuchungswellen gestellt wurden.

Hinsichtlich des Geschlechts der Personen gibt es insgesamt nur geringfügige Unterschiede. Im Kultur- und Freizeitbereich sowie im Bereich Politik und Gewerkschaft sind jedoch die Anteile bei den Män-

DIE SEHNSUCHT NACH SICHERHEIT

nern, im traditionellen Sozialbereich diejenigen der Frauen etwas höher. Die Unterschiede zwischen Männern und Frauen haben sich jedoch seit 1990 leicht angeglichen.

Die Variable Generation kann bezogen auf Mitgliedschaft/Ehrenamtlichkeit nur eingeschränkt analysiert werden: Mitgliedschaften werden einerseits im Laufe des Lebens gesammelt bzw. sind andererseits für unterschiedliche Lebensabschnitte relevant. Tendenziell lässt sich jedoch festhalten, dass neue soziale Bewegungen und politische und gewerkschaftliche Organisationen eher von der mittleren Generation (Kriegsgeneration, Wiederaufbau, 68-er), also den Personen im Erwerbsalter, getragen werden. In traditionellen Sozialorganisationen engagieren sich dagegen häufiger ältere Personen (Generation Vorkriegszeit, Kriegszeit), in Kultur und Freizeitorganisationen (insbesondere, weil hier auch Jugendorganisationen inkludiert) tendenziell jüngere Personen. Im Vergleich zu 1990 haben sich die Generationsunterschiede ebenfalls leicht reduziert: 1999 engagieren sich eher vermehrt auch jüngere Personen in traditionellen Sozialorganisationen sowie vermehrt ältere Personen im Kultur-/Freizeitbereich.

Hinsichtlich der Schulbildung zeigen sich deutliche Differenzen. Mit höherer Schulbildung steigt auch das Engagement – mit einer Ausnahme: In den traditionellen Sozialbereichen ist das Engagement annähernd unabhängig von der Zugehörigkeit zu verschiedenen Bildungsschichten.

Untersucht nach der Berufstätigkeit finden sich kaum Differenzen beim Engagement in neuen sozialen Bewegungen, ebensowenig wie im traditionellen Sozialbereich; einzig arbeitslose Personen engagieren sich hier deutlich seltener. Im Bereich Politik und Gewerkschaften liegt erwartungsgemäß der höchste Anteil bei den Erwerbstätigen (Vollzeit, Teilzeit und Selbstständige), im Kultur- und Freizeitbereich zeigen sich die Erwerbstätigen, aber auch Schüler/Studenten (in erster Linie durch die Jugendorganisationen) engagiert. Ein Zeitvergleich ergibt, dass die Gruppe der Selbstständigen deutliche Zuwächse beim Engagement in allen Bereichen aufweist und bei der Gruppe der Arbeitslosen in allen Bereichen ein Rückgang im Anteil der zivilgesellschaftlich Engagierten zu beobachten ist.

Warum engagieren sich Menschen?

Neben den vorwiegend deskriptiven nationalen und soziodemografischen Differenzierungen stellt sich die Frage, warum bzw. unter welchen Bedingungen sich Personen zivilgesellschaftlich engagieren oder nicht. Die selbstverständlich am besten mittels eigens angelegter Untersuchungen zu klärende Frage kann auch deshalb nur wenig differenziert behandelt werden, da – wie bereits erwähnt – nur eine ungenaue Erfassung zivilgesellschaftlichen Engagements zur Verfügung steht[8]. Dennoch sollen auf Basis einiger im Rahmen der Europäischen Wertestudie erhobenen Variablen ausgewählte Ergebnisse in Form einer Zusammenfassung präsentiert werden.

Diesen Analysen wurden folgende Vermutungen zugrunde gelegt:

- Zivilgesellschaftliches Engagement stützt sich auf personelle Ressourcen. Personen mit ausreichenden ideellen und materiellen Ressourcen sehen eher die Möglichkeit, sich zivilgesellschaftlich zu engagieren, als Personen, die über geringere ebensolche verfügen. Als relevante Variablen wurden hier das Haushaltseinkommen (als materielle Ressource), die eingeschätzte Selbstbestimmung im eigenen Leben und die Lebenszufriedenheit sowie die eingeschätzte Entscheidungsfreiheit in der eigenen Arbeit und die Arbeitszufriedenheit (als ideelle Ressourcen) ausgewählt.

- Zivilgesellschaftliches Engagement kann sich eher entfalten, wenn das politische System, in dem man sich befindet, dies erleichtert. Als Variablen dienten hier keine „objektiven" Kriterien der Bewertung politischer Systeme, sondern die jeweils subjektiv eingeschätzten Bewertungen der befragten Personen (Bewertung des politischen Systems).

- Zivilgesellschaftliches Engagement ist Ausdruck einer allgemeinen (politischen) Aktivitätsbereitschaft und einer demokratischen Grundhaltung. Variablen hierfür: die politische Aktivitätsbereitschaft und die Demokratiepräferenz.

- Zivilgesellschaftliches Engagement ist Ausdruck einer solidarischen Grundhaltung. Personen, die stärkere Solidarität mit verschiedenen Personengruppen üben, tendieren eher dazu, sich zivilgesellschaftlich zu engagieren. Als Variablen dienten jene, bei denen danach gefragt wurde, in welchem Ausmaß man sich „Sorgen um"

DIE SEHNSUCHT NACH SICHERHEIT

verschiedene Personengruppen (Familienmitglieder, Landsleute, ältere Menschen u. a.) macht. Bei der Überprüfung dieser Annahmen wurde ersichtlich, dass das Modell auf den Bereich Kultur und Freizeit besser zutrifft als auf die übrigen. Rund 10% der Varianz dieser Variablen lässt sich so erklären. Personen, die im Bereich Kultur und Freizeit engagiert sind, haben höhere politische Aktivitätsbereitschaft, höhere Lebensqualität und höheres Einkommen. Da einerseits höhere wahrgenommene Lebensqualität wiederum von der Bewertung des jeweiligen politischen Systems und der Entscheidungsfreiheit im Berufsleben abhängt, und andererseits politische Aktivitätsbereitschaft mit solidarischen Haltungen und einer Präferenz für Demokratie verbunden ist, sind auch diese Variablen für Engagement verantwortlich.

Das Modell mit den einbezogenen Variablen erweist sich als nur bedingt – für rund 4% der Varianz – geeignet, das Engagement in neuen sozialen Bewegungen zu erklären. Im Wesentlichen bleibt als Erklärung dafür eine etwas höhere politische Aktionsbereitschaft im Vergleich zu nicht in neuen sozialen Bewegungen engagierten Personen. Insgesamt ist zu vermuten, dass die Beteiligung im Rahmen neuer sozialer Bewegungen verstärkt anlassbezogen, d. h. mit unmittelbaren Themen verbunden ist, die Menschen bewegen, und sich weniger deutlich in den betrachteten latenten Einstellungen und Lebensbedingungen widerspiegelt[9].

Geringe gesamte Erklärungskraft hat das angenommene Modell auch für den Bereich der traditionellen Sozialbereiche. Hier lässt sich zudem nicht genau bestimmen, welche der einzelnen Variablen von spezieller Bedeutung sind.

Das Engagement im Bereich Politik und Gewerkschaft kann immerhin zu rund 6% und insbesondere durch politische Aktivitätsbereitschaft und höheres Einkommen, also höhere materielle Sicherheit erklärt werden.

Insgesamt fällt die Bedeutung der Rolle politischer Aktivitätsbereitschaft für das zivilgesellschaftliche Engagement auf: Diese Variable nimmt die meisten Zusammenhänge der übrigen einbezogenen Variablen auf. Zivilgesellschaftliches Engagement ist offensichtlich – ausgenommen in traditionellen Sozialbereichen – gekoppelt an politische Aktivitätsbereitschaft oder eben ein Teil davon, d. h. eine Form der Manifestierung politischen Engagements.

Politische Aktivitätsbereitschaft ist mit höherer Fernsolidarität und einer Demokratie-akzeptierenden Haltung, aber auch wiederum mit höherem Einkommen verbunden. Man könnte also formulieren: Politische Aktivitätsbereitschaft – und zivilgesellschaftliches Engagement in weiterer Folge – sind Ausdruck einer demokratischen und modernisierten Gesellschaft (im Sinne von gesichertem Wohlstand und solidarischen Haltungen, die über den unmittelbaren Nahbereich hinaus reichen).

Die meisten der im Modell integrierten Variablen sind ihrerseits wiederum von der jeweiligen Nationalität abhängig. Zusätzlich wurde daher untersucht, in welcher Weise sich obige Zusammenhänge verändern, wenn auch noch das Land als weitere erklärende Variable aufgenommen wird.

Durch die Einbeziehung der Nationalität ändert sich obiges Modell in seiner Struktur nur geringfügig, die einzelnen Einflüsse werden jedoch teilweise etwas geringer. Eine strukturelle Änderung ergibt sich insofern, als die Lebensqualität als direkter Einfluss auf das Engagement im Bereich Kultur und Freizeit aufgehoben wird. Dies deutet also darauf hin, dass unterschiedliche Länder unterschiedliche Lebensqualität aufweisen und daher die Lebensqualität als direkter Einfluss auf das Engagement verschwindet. Das bedeutet jedoch nicht, dass die Lebensqualität keinen Einfluss auf das Engagement hat, sondern lediglich, dass sie in den einzelnen Ländern unterschiedlich ist (bzw. wahrgenommen wird) und daher zu einem „Ländereffekt" wird. Insbesondere in den Bereichen Politik/Gewerkschaft und traditionelle Sozialorganisationen sind nationale Unterschiede von stärkerer Bedeutung für das Engagement als die einbezogenen übrigen Modellvariablen. Die Erklärungskraft für das Engagement in neuen sozialen Bewegungen bleibt auch durch die Einbeziehung der Nationalität gering. Das Engagement im Bereich Kultur und Freizeit ist etwa zu gleichen Teilen von länderspezifischen Besonderheiten und von den untersuchten Modellvariablen abhängig.

3. Zusammenfassung

Tendenziell ist in den westeuropäischen Ländern eine wirtschaftsliberale Grundorientierung ausgeprägter vorhanden als in den ehemaligen Ostblockstaaten. Eine gleichheitsorientierte Einstellung findet man hingegen in Osteuropa häufiger. Allerdings zeigt sich im Ausprägungsgrad eine große Heterogenität zwischen den Ländern, sodass eindeutige West-Ost-Zuordnungen nicht möglich sind. Beispielsweise gehen Länder wie die Tschechische Republik und Slowenien in den Einstellungsmustern eher mit einer Reihe von westlichen Ländern konform.

Die Zustimmung zu einer positiven Bewertung wirtschaftlichen Wettbewerbs als Indikator für eine wirtschaftsliberale Einstellung beträgt zwar insgesamt noch mehr als 60%, hat aber im Zeitverlauf – vor allem in den Ländern Osteuropas – abgenommen.

Ebenfalls abgenommen hat in diesen Ländern das Ausmaß, in dem persönliche Freiheit und Selbstbestimmung wahrgenommen werden. In den westlichen Staaten zeigt sich bei dieser Frage hingegen eine entgegengesetzte Tendenz.

Gruppenspezifische Unterschiede, vor allem unter den Generationen und nach Art der Beschäftigung, sind hinsichtlich beider Grundorientierungen in Osteuropa deutlich ausgeprägter.

Die Ergebnisse zeigen, dass eine wirtschaftsliberale Einstellung und die Forderung nach Verminderung sozialer Ungleichheit vielfach nicht als Gegenpole betrachtet werden, sondern auch gemeinsam auftreten können.

Das zivilgesellschaftliche Engagement in Europa bewegt sich zunehmend in den Bereichen Kultur und Freizeit, die durchaus auch gesellschaftspolitische Inhalte zum Gegenstand haben, aber auch in traditionellen Sozialbereichen. Dabei lässt sich insgesamt eine zunehmende Polarisierung Europas feststellen: Während die Mitarbeit und Ehrenamtlichkeit im (politischen) Westen eher stagniert oder leicht zunimmt, reduziert sich das zivilgesellschaftliche Engagement im Osten. Von einer Auflösung zivilgesellschaftlicher Strukturen in den Ländern des ehemaligen Ostblocks zu sprechen, mag eine begrifflich unpräzise Formulierung darstellen: „Der Kommunismus konnte sich gelegentlich mit Privateigentum, ja sogar mit Privatwirtschaft arrangieren, nie aber konnte er mit einer Zivilgesellschaft koexistieren."

(Vaclav Havel 2000). Wenn auch der Begriff „Zivilgesellschaft" für frühere kommunistische Systeme nicht zutreffend ist, deuten die Ergebnisse jedoch zumindest an, dass die Auflösung bisheriger Strukturen von Mitgliedschaft und Ehrenamt (noch) nicht durch neue zivilgesellschaftliche Strukturen ersetzt werden können.

Die drastische Erosion der Mitgliedschaft und Ehrenamtlichkeit in den Bereichen Politik und Gewerkschaft insbesondere in den osteuropäischen Ländern, aber auch in Gesamteuropa, überraschen nicht mehr: „Überall in den entwickelten industriellen Demokratien stagniert die Wahlbeteiligung oder nimmt ab. Die etablierten politischen Parteiapparate verlieren in den meisten Ländern ihren Zugriff auf die Wähler, und die Zahl der Parteimitglieder ist auf etwa das halbe Niveau dessen gefallen, was sie vor einigen Jahrzehnten betrug." (Inglehart 1998, 425). Das bedeutet jedoch nicht zwangsläufig eine Entpolitisierung oder Entsolidarisierung Europas. Es bedeutet möglicherweise lediglich, dass die traditionellen Kanäle an Attraktivität und Einflusskraft verlieren und neue Institutionen noch nicht ausreichend entwickelt sind: „Es ist nur dem Anschein nach paradox, den Niedergang der Gewerkschaftsbewegung für eine mittelbare und zeitlich verzögerte Folge ihres Triumphes zu halten." (Bourdieu 2001)

Im zeitlichen Verlauf zeichnen sich leichte Umgestaltungen hinsichtlich demografischer Merkmale ab: Tendenziell engagieren sich vermehrt junge Personen in traditionellen Sozialbereichen, ältere Personen im Kultur- und Freizeitbereich[12] und selbstständig erwerbstätige Personen in zivilgesellschaftlichen Organisationen. Arbeitslose treten dagegen vermehrt den Rückzug aus dem Engagement an. Die Geschlechterunterschiede im Engagement haben sich in den vergangenen zehn Jahren etwas angeglichen. Diese und weitere Analysen scheinen zu bestätigen, dass durch die Sicherung von individuellen Ressourcen auf Grund von – oder gleichzeitig mit – demokratischen und legitimierten politischen und staatlichen Rahmenbedingungen die Bereitschaft zu zivilgesellschaftlichem Engagement steigt. Zivilgesellschaftliches Engagement geht zu einem gewissen Teil auch mit politischer Aktivitätsbereitschaft und der Akzeptanz demokratischer Strukturen einher. Aus diesen Ergebnissen könnte man Zivilgesellschaft in Anlehnung an Inglehart (1998, 272f.) als wesentlichen Bestandteil einer „postdemokratischen Kultur" bezeichnen.

DIE SEHNSUCHT NACH SICHERHEIT

UN-SICHTBARE GRENZEN?

Miklós Tomka

Wertepräferenzen in „Ost" und „West"[1]

1. Einige Hypothesen

Der amerikanische Westen befindet sich für die Chinesen im Osten. Westeuropa liegt östlich von Amerika. Begriffe sind relativ. Sie drücken historische Konstellationen aus. Zwei Jahrtausende hindurch verstand sich Europa als eine einzige kulturelle und geistige Entität. Seine Identität gewann es aus der griechisch-römischen Vergangenheit, aus der Idee der Christenheit, aus Reformation und Aufklärung. Zumindest in den Köpfen der Gebildeten bestand dieser historische Bezugsrahmen über alle geografischen und politischen Differenzen. Als dann – bereits im 19. und 20. Jahrhundert – der Begriff „Mitteleuropa" geprägt wurde (Naumann 1915), geschah das gestützt auf die Annahme einer grundlegenden Zusammengehörigkeit. Er wurde zum Vehikel, um eine politische Zersplitterung zu überwinden (Busek / Brix 1986).

Mit dem Ende des Zweiten Weltkriegs wurde Osteuropa als abgesonderter „Erdteil" für einige Zehnmillionen von Menschen Alltagsrealität. Seine Geburtsorte: Teheran und Jalta. Ein breiter Ländergürtel wurde der Herrschaft einer weniger entwickelten Großmacht untergeordnet, durch die Errichtung des Eisernen Vorhanges und der beiden politischen Systeme für ein halbes Jahrhundert Bestandteil der internationalen Machtverteilung. Der Totalitarismus schuf künstliche Verhältnisse, versprach den „neuen Menschen", eine neue Gesellschaft aus der Retorte der Staatsgewalt zu holen. Die politische Wucht des Kommunismus konnte nicht angezweifelt werden. Nationale Ei-

genwege scheiterten an den Tanks der Sowjetarmee und am Kräfte-
gleichgewicht der Großmächte. Die zwischen der künstlich aufge-
pfropften Ordnung und den Versuchen ihrer Überwindung entstan-
dene Spannung ließ allerdings die weltverändernde Potenz des Kommunismus hinterfragen. Wieweit dieser Menschen, Kulturen und Gesellschaften umzugestalten vermochte, bleibt selbst nach 1989 noch
eine offene Frage.

Die Ausdrücke Ost- und Ostmitteleuropa gehören zum Vokabular
gegenwärtiger Generationen. Die politische Unterscheidung hat ge-
schichtliche Entwicklungen in neue, künstliche Bahnen gelenkt. Den
Ton für Ost-Europa gab Moskau an, das weder Renaissance noch Reformation noch Aufklärung kannte. Eine Reihe von Ländern wurde
gezwungen, hinter ihre Geschichte zurückzugehen. Ostmitteleuropa
hatte sich damit abzufinden, etwas Besonderes zu sein: nicht ganz
Ost- und nicht ganz West-Europa.

Nüchterne Analysen griffen bald über die aktuelle Politik hinaus.
Jahrhunderte dauernde Türkenherrschaft und die Verlagerung des
wirtschaftlichen Schwerpunktes Europas vom Mittelmeer zum Atlantik im 16. und 17. Jahrhundert mögen gleichermaßen zu einer sozialen und ökonomischen Verspätung der slawischen, madjarischen und
balkanischen Gesellschaften beigetragen haben. Möglicherweise bereits im 18. bis 19. Jahrhundert wurde Ostmitteleuropa zu einer politischen, wirtschaftlichen und kulturellen „Zwischenregion" (Rupnik
1988, Szücs 1994), deren Strukturen und Denkweisen sich schon
früher vom „eigentlichen" Osten wie vom strikt genommenen „Westen" unterschieden. (Nur am Rande sei angemerkt, dass diese Perspektive ein „Süd-" oder ein „Nord-Europa" nicht kennt. Die „Zwischenregion" liegt zwischen Westeuropa – als wahrer Repräsentant der
Kontinuität verstanden – und Osteuropa mit seiner eigenen, von der
westlichen abweichenden Identität. Die Pauschalisierung ist offensichtlich – Klischees gehören aber zum politischen wie auch zum All-
tagsdenken.)

Die Historisierung der politischen Gliederung Europas hat das Augenmerk von der Rolle des Kommunismus und der Weltpolitik gelenkt. Die eigentliche Frage bleibt jedoch bestehen: Haben die Länder
des hypostasierten „Zwischeneuropa", dessen Zugehörigkeit zum So-
wjetblock aus dieser Sicht eine eher nebensächliche Gegebenheit ge-
wesen sein soll, eine besondere Kultur, die sie von ihren westlichen

Nachbarn unterscheidet? Kann diese Kultur in den Strukturen der Gesellschaft, in den Werten, Bestrebungen, Selbst- und Weltverständnissen der Menschen dingfest gemacht werden? Erst bei Nachweis einer Eigenständigkeit lohnt es sich über die Wurzeln dieser Besonderheit nachzudenken.

Eine Ost-West-Unterscheidung wurde in den vergangenen Jahren auch von einer anderen Warte getroffen. Die katholische Kirche wandte sich an die Orthodoxie. Rom begann die Barrieren zur Ostkirche abzubauen. Papst Johannes Paul II. sprach von den „beiden Lungen" Europas und meinte damit einerseits die katholisch-protestantische westkirchliche und andererseits die ostkirchliche Tradition. Zwei Stränge europäischer Geschichte wurden nebeneinander gestellt. Die eine entfesselte im Laufe der Jahrhunderte sozio-kulturelle Differenzierung, Vielfalt, auch Konflikte und Kompromisse des Pluralismus. Die andere war um Homogenität, um Zentralismus, um ungeteilte Harmonie bestrebt. Huntington (1996) zählt nur die erste zur „westlichen Zivilisation" und sieht Gegensatz sowie Konfliktpotenzial zwischen den beiden Kulturmustern – das ist aber keine Antwort auf die Anfangsfrage. Das Problem vergrößert sich eher, wenn nun eine Zweipoligkeit Europas behauptet und diese maßgeblich der kirchlich-religiösen Entwicklung zugeschrieben wird. Unser Anliegen bleibt der Nachweis (oder die Widerlegung) der Unterschiedlichkeit östlicher und westlicher Lebensführungen und Wertsysteme.

Es kann schließlich eine vierte Vorstellung nicht ungenannt bleiben. Ohne die mögliche Rolle historischer, religiöser oder politischer Faktoren zu negieren, meinen manche Autoren die Hauptursache der Differenzen im unterschiedlichen wirtschaftlichen und gesellschaftlichen Entwicklungsstand bestimmen zu können. Eine sozio-ökonomisch verstandene „historische Verspätung" soll für die Besonderheit Ost- bzw. Ostmitteleuropas verantwortlich sein (Chirot 1989). Ein Modernisierungsgefälle – vom Westen gegen Osten – lässt sich leicht nachweisen. Für die Zukunftsprognosen nicht unerheblich ist die Frage, wieweit dieses vom kommunistischen System mitverursacht wurde – womit wir wieder bei der möglichen Rolle der politischen Veränderungen in unmittelbarer Vergangenheit angelangt sind.

Ein erster Versuch des empirischen Vergleichs West- und Osteuropas wurde bereits auf Grundlage der Europäischen Wertestudie 1991 unternommen (Broek / Moor 1994) und hat – aus nicht ganz einsichtigen Gründen – lediglich sechs Länder des ehemaligen sozialistischen Lagers in die Analyse einbezogen. Die Studie bestätigte die verzögerte Modernisierung Osteuropas im Vergleich zu Westeuropa, fand aber wenig Beweise für interregionale Verschiedenheiten, die dem unterschiedlichen Modernisierungsgrad hätten zugeschrieben werden können. Andererseits wurde die Ost-West-Differenz als weniger bedeutend empfunden als die Unterschiede zwischen den einzelnen Gesellschaften der Region. Vielleicht ging es damals um die Akzeptanz Ostmitteleuropas als gleichwertiger Teil des Kontinents. Ähnliche Tendenzen spürt man auch in anderen Analysen der Europäischen Wertestudie 1991 (Zulehner / Denz 1993). In der Tat sind die Unterschiede zwischen Ost- und Westeuropa, sofern überhaupt vorhanden, wesentlich kleiner als zwischen beiden und Ländern anderer Kontinente (Basanez / Inglehart / Moreno 1996, Inglehart 1998) – eine Tatsache, die aber die Frage nach einer möglichen Eigenständigkeit Ost-Europas nicht aus dem Blickfeld verdrängen sollte.

Die Arbeit von Broek und Moor (1994, 227) schließt mit einem entschiedenen Satz: „Zumal Ost-Europa im Großen und Ganzen etwas traditioneller ist als die westliche Welt, muss die Annahme, dass das Erbe des Kommunismus aus beschädigten Gesellschaften besteht, in welchen ‚aus der traditionellen, informellen Mechanik (der Gesellschaft) wenig übriggeblieben‘ wäre (Ascherson 1992, 234), klar zurückgewiesen werden." Weil uns diese Behauptung im zitierten Aufsatz nur ungenügend untermauert scheint, soll sie lediglich als Hypothese dienen, zu deren Kontrolle die Daten aus einer größeren Anzahl von Ländern und aus den Jahren 1982, 1990 und 1999 eine gute Möglichkeit bieten.

Im Gegensatz dazu beschreiben andere Autoren die Sozialschäden kommunistischer Systeme: Der Kommunismus habe durch die ihm eigene „Modernisierung" die Zivilgesellschaft zerstört, das Sozialgeflecht zertrennt, die Gesellschaft atomisiert, die Bürger entmündigt und verunsichert (Hankiss 1990, Kulcsár 1986). Der Kommunismus bekämpfte die kulturelle Kontinuität und die Religion und produzierte eine kulturelle Unordnung (Tomka 1991) – dies mit umso größerem Erfolg, je weiter eine Gesellschaft sich bereits vor der kommunistischen Zeit von den agrarischen, dörflichen, gemeinschaftlichen ökonomischen- und Sozialstrukturen entfernt hatte. Anders gesagt: Die unmittelbaren familiären und verwandtschaftlichen Strukturen konnten im Kommunismus weit besser erhalten bleiben und funktionieren als die auf gemeinsame Bestrebungen und Zweck- und Interessengemeinschaft gegründeten etwas stärker formalisierten Sozialbindungen. Gesellschaften weniger modernisierter Länder erlitten im Kommunismus kleinere Systemschäden als bereits davor stärker modernisierte bzw. solche, die unter kommunistischer Herrschaft eine raschere Modernisierung durchgemacht haben (Tomka / Zulehner 1999). Selbst wenn die Kontrolle dieser Vorstellung unsere gegenwärtigen Möglichkeiten übersteigt, lässt sie sich als eine mögliche Erklärung der Unterschiede zwischen den ehemals kommunistischen Ländern ansehen. Die dem Kommunismus unterstellten Zerstörungen (wenn auch nicht die genannte ursächliche Beziehung) können aber mit Hilfe des vorhandenen Datenmaterials zum Teil überprüft werden.

2. Unzufriedenheit und Machtlosigkeit

Merton beschreibt Anomie als die Dissonanz zwischen gesellschaftlich vermittelten Aspirationen und den zu deren Erreichung vorhandenen Mitteln (Merton 1957). Die Ursache liegt demnach zu einem Teil in den objektiven Bedingungen, zum anderen in subjektiven Zielsetzungen und Erwartungen. Zur Schaffung der Unzufriedenheit haben in Ost-Europa beide Faktoren zusammengewirkt: Zuerst führte die kommunistische Wirtschaft in eine Sackgasse. Dann zog der Systemwandel einen starken Rückgang des Brutto-Nationalprodukts und auch des Pro-Kopf-Einkommens nach sich. Auf subjektiver Ebene wurden die Erwartungen im Parteistaat durch Propagandamittel künstlich hochgeschraubt. Nach dem Kollaps des Kommunismus wiederum erwarteten viele Menschen eine unmittelbare Verbesserung der Situation, die freilich nicht so plötzlich eintrat. Die hoch gesteckten Hoffnungen wurden enttäuscht.

Die Länder Ost- und Ostmitteleuropas gehören vermutlich nach wie vor zu den unzufriedensten der Welt. Die tatsächlichen Lebensverhältnisse wurden in der gegenwärtigen Forschung wenig gemessen;

über sie und über die Berechtigung individueller Zufriedenheiten oder Unzufriedenheiten kann hier also nichts gesagt werden. Lediglich das subjektive Lebensgefühlt lässt sich konstatieren. Viele Menschen sind mit ihrer Arbeit und auch insgesamt mit ihrem Leben unzufrieden. Ein im europäischen Vergleich hoher Anteil der Bürger Ost- und Ostmitteleuropas hält sich überhaupt für unglücklich.

In zwölf von achtzehn Ländern Westeuropas bezeichnet sich höchstens ein Zehntel der Menschen als unglücklich: In fünf Ländern (Deutschland-West, Italien, Malta, Portugal, Spanien) liegt der Anteil der Unglücklichen zwischen 11 und 20%, lediglich in einem Land (Griechenland) höher. Nur in zwei von fünfzehn Länder Ost- und Ostmitteleuropas (Kroatien und Tschechien), für die Daten vorliegen, hält sich nicht mehr als jeder Fünfte für unglücklich: Der Anteil der nach eigener Einschätzung Unglücklichen beträgt zwischen 21 und 30% in sechs Ländern (Deutschland-Ost, Litauen, Polen, Slowakei, Slowenien und Ungarn), bei 31 bis 40% in Estland und in Weißrussland, zwischen 41 und 50% in Lettland und über 50% in vier Ländern (Bulgarien, Rumänien, Russland und die Ukraine). Rechnet man regionale Werte, so ist das Gefühl des Unglücklichseins in Osteuropa im Durchschnitt dreimal so häufig wie in Westeuropa[2].

Das Unglücksgefühl erweist sich freilich von den Lebensumständen abhängig. Seine Häufigkeit steigt im Osten wie im Westen mit höherem Alter an: unter den Osteuropäer von einem Drittel der 20- bis 39-Jährigen auf mehr als die Hälfte der Über-50-Jährigen (im westeuropäischen Durchschnitt: 10 bzw. 16%).

Unglücksgefühl wie auch die allgemeine Unzufriedenheit mit dem Leben sind in Ost und West viel häufiger unter Frauen als unter Männern und häufiger unter älteren als unter jüngeren Menschen zu verzeichnen, mit schwindender Differenz unter den 20- bis 39-Jährigen. Dieses relative Übergewicht der mit ihrem Leben unzufriedenen und unglücklichen älteren Frauen – insbesondere die über-55-jährigen Frauen halten sich für weit überdurchschnittlich unglücklich – ist in Westeuropa stärker ausgeprägt als in Osteuropa (obwohl deren Anteil in der genannten Altersgruppe in Osteuropa noch immer zweieinhalbmal so hoch liegt wie in Westeuropa).

Ein weiterer Indikator der subjektiven Unsicherheit ist das Ohnmachtsgefühl – nur wenig Einfluss darauf zu haben, was mit einem geschieht. Ob sich dahinter das Ausmaß der tatsächlichen Mitbestimmung oder eher die Größe des Anspruches auf eine politische Partizipation verbirgt, kann hier nicht entschieden werden. Als eigentlich relevante Größe steht die Spanne zwischen Anspruch und angenommener Wirklichkeit. Im Durchschnitt jeder zehnte Westeuropäer, aber jeder fünfte Osteuropäer leidet unter beschriebenem Ohnmachtsgefühl. Die Länderdifferenzen sind auch in dieser Frage beträchtlich. Manche Länder an der Westflanke des ehemaligen Ostblocks unterscheiden sich nicht vom Gros westeuropäischer Länder. Umgekehrt verfügen Einzelfälle in Westeuropa über eine ähnlich hohe Rate sozialen Ohnmachtgefühls wie in Osteuropa. Die Gesamtverteilung der Daten belegt trotzdem überzeugend, dass in Ländern Osteuropas das Gefühl, keinen Einfluss auf das eigene Schicksal zu haben, weiter verbreitet ist als in Westeuropa[3].

Nicht weniger interessant ist die Tendenz, wie sich das soziale Ohmachtsgefühl über die Zeit entwickelt hat. Ein für manche Länder erstellbarer Vergleich 1982-1999 bzw. 1990-1999 ergibt, dass in Westeuropa die Zahl derer abnimmt, die nur wenig Einfluss darauf zu haben glauben, was mit ihnen geschieht. In der Mehrheit der Länder Osteuropas ist das Abhängigkeits-, Unsicherheits- und Ohnmachtsgefühl zwischen 1990 und 1999 angewachsen (vgl. nachstehende Tabelle).

Für Westeuropa kann auch in Zukunft mit einer nur mäßigen Entfremdung der Menschen gerechnet werden. In Osteuropa geben beide Erhebungszeitpunkte keine ausreichende Basis für eine Trendrechnung, zumal die Euphorie der Systemwende nach 1989 nur schwer zu deuten ist. Ausschlaggebend bleibt hier jedoch die Tatsache einer zwischen 1990 und 1999 angewachsenen Entfremdung.

Der Anteil jener Menschen, die meinen, dass sie nur wenig Einfluss darauf haben, was mit ihnen geschieht, in den Jahren 1982, 1990 und 1999, in einigen Ländern West-Europas und Ost-Mitteleuropas (in %)

	1982	1990	1999	Veränderung zwischen 1982 und 1999 in Prozent von 1982	Veränderung zwischen 1990 und 1999 in Prozent von 1990
Deutschland-West	12,1	12,3	6,0	- 51	- 51
Österreich		7,2	6,7		- 7
Großbritannien	14,2	11,3	9,0	- 37	- 20
Niederlande	21,7	17,3	9,5	- 56	- 45
Spanien	15,6	10,3	9,7	- 38	- 6
Belgien	16,7	15,5	14,4	- 14	- 7
Frankreich	18,9	15,7	14,9	- 21	- 5
Italien	31,3	17,9	19,2	- 39	+7
Slowenien		12,8	8,9		- 30
Tschechien		11,7	9,2		- 21
Deutschland-Ost		15,5	10,5		- 32
Ungarn	14,6	15,7	19,5	+34	+24
Slowakei		13,0	19,9		+53
Litauen		15,0	19,5		+30
Polen		20,1	20,9		+4
Estland		17,4	21,6		+24
Lettland		17,3	24,5		+42

Die Daten stehen in Einklang mit der Hypothese, dass der Kommunismus Versprechen und Hoffnungen nicht einzulösen vermochte, also allgemein eine Anomie hinterlassen hat, die aber auch andere Erklärungen haben kann. Vor allem muss der Wandel selbst einbezogen werden. Strukturen und Lebensbedingungen haben sich im vergangenen Jahrzehnt fundamental verändert und befinden sich weiterhin im Wandel. Die Wende traf die Menschen unvorbereitet. Sie brauchen Zeit, um sich unter den neuen Verhältnissen zu akklimatisieren. Die Moderne, deren allmähliche Wahrnehmung in der hoch entwickelten Häfte der Welt vom Ende der 60er-Jahre an einen Schock auslöste (Toffler 1970), traf die Länder des Ostens blitzartig. Zusätzlich wurde

UN-SICHTBARE GRENZEN?

Ostmitteleuropa mit der Probematik der europäischen Integration konfrontiert (Szabó 1996). Diese Herausforderungen würden alleine ausreichen, die inneren Unsicherheiten der Menschen und der Gesellschaften zu erklären.

Momentaufnahmen haben immer den Nachteil, wenig vom Wandel einfangen zu können. Manchmal vermitteln sie sogar ein falsches Bild. Osteuropa befindet sich in rascher Transformation. Es wäre irreführend, deren Kennzeichen nach den Kriterien einer stabilen und abgeklärten Situation zu deuten. Hingegen muss gefragt werden, von wo aus die Entwicklung startet. Die Befunde demonstrieren wichtige Zusammenhänge. Die Menschen in Ostmitteleuropa scheinen auf eine besondere Weise vereinsamt, politisch passiv und unbeteiligt, stark arbeitsorientiert, in moralischer und religiöser Hinsicht eher konservativ. Diese Ersteindrücke gilt es auszuführen und zu erhärten.

3. Politische Einstellungen, Zufriedenheiten und Unzufriedenheiten

Das 20. Jahrhundert hat reichlich dokumentiert, welchen Schwankungen politische Sympathien unterliegen. Regierungswechsel und Verschiebungen der Kräfteverhältnisse zwischen den Parteien beweisen, dass auch in jüngster Zeit nicht wenige Menschen für unorthodoxe politische Ansichten gewonnen werden können. In Westeuropa spricht man von Demokratiemüdigkeit und von Extremistenparteien. In Osteuropa sollen sich die demokratischen Strukturen und Verhaltensweisen noch nicht ganz stabilisiert haben. In den vergangenen Jahren wurde mehrfach versucht, die ost- und westeuropäischen politischen Einstellungen miteinander zu vergleichen. Die Europäische Wertestudie bietet eine neue und besonders umfassende Möglichkeit dazu.

Manche Forschungen (Barnes / Simon 1998, Plasser / Ulram / Waldrauch 1998) haben sich damit beschäftigt, was die Menschen in Osteuropa für besser halten: die Demokratie oder eine andere Art der politischen Organisation. Diese Frage erweist sich als zweischichtig: Eine Sache ist die prinzipielle Bejahung oder Ablehnung der Demokratie, etwas anderes die Beurteilung ihres konkreten Funktionierens.

Eine Reihe von in der Europäischen Wertestudie gestellten Fragen erfasst relativ gut beide Aspekte.[4]

Die Europäische Wertestudie hat sich nicht mit den tatsächlichen Verhältnissen beschäftigt und auch die historischen Erfahrungen nicht untersucht. In welchem Verhältnis die öffentliche Meinung zur politischen Realität der einzelnen Länder steht, bleibt so eine offene Frage. Das politische Denken hat allerdings auch seine eigene Bedeutung: Aufgrund der Aussagen der Befragten lassen sich die Länder einerseits nach der dort vorherrschenden grundsätzlichen Bejahung der Demokratie einstufen, andererseits danach, ob der Demokratie Funktionsstörungen nachgesagt oder solche nicht empfunden werden. Auf dieser zweiten Ebene werden die konkreten politischen und wirtschaftlichen Erfahrungen der Menschen mit der Demokratie vergegenwärtigt. Es überrascht nicht, wenn Osteuropäer mit ihren noch jungen Demokratien Probleme haben. Interessant ist aber, dass nicht weniger als fünf Länder in Osteuropa die Demokratie prinzipiell eindeutiger bejahen als Spanien, Portugal und Großbritannien.

Die Kombination der prinzipiellen und der praktischen Einordnungen ergibt ein bemerkenswertes Bild. Der erste Eindruck: Die Bürger Osteuropas bejahen die Demokratie weniger als jene Westeuropas. Das gilt für beide Ebenen. Die Osteuropäer neigen eher zur Herrschaft eines starken Führers oder des Militärs. Und sie unterstellen der Demokratie weit häufiger funktionale Mängel als die Westeuropäer.

Die relativen Positionen ost- und westeuropäischer Gesellschaften nach grundsätzlicher Bejahung oder Ablehnung der Demokratie bzw. danach, ob die Demokratie für funktionsfähig gehalten oder ihr funktionale Unfähigkeit unterstellt wird

	Der Demokratie werden Funktionsstörungen nachgesagt	Der Demokratie werden eher keine Funktionsstörungen nachgesagt
Demokratie grundsätzlich eher bejaht	Griechenland, Frankreich, Belgien, Italien *Tschechien, Slowenien*	Dänemark, Österreich, Deutschland-West, Niederlande, Schweden, Irland *Deutschland-Ost, Kroatien*
Demokratie grundsätzlich eher abgelehnt	Portugal *Ungarn, Slowakei, Polen, Lettland, Litauen, Rumänien, Russland, Ukraine*	Spanien, Großbritannien *Estland, Bulgarien, Weißrussland*

Un-Sichtbare Grenzen?

Tendenziell besteht in der Bewertung von Demokratie ein klarer Unterschied zwischen dem Osten und dem Westen Europas. Dennoch befinden sich manche ehemals kommunistischen Länder mit ihren Demokratievorstellungen näher bei der Mehrheit der westlichen als bei anderen osteuropäischen Ländern. Wer nach diesen Kriterien die Gruppen der östlichen und der westlichen Gesellschaften in zwei Kategorien einteilen und hypothetisch einander gegenüber abzugrenzen versucht, muss bald feststellen, dass Deutschland-Ost und Kroatien eher dem westlichen, Portugal dagegen eher dem östlichen Muster angehören. Die grundsätzliche Bejahung der Demokratie ist in Frankreich etwas ausgeprägter als in Tschechien, deren Funktionsfähigkeit aber in Tschechien höher bewertet als in Frankreich. So steht man bei der versuchten Trennung vor der Wahl, Frankreich zu den weniger demokratiefreudigen (östlichen) Ländern oder aber Tschechien zu den demokratiebejahenden (westlichen) Ländern zu rechnen.

Ein Zeitvergleich ist für Osteuropa besonders dramatisch. Es ist gar nicht so lange her, dass die Staaten Osteuropas nicht demokratisch geführt wurden. Empfinden nun die Bürger die damaligen oder die gegenwärtigen Verhältnisse besser? Zwei unlängst durchgeführte vergleichende Forschungen ergaben für Osteuropa eine hochgradige „Kommunismusnostalgie" (Miller / White / Heywood 1998, Tomka / Zulehner 1999). Die Europäische Wertestudie ermöglicht eine Kontrolle.

Von wenigen Ausnahmen abgesehen halten die Menschen in Osteuropa ihr gegenwärtiges politisches System für weniger gut als die Westeuropäer ihr eigenes. Bei einer Bewertung auf einer 10-Punkte-Skala (von 1=ganz schlecht bis 10=sehr gut) wird in Osteuropa dem eigenen politischen System eine Durchschnittszensur von 3,39 erteilt, in Westeuropa aber von 5,24. Bedenkt man die Übergangssituation, die niedrigere Wirtschaftsleistung und die Spannung zwischen Erwartungen und den realen Möglichkeiten, verwundert die Differenz nicht. Überraschend ist aber die Bewertung der Situation des politischen Systems vor 1989 mit etwa gleich hohe Noten in Osteuropa (im Durchschnitt 5,24) wie in Westeuropa (5,32). In Osteuropa wird die Vergangenheit rückblickend verschönert. Das unterschiedliche Verhältnis zur Vergangenheit führt dazu, dass Westeuropäer das heutige politische System und das vor zehn Jahren etwa gleich hoch bewerten, Osteuropäer dem gegenwärtigen System aber eine um ein Drittel niedrigere Note geben als jenem vor 1989. In Westeuropa wird das politische System kontinuierlich eher für gut denn für schlecht, in Osteuropa das Vergangene für gut, das gegenwärtige System für viel schlechter gehalten. Die politische Unzufriedenheit ist unverkennbar. In den Ländern des Ostens wie des Westens gibt es politisch Zufriedene und Unzufriedene, die Unterschiede in der Benotung der früheren und der gegenwärtigen Situation sind aber im Westen wesentlich kleiner als im Osten. Verglichen mit der Bewertung des vergangenen Systems sank die dem gegenwärtigen System erteilte Zensur in der Mehrheit der Länder Osteuropas um 15-20%, in Litauen um 37%, in Russland sogar um 56%. Ein größerer Vertrauenszuwachs in das politische System ist dagegen nur in Tschechien zu beobachten.

Die Beurteilung des politisches Systems hängt eng mit der Bewertung der Demokratie im eigenen Land und auch damit zusammen, welche Meinung die Menschen über die Achtung der Menschenrechte haben. In beiden Bereichen gibt es starke Abweichungen zwischen den Ländern, sowohl im Osten als auch im Westen. In der Gesamtheit der osteuropäischen Länder ist jedoch die Unzufriedenheit fast durchwegs höher als in Westeuropa.

Eine Schlüsselfrage der demokratischen Ordnung besteht im Sozialengagement und in der Übernahme öffentlicher Verantwortungen. Die Demokratie kann nur funktionieren, wenn genug Bürger ihre Interessen und Vorstellungen artikulieren, ihre Interessensgegensätze öffentlich austragen, sich für ihre Mitbestimmungsmöglichkeiten einsetzen, also nicht alles der Bürokratie des Staates überlassen wollen. Eine Zivilgesellschaft mit den ihr eigenen Institutionen kann erst auf dieser Bereitschaft aufgebaut werden. Anders gesagt: Zwei Verhaltensweisen behindern die Entstehung von Demokratie und Zivilgesellschaft und unterminieren sie – der Egoismus, der sich für niemanden interessiert, und dessen etatistische Variante, der nicht die Individuen, sondern allein den Staat für öffentliche Anliegen verantwortlich versteht. Beides – selbstzentrischer Individualismus wie Bejahung des Staatszentralismus – und die politische Passivität der Individuen sind Untugenden, die im Kommunismus systematisch herangezüchtet wurden. Die kombinierte Kraft dieser beiden unterscheidet bis heute osteuropäische von westeuropäischen Gesellschaften.

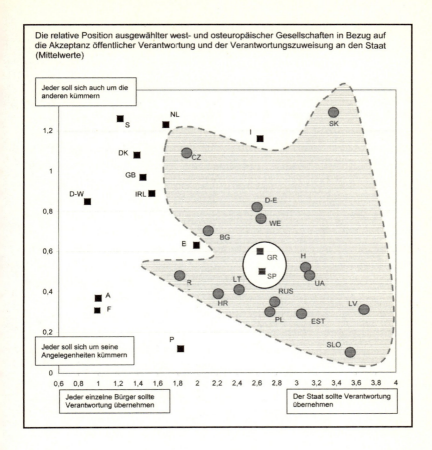

Die relative Position ausgewählter west- und osteuropäischer Gesellschaften in Bezug auf die Akzeptanz öffentlicher Verantwortung und der Verantwortungszuweisung an den Staat (Mittelwerte)

Bemerkenswert sind die Ausnahmen: Spanien und Griechenland, beide mit einer autoritären Vorgeschichte, passen in die Mitte des östlichen Musters hinein. Dass jeder sich um seine eigenen Angelegenheiten und nicht zu sehr um die der anderen kümmern soll, vertreten Österreicher, Belgier, Franzosen und Portugiesen nicht weniger als Osteuropäer. Und in Italien wird die Bürgerverantwortung genauso schwach bejaht und die Verantwortung genauso laut dem Staat aufgetragen wie in Osteuropa. Nichtsdestoweniger sind in diesen Frage die Ost-West-Differenzen offensichtlich.

4. Die Arbeitsorientierung

Ein Ost-West-Vergleich macht nicht nur in Bezug auf das politische Verhalten Sinn. Im Gegenteil: Interessant ist gerade die Frage nach den Unterschieden im nicht politischen Bereich. Die Bewertung von sechs Lebensbereichen ergibt zunächst eine durchgehende länder- und regionenunabhängige Abstufung. Als höchst wichtig wird überall von der überwiegenden Mehrheit die Familie erachtet, es folgen – so gereiht – Arbeit, Freunde und Bekannte, Freizeit, Religion und Politik. Trotz gleicher Rangordnung weichen jedoch in ihrer Bedeutung manche Positionen in West- und Osteuropa klar voneinander ab:

Die Westeuropäer beurteilen Freizeit sowie Freunde und Bekannte, die Osteuropäer Arbeit und Religion häufiger als „sehr wichtig". Osteuropa ist weniger freizeit- und – entgegen manchen Klischees – mehr arbeitsorientiert (auf die Freunde kommen wir später zurück). Ob dahinter eine gegenwärtige Mangelwirtschaft, der Schwung des Aufbaus oder, wie Inglehart (1977) vermutet, eher die Erfahrungen einer in Armut verbrachten Kindheit stecken, kann aufgrund der zur Verfügung stehenden Daten nicht beurteilt werden.

Die stärkere Arbeitsorientierung in Ostmitteleuropa wurde bereits anhand der Daten von 1990 nachgewiesen (Broek / Moor 1994, 205). Ein Vergleich der sieben „östlichen"[5] und 15 westlichen Länder, in denen sowohl 1990 als auch 1999 danach gefragt wurde, ergibt einen weiteren Anstieg der Ost-West-Differenz bis 1999: Hielten 1990 53% der Westbürger und 61% der Ostmitteleuropäer die Arbeit für sehr wichtig, waren es 1999 54% im Westen und 67% im Osten. Die Zunahme ergibt sich vor allem bei den heute 20- bis 55-Jährigen und in Ostmitteleuropa vorrangig bei den Frauen. Letztere haben Arbeit 1990 weit weniger als Männer für sehr wichtig beurteilt, die Differenz aber bis 1999 aufgeholt. (Der Unterschied zwischen den Geschlechtern war in Westeuropa bereits 1990 kleiner und hat sich auch 1999 gehalten.)

Die Einstellung zur Arbeit zeigt sich auch in anderer Hinsicht in Ost und West unterschiedlich. Arbeit hält man im Osten für essenziell, um die eigenen Fähigkeiten entwickeln zu können, um nicht faul zu werden, weil sie eine gesellschaftliche Verpflichtung ist, aber auch, um „erhobenen Hauptes" zu Geld zu kommen. Die Bevölkerung westeuropäischer Länder schreibt ihr in diesen Punkten geringere Bedeutung zu, die Ost-West-Differenz ergibt sich aber nicht zuletzt aus unterschiedlichen Positionen der Geschlechter: Im Osten ähneln einander die Stellungnahmen von Frauen und Männern in hohem Maß (eine zumindest in den Köpfen verwirklichte Gleichstellung?). Bemerkenswert ist der relativ geringere Anteil westeuropäischer Frauen, die Arbeit als eine Notwendigkeit ansehen, um die eigenen Fähigkeiten voll zu entwickeln, und jener, die in Arbeit eine Verpflichtung gegenüber der Gesellschaft verstehen. Eine ebensolche Differenz zwischen Männer und Frauen ist in Osteuropa fast gar nicht vorhanden (siehe folgende Abbildung). In jüngeren Jahrgängen sinkt die der Arbeit zugeschriebene Bedeutung überall – im Westen jedoch wesentlich stärker als im Osten.

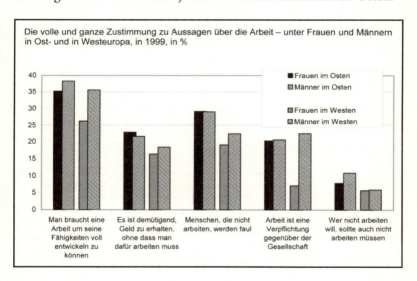

Die volle und ganze Zustimmung zu Aussagen über die Arbeit – unter Frauen und Männern in Ost- und in Westeuropa, in 1999, in %

Wie die Menschen auf die Möglichkeit reagieren, dass die Arbeit im Leben weniger wichtig werden könnte, ist nicht uninteressant: In Westeuropa hielten ausgewogene 40% der Befragten einen solchen Wandel für gut und 44% für schlecht, in Osteuropa hingegen lediglich 18% bzw. hohe 74%. Negativ beurteilen die genannte Möglichkeit in beiden Regionen häufiger ältere als jüngere Jahrgänge.

Eine ähnliche Tendenz zeigt sich bei der Frage der Erziehungswerte: In Osteuropa wird „hart Arbeiten" am häufigsten genannt, in Westeuropa steht es in der Liste von elf Werten lediglich an siebenter Stelle. In Osteuropa ebenfalls öfter erwähnt als in Westeuropa: die Sparsamkeit (vgl. Abbildung auf S. 198).

Die Tendenz, dass sich mehr Ältere als Jüngere hart zu arbeiten wie auch Sparen zum Erziehungsziel setzen, unterscheidet West- und Osteuropäer nicht. Es geht aber nicht so sehr um das Lebensalter, sondern um die Zugehörigkeit zu einer bestimmten Generation. An erster Stelle in der Arbeits- und Sparsamkeitsorientierung steht in Ost und West die Generation der Vorkriegszeit, an zweiter Stelle die Kriegsgeneration, an dritter Stelle jene der Nachkriegszeit (für den Westen können wir von der Generation des Wiederaufbaus, für den Osten von der Generation des Stalinismus sprechen). Die Arbeitsorientierung schwächt sich weiter ab bei der „Generation der 68er" (im Westen) bzw. bei der Generation des wirtschaftlichen Aufschwungs im Kommunismus und erreicht die niedrigsten Werte bei den nach 1980 Geborenen, d. h. bei der Generation der Wende. Im Osten wie im Westen besteht so ein deutliches Gefälle von den früher zu den später Geborenen, nicht aber eine von manchen angenommene innere Konstanz der Vorkriegs- bzw. der Nachkriegsgenerationen (Roof / Carroll / Roozen 1995). Ihre Erziehungsziele – und dabei ganz besonders das Arbeiten und das Sparen – sehen die gleichen Jahrgänge heute nicht viel anders als vor einem Jahrzehnt.

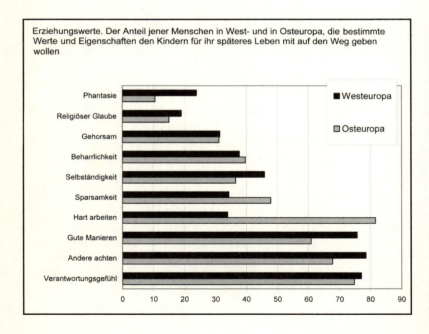

Erziehungswerte. Der Anteil jener Menschen in West- und in Osteuropa, die bestimmte Werte und Eigenschaften den Kindern für ihr späteres Leben mit auf den Weg geben wollen

Die Differenz zwischen der Freizeit- und der Arbeitsorientierung lässt sich ökonomischen Faktoren zuschreiben, vor allem der Unterschiedlichkeit des Wohlstandsniveaus. Im Ost-West-Vergleich gibt es aber noch weitere Divergenzen: Zu den Besonderheiten der osteuropäischen Einstellung gehört neben einer relativ niedrigen Bewertung von Phantasie und Initiative auch die unterdurchschnittliche Bereitschaft andere zu achten bzw. – in einem anderen Kontext – eine stärkere Fremdenfeindlichkeit. Die Frage der sozialen Beziehungen bedarf einer eigenen Analyse.

5. Familie, Freunde, Teilnahme am Vereinsleben

Verglichen mit den Bürgern Westeuropas sind die Osteuropäer einerseits familienorientierer, andererseits bewerten sie Freundschaft bzw. ihre „Freunde" seltener als sehr wichtig. Der Familie wird überall eine hohe Wertschätzung zuteil, in Osteuropa ungebrochener als in Westeuropa. Nur wenige – und mehr im Osten – halten die Ehe für eine überholte Institution. Als nicht notwendig für das persönliche Glück schätzen die Ehe oder eine dauerhafte, feste Beziehung zweieinhalbmal so viele (28%) Westeuropäer wie Osteuropäer (12%) ein. Jeder sechste (18%) Westeuropäer, aber nur jeder zwanzigste (5%) Osteuropäer meint, ein Kind benötige nicht unbedingt ein Heim mit Vater und Mutter, um glücklich aufzuwachsen. Dass eine Frau bzw. ein Mann zum erfüllten Leben kein Kind brauchen, behaupten zweieinhalb mal so viele West- (43%) wie Osteuropäer (17%).

Als Gegenpol zur Familienorientierung steht die Schwäche freundschaftlicher Bindungen. Verglichen mit Westeuropa verbringen in Osteuropa weniger Menschen relativ häufig Zeit mit ihren Freunden oder mit organisierter Geselligkeit. Fast jede Woche oder häufiger mit Freunden zusammen sind zwei Drittel (62%) der West-, aber nur wenig über ein Drittel (39%) der Osteuropäer. Der Anteil jener, die wöchentlich oder fast wöchentlich Zeit in Klubs und Vereinen verbringen, beträgt im Durchschnitt 22,3% in West- und lediglich 7,3% in Osteuropa.

Weniger Freizeit führt zu weniger Kontakten. Der Kampf ums Überleben, die Überarbeitung kann selbst ein Hindernis für gemeinschaftlichen Zeitvertreib sein (Szalai 1972). Die vorgestellten Fakten lassen sich allerdings in zwei verschiedene Richtungen interpretieren: zum einen so, dass die individuelle Definition persönlicher Präferenzen und Zeiteinteilungen die Kehrseite einer sozialen Gegebenheit, des Rückzugs in die Privatheit, darstellt, die im Weiteren die Ausdünnung des Systems sozialer Beziehungen und der Zivilgesellschaft bedeutet. In diesem Fall indizieren unsere Daten die relative Schwäche osteuropäischer Gesellschaften, sei es infolge der Modernisierung oder der sozialschädlichen Einwirkungen des Kommunismus.

Es gibt jedoch auch eine andere Lesart. Die „Freundschaft" ist eine freiwillige Entscheidung, somit zu den Gegebenheiten der mobilen, bürgerlichen, modernen Gesellschaft passend. Ähnliches lässt sich vom Vereinsleben sagen. Die häufig stabileren sozialen Beziehungen traditioneller Gesellschaften – Verwandtschaft, Nachbarschaft und Arbeitsorganisation – sind gleichfalls Zusammengehörigkeiten, die aber nicht als „Freundschaft" bezeichnet werden. Um die Gemeinsamkeit der Interessen zu klären und zu vertreten, bedarf das Handeln in familiären Netzwerken oder in Dorfgemeinschaften keiner formalen Vereine. Es ist also leicht möglich, dass – verglichen mit westlichen Ländern – osteuropäische Gesellschaften traditioneller, nicht aber schwächer organisiert sind. Wie dem auch sei: Frei gewählte und formale soziale Bindungen, also „Freundschaften" und Mitgliedschaften in Klubs und Vereinen, sind in Osteuropa schwächer und seltener als in Westeuropa.

In Westeuropa verbringen Männer und jüngere Menschen etwas mehr Zeit mit Freunden und in Klubs bzw. Vereinen als ältere Menschen und als Frauen. Das Altersgefälle und der Unterschied zwischen den Geschlechtern in diesen Fragen sind in Osteuropa wesentlich größer. Andererseits zeigen sich die Ost-West-Differenzen unter jüngeren Menschen kleiner als unter den Älteren und unter Männern nur halb so groß wie unter Frauen.

6. Moral und Religion

In den Köpfen der Menschen ordnen sich moralische Positionen – zumindest jene, die in der Europäischen Wertestudie untersucht wurden – in drei Bereiche, hier als Dimensionen der Privatsphäre, des Benehmens in der Öffentlichkeit und des staatsbürgerlichen Verhaltens bezeichnet[6]. Die Unbedingtheit moralischer Vorschriften schwächt sich in jüngeren Altersgruppen ab. Darin unterscheiden sich westliche und östliche Gesellschaften nicht. Der stärkeren Familienorientierung der Osteuropäer entspricht aber eine größere normative Verbindlichkeit in der Moral bzw. eine kleinere Permissivität im Bereich des Privatlebens. Die unter-40-jährigen Osteuropäer vertreten eine moralische Strenge, die nur von den über-55-jährigen Westeuropäern überboten wird (vgl. Abbildung S. 198). Dieser Befund ist nicht ohne Widersprüche: Sofern die Frage undifferenziert gestellt wird, akzeptieren Osteuropäer Abtreibung etwas weniger als Westeuropäer. In konkreten Situationen kann sich das Verhältnis umkehren. „Wenn die Familie kein Kind mehr haben möchte", billigt jeder dritte Osteuropäer (34%), aber nur jeder zweite Westeuropäer (52%) eine Abtreibung.

Im Bereich des öffentlichen Benehmens sind die Ost-West-Differenzen kleiner als im Bereich des Privatlebens. Allerdings muss man sich fragen, ob es hier um das Gleiche geht: Rauchen wird im Osten in öffentlichen Gebäuden häufig nicht verboten, kann also nicht als Normverletzung angesehen werden. Spritztouren mit einem fremden Auto sind in den meisten Staaten Osteuropas eher selten und ebenso auf kleine Gruppen beschränkt wie der Drogenkonsum. Was in einem Fall eine soziale Regelung und gegebenenfalls deren Verletzung darstellt, kann im anderen Fall den Widerstand gegen neue Erscheinungen einer noch nicht akzeptierten Moderne anzeigen. Oder sollte es im Osten einfach um eine undifferenzierte moralische Strenge gehen? Diese Annahme wird von den Vorstellungen im dritten Bereich der Moralität widerlegt. Im staatsbürgerlichen Verhalten vertreten die Osteuropäer nicht strengere Normen als die Westeuropäer. Die Moral jüngerer Osteuropäer in Bezug auf den Staat und öffentliche Institutionen ist sogar eindeutig laxer als jene ihrer westlichen Altersgenossen.

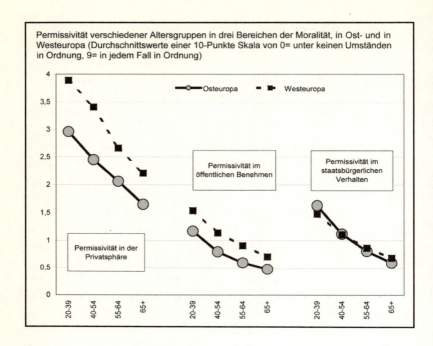

Permissivität verschiedener Altersgruppen in drei Bereichen der Moralität, in Ost- und in Westeuropa (Durchschnittswerte einer 10-Punkte Skala von 0= unter keinen Umständen in Ordnung, 9= in jedem Fall in Ordnung)

Moral und Religion bedingen einander gegenseitig, im Osten und Westen aber nicht im gleichen Ausmaß. Ein Zusammenhang zwischen Kirchlichkeit und Moralität besteht vor allem im Bereich der individuellen Moral – eine allerdings in Osteuropa wesentlich schwächer als in Westeuropa, in den ehemals sowjetischen Ländern (Russland, Ukraine, Weißrussland, Estland, den neuen Bundesländer) fast gar nicht vorhandene Korrelation. Damit stellt sich die Frage, was Religiosität überhaupt beinhaltet.

Was zusammenfassend „Religiosität" genannt wird, gliedert sich in der Praxis in drei gut unterscheidbare Dimensionen: Am unabhängigsten zeigt sich unter diesen der Wunsch nach religiösen Riten zu großen Ereignissen des Lebens. Taufe, kirchliche Trauung und ebensolches Begräbnis sind längst zum Allgemeingut ohne religiöse Bedeutung geworden. Eine zweite Dimension ist die Akzeptanz bestimmter Glaubensvorstellungen wie Sünde, Leben nach dem Tod, Himmel und Hölle. Die dritte und bedeutendste Dimension – auch als „Kirchlichkeit" zu bezeichnen – fasst zentrale Glaubensfragen, die religiöse Praxis, die Gott zugeschriebene subjektive Bedeutung, die in-

UN-SICHTBARE GRENZEN?

dividuelle Relevanz der Religion als Trost und Kraft und die Kirchenbindung zusammen[7]. Diese drei Dimensionen sollen später durch
eine vierte ergänzt werden, die eine unbestimmte Gläubigkeit an
übernatürliche Kräfte vertritt – außerhalb der Traditionen des Christentums und anderer Hochreligionen.

Die christlichen Feiern zu Lebenswenden werden etwa gleich häufig im Osten und Westen gewünscht. Die Stärke dieses Wunsches
folgt vor allem konfessionellen Besonderheiten. Dementsprechend
liegen die Unterschiede nicht zwischen, sondern jeweils innerhalb der
Ländergruppen, wobei die regionsinterne Unterschiedlichkeit im
Osten etwas größer ist als im Westen

Ähnliches lässt sich vom Glauben sagen. Osten wie Westen charakterisiert die Vielfalt von Glauben und Unglauben. Die Unterschiede innerhalb der beiden Regionen sind größer als zwischen ihnen, in einer Sache gibt es jedoch eine charakteristische Ost-West-
Differenz. Der durchschnittliche Anteil der Glaubenden (an Gott
und an die vier genannten Glaubensaussagen) ist im Westen in jüngeren Altersgruppen kleiner als in älteren, in Osteuropa dagegen am
geringsten unter den 40- bis 49-Jährigen: Diese zwischen 1950 und
1959 – also in der Zeit des totalitären Stalinismus, als die erste Welle
des antikommunistischen Widerstandes gebrochen wurde – Gehore-
nen hatten keine unmittelbaren persönlichen Eindrücke von der vor-
kommunistischen Zeit. In einem System sozialisiert, das die Religion
nur als Privatsache duldete, blieb dieses ihr selbstverständlicher kultureller Bezugsrahmen. Die älteren Jahrgänge sind, ähnlich wie auch im
Westen, gläubiger als die 40- bis 49-Jährigen. Im Osten finden sich
aber auch unter den Jüngeren mehr Gläubige – umso mehr, je jünger
die Altersgruppe.

Entgegen den Hypothesen der Säkularisierungstheorie gibt es Anzeichen für eine Rückkehr der Religion im Osten. Lässt sich eine zunehmende Kirchlichkeit in der ganzen Region beobachten, geht die
Zuwendung zur Religion und die größere Gläubigkeit jüngerer Generationen im Osten nicht unbedingt mit der Festigung der Kirchenbindung und mit der Akzeptanz kirchlich institutionalisierter Glau-
bensverständnisse einher. Die Daten der Europäischen Wertestudie
bestätigen frühere Beobachtungen (Aracic / Crpic / Nikodem 2000,
Tos 1999, Tomka 2000), wonach es in Osteuropa ebenso Länder mit
einer sich rasch entwickelnden Kirchlichkeit gibt (wie Kroatien, Li-

tauen und die Slowakei) wie solche, wo die Kirchlichkeit eher zurückgeht (darunter Deutschland-Ost und Slowenien) oder stagniert (wie in Tschechien und in Ungarn).

Die katholischen und protestantischen Kulturen Westeuropas können in einer Untersuchung der Kirchlichkeit nur mit großer Vereinfachung auf einen Nenner gebracht, die Länder und Kulturen des Ostens kirchlich-konfessionell noch weniger in eine Gruppe zusammengefasst werden. Die Spanne zwischen hochgradig atheistischen und ungebrochen volksreligiösen Gesellschaften – oder anders gesagt: zwischen durchgehend modernisierten und geschlossen vormodernen Milieus – ist im Osten größer als im Westen. Dazu kommt im Osten die Unterschiedlichkeit der individualisierten und formalisierten „westlichen" (katholischen und protestantischen) und der eher spirituellen östlichen (orthodoxen) Variante des Christentums. Letztere scheint auch weniger Konsequenzen für die Moral und den Alltag zu beinhalten. In der Frage der Kirchlichkeit ist die Ost-West-Differenz kleiner als die Vielfalt innerhalb der osteuropäischen Region, die häufig auch innerhalb einzelner Staaten gilt. Huntingtons Landkarte der europäischen Zivilisation halbiert Rumänien und zählt die Westseite, also Siebenbürgen, zum eigentlichen Europa, schließt aber die Ostseite davon aus. Eine ähnliche Unterscheidung macht er für die Ukraine mit dem ehemaligen Galizien einerseits und der größeren Hälfte des Landes andererseits (Huntington 1996, 253). Die Andersartigkeit der westlich-katholischen und der östlich-orthodoxen Tradition war einer der Gründe für die Auflösung Jugoslawiens. Und die Ungleichheit der Kulturen des Islam und des Christentums trägt zu den ethnisch-politischen Konflikten in Bosnien und Mazedonien wie auch in anderen Ländern bei.

Ein Vergleich der Daten von 1990 und 1999 ist wiederum nur für eine beschränkte Anzahl von Ländern möglich. Betrachtet man jeweils die gleichen Geburtsjahrgänge (also Menschengruppen, die in einer bestimmten Epoche geboren wurden) in einem Abstand von zehn Jahren, findet sich bei den Älteren eine Abnahme der Kirchlichkeit, bei den Jüngeren dagegen als umgekehrte Tendenz eine Abnahme von Unkirchlichkeit bzw. Zunahme von Kirchlichkeit.

UN-SICHTBARE GRENZEN?

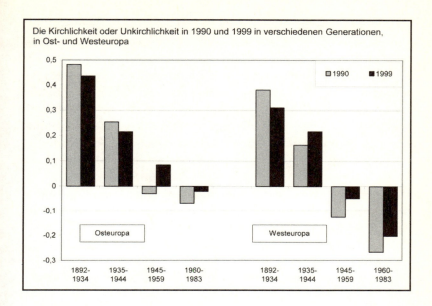

Die Kirchlichkeit oder Unkirchlichkeit in 1990 und 1999 in verschiedenen Generationen, in Ost- und Westeuropa

Die Entkirchlichung stellt demnach nicht so sehr einen Prozess in der Biographie des Einzelnen denn einen Generationenwechsel dar, wobei an die Stelle der häufigeren kirchlichen Alten sukzessive eher unkirchliche Jüngere treten – Tendenzen, die gleichermaßen für Ost- und Westeuropa gelten.

Eine letzte Dimension des Religiösen eröffnet sich bei der Frage nach den Vorstellungen von Gott. Ein Drittel (35%) der Gläubigen in Ostmitteleuropa[8] und ein ebenso hoher Anteil (34%) der Gläubigen im Kerngebiet der ehemaligen Sowjetunion (also in Russland, Weißrussland und der Ukraine) glauben an irgendein höheres Wesen oder eine geistige Macht, nicht aber an einen persönlichen Gott. In Westeuropa gehören fast die Hälfte (44%), in den Balkanländern[9] mehr als die Hälfte (56%), in den baltischen Staaten[10] sogar zwei Drittel (62%) der Gläubigen in diese Kategorie. Es finden sich große interregionale Unterschiede, wobei die baltischen Länder mehr den skandinavischen ähneln als den osteuropäischen. Ähnliche Affinitäten gibt es auch zwischen den katholischen (oder auch den protestantischen) Ländern im Osten und im Westen.

Zunächst scheinen also in dieser Dimension die Grenzen nicht zwischen dem Osten und dem Westen zu liegen, weitere Daten modifizieren diese Feststellung aber etwas. Der Glaube an Telepathie, Reinkarnation und die Wirksamkeit von Glücksbringern ist zwar unterschiedlich in verschiedenen Subregionen Osteuropas, in Osteuropa im Allgemeinen aber höher als in Westeuropa. Den Grund dafür liefern die gegenwärtig vorhandenen Daten nicht. Für die Zukunft bleibt herauszufinden, ob und wieweit Esoterik eine Folgeerscheinung der Schwächung institutionell-kirchlich definierter Religiosität darstellt. In Osteuropa könnte auch die systematische Vernichtung religiösen Wissens im Kommunismus eine Rolle gespielt haben.

Der Anteil der Menschen, die an Telepathie, an Reinkarnation und an die Wirkmächtigkeit von Glücksbringern glauben – in Westeuropa und in verschiedenen Teilen Osteuropas, in 1999, in Prozent

Glaube an	West-europa	Ostmittel-Europa	Balkan-länder	Kernländer der ehemaligen Sowjetunion	Baltische Staaten
Telepathie	38,6	44,3	48,6	56,5	63,5
Reinkarnation	22,2	21,4	32,4	31,1	38,4
Wirksamkeit von Glücksbringern	15,9	36,0	15,3	23,9	31,3
Durchschnittswert	24,9	33,9	32,1	37,2	44,4

7. Statt einer Zusammenfassung

Die Debatte über Ähnlichkeit oder Unterschiedlichkeit von Ost- und Westeuropa kann vielleicht nie allgemeingültig abgeschlossen werden. Entscheidend wird immer bleiben, auf welchen Kriterien die Schlussfolgerungen aufgebaut werden. Dass die Unterschiede innerhalb Osteuropas größer sind als die Differenzen zwischen manchen Ländern des Ostens und des Westens, mag stimmen. In zweierlei Hinsicht wird man doch noch einige Zeit über die Eigentümlichkeit Osteuropas sprechen können: Der Kommunismus ist verschwunden, nicht aber ohne seine Spuren hinterlassen zu haben. Die Verhaltensweisen des „homo sovieticus" werden vielleicht erst in kommenden Generationen verblassen. Und die Anpassungszwänge an Westeuropa werden die ehemals kommunistischen Staaten noch etliche Jahre unter Druck halten. Ob Osteuropa dabei seine historischen Charakterzüge verlebendigen und in das gemeinsame europäische Haus einbringen kann? Gegenwärtige Hauptbesonderheit Osteuropas ist jedenfalls das Momentum des Wandels.

Ursula Hamachers-Zuba / Wolfgang Moll

Weibliche und männliche Wertewelt in Europa (?)

1. Einführung

Der Titel dieses Kapitels – „Weibliche und männliche Wertewelt in Europa" – ist mit einem Fragezeichen versehen. Das hat seinen Grund unter anderem darin, dass uns im Laufe der Arbeit eine Menge Fragezeichen begegnet sind:

Wo ist in dieser schwer überschaubaren Fülle von mehr als 100 Fragen der Europäischen Wertestudie aus verschiedensten Lebensbereichen anzusetzen? Wie ist damit umzugehen, dass in einigen Bereichen nach tatsächlichem Verhalten gefragt wird, in den meisten Fällen jedoch nach abstrakten Wertvorstellungen? Gerade in Bezug auf Partnerschaft und Familie glauben Frauen und Männer zwar vielfach einhellig zu wissen, was wichtig und ideal ist – praktisch werden dennoch oft unterschiedliche Erwartungen an den Tag gelegt. In der konkreten Vorstellung des oder der Einzelnen bedeutet es häufig sehr Unterschiedliches, „den Haushalt gemeinsam zu machen", „Bereitschaft zur Diskussion über Probleme in der Partnerschaft zu zeigen", „Kinder zu haben" oder eine „glückliche sexuellen Beziehung". Diese Differenz zwischen gemeinsamen Begriffen und geschlechtsspezifisch unterschiedlicher Füllung der Begriffe wird vermutlich auch auf andere Bereiche zutreffen, wie beispielsweise auf die individuelle Wertschätzung von Arbeit und Beruf – vielleicht ein Mitgrund für die eher geringen Differenzen im Antwortverhalten von Frauen und Männern. Neben diesen eher pragmatischen Hürden stellte sich die Frage: Was bedeutet eigentlich „weibliche und männliche Wertewelt"? Welcher Fragehorizont ist forschungsleitend? Wo und welcher Art sind Dinge sichtbar, die auf dem „kleinen Unterschied" zwischen Mann und Frau beruhen? Drei Dimensionen scheinen besonders interessant:

Frau-Sein und Mann-Sein: Rollenerwartungen in Europa

Was bedeutet es, als Frau bzw. als Mann geboren zu sein? Welche Rollenerwartungen sind damit verknüpft? Auf Basis des vorliegenden Materials kann dieser Aspekt nur sehr eingeschränkt behandelt werden. Wenige Fragen nur haben explizit Aussagen über Frauen und Männer zum Inhalt: Wie sind Frauen – wie Männer? Was ist für die beiden Geschlechter jeweils wichtig? Können Frauen bestimmte Dinge besser als Männer und umgekehrt? Da dieser Bereich inhaltlich sehr eng mit dem Thema „Familie" zusammenhängt, wurde er von den Autorinnen dieses Beitrags bearbeitet und das Stichwort „Frauenrolle" in den größeren Kontext der verschiedenen Familientypen eingebettet (vgl. S. 231ff.).

Weibliche und männliche Sinnstrukturen: Antworten Frauen und Männer auf bestimmte Fragen unterschiedlich?

Die zweite Dimension befasst sich nicht damit, was über Frauen und Männer gesagt wird, sondern damit, ob sich Frauen und Männer in dem unterscheiden, was sie selbst zu bestimmten Fragen sagen. Inhaltlich werden jene Felder untersucht, die unter dem Oberbegriff „Sinn" stehen: die Wichtigkeit von Lebensbereichen wie Religion und Politik, der Bereich der Moral und die möglichen dominierenden Lebensstrategien von Empathie bis Wettbewerb. Kurz gesagt geht es um die Frage, was für Frauen und Männer im Leben Sinn macht und wie (sehr) sie ihr Verhalten daran ausrichten.

Für geschlechterdifferente Muster bieten sich unter anderem folgende Deutungen an:

- Frauen und Männer sind grundsätzlich verschieden und haben von daher grundsätzlich verschiedene Prioritäten, Zugänge und Lösungsstrategien, d. h. sie reagieren in derselben Situation und auf dieselben Stimuli anders.
- Frauen und Männer reagieren in derselben Situation ähnlich, interpretieren jedoch ihre Reaktion bzw. Motivation verschieden.
- Frauen und Männer weisen trotz inhaltlicher Übereinstimmung ein anderes Antwortverhalten auf.
- Frauen und Männer sind sich prinzipiell sehr ähnlich, leben aber in

verschiedenen Kontexten (Ausgangslage und Möglichkeiten), die ihr Verhalten prägen.

Vermutlich ist nicht eine dieser Deutungen richtig und alle anderen falsch, sondern es handelt sich um ein komplexes Zusammenspiel verschiedener Faktoren:

• Die biologische Entwicklung – vor allem hormonelle Unterschiede zwischen Mann und Frau – beeinflusst etwa die Entwicklung von Nerven- und Hirnstrukturen und damit auch das Gefühlsleben und das Erleben im Allgemeinen.

• Traditionen und gesellschaftliche Strukturen, in denen Frauen und Männern bestimmte Verhaltensweisen und Aufgaben zugewiesen werden, formen die Heranwachsenden entscheidend mit und sind immer auch jener Rahmen, in dem sich Mann/Frau bewegen. Wichtige Sozialisationsfaktoren stellen dabei die Erziehung (besonders) im Elternhaus und in der Schule, die vorherrschende kulturelle und religiöse Wertewelt, aber auch der Modernitätsgrad einer Gesellschaft dar: Neben dem Pluralitätsgrad (Anzahl verschiedener Lebens- und Wertemodelle) ist dabei vor allem auch die jeweilige Durchlässigkeit bzw. Kombinierbarkeit entscheidend.

• Davon nicht trennen lässt sich auch die Frage des jeweiligen Wirtschaftssystems im weiteren Sinne: Die Anforderungen einer Agrarwirtschaft, einer vorrangig industriellen Produktion, einer sozialistischen Planwirtschaft oder einer Informations- und High-Tech-Wirtschaft wirken sich auf die Erwerbssituation und die Art der gesellschaftlich vorherrschenden Arbeitsteilung (zwischen Frauen und Männern) maßgeblich aus. Damit ist immer auch ein konkreter Handlungsspielraum infolge eines erwarteten „angemessenen" Verhaltensrepertoires (modern: Konsumverhalten) verbunden.

Was davon ist Ursache und was Wirkung? Das Zusammenspiel von Genen und Sozialisation geschieht in einem endlosen Kreislauf, beide Faktoren bedingen einander. Was stärker dominiert, ist eine brisante Streitfrage und lässt sich wohl ebenso wenig klären wie die Frage, wer zuerst da war: Henne oder Ei. Unbestritten beeinflussen aktuelle gesellschaftliche und wirtschaftliche Rahmenbedingungen ebenso wie die von Generation zu Generation weitergegebenen Rollenerwartungen das Frau-Sein und das Mann-Sein jeder und jedes Einzelnen zu einem nicht unerheblichen Teil mit. Das legt nahe, sich in einer dritten Dimension einige der Rahmenbedingungen anzusehen, die Frauen und Männer geschlechtsspezifisch erfahren.

Die unterschiedlichen Lebenskontexte von Frauen und Männern in Europa

Allein die Tatsache, als Frau oder als Mann geboren zu sein, beinhaltet die Wahrscheinlichkeit, geschlechtsspezifisch mit bestimmten Vor- und Nachteilen, bestimmten Chancen und Herausforderungen im Leben konfrontiert zu sein. Nicht in allen Ländern erweist sich diese Wahrscheinlichkeit gleich hoch. In manchen Regionen ist kulturell sehr klar definiert, wie eine Frau bzw. ein Mann (nicht) zu sein hat. In anderen verschwimmen die Grenzen teilweise. Aber in allen Ländern wird ein Kind nie nur als Kind, sondern immer auch entweder als Mädchen oder als Bub erzogen. In jeder Gesellschaft kann sich ein junger Mensch an einer bestimmten Auswahl geschlechtsspezifischer Lebensmodelle orientieren bzw. gegen sie rebellieren. Auch die wirtschaftliche Situation und besonders die Arbeitswelt stellt sich für Frauen und Männer differenziert dar. Sie lässt den Geschlechtern unterschiedlichen Spielraum, ist ihrerseits aber auch letztlich ein Abbild der vorherrschenden Wertewelt. In diesem Kapitel werden daher einige Aspekte geschlechtsspezifischer Sozialisation in den Blick genommen. Und anhand der Datenlage wird versucht Regionen zu bestimmen, in denen die Erwerbssituation von Frauen und Männern charakteristische Unterschiede aufweist.

2. Der gesellschaftliche Kontext von Frauenleben und Männerleben

Geschlechtsspezifische Erziehung

„,When I was little, I wasn't allowed to go to school', says Chichani, a Nepalese mother of four daughters. ,I was married when I was 13.' Like many girls in developing countries, Chichani, now 32, had to take on adult responsibilities and duties when she was just four or five years old. She took care of her younger siblings, cleaned the house, cooked the food, fetched water and wood and helped out in the fields, among other tasks. There wasn't much time left over for school or games in a childhood that ended definitively when Chichani entered into an early arranged marriage. " (United Nations 1995, 11)

Das in wenigen Zeilen geschilderte Schicksal der Nepalesin Chichani ist in erster Linie ein Armuts-Schicksal. Dort, wo es um die nackte Existenz der Familie geht, sind viele Kinder – Mädchen wie Burschen – gezwungen, allzu früh Verantwortungen und Pflichten eines Erwachsenen zu übernehmen: für die Geschwister sorgen, den Haushalt führen, Geld heimbringen, in der eigenen kleinen Landwirtschaft arbeiten. Aber es ist auch ein spezifisches Frauenschicksal und liefert Hinweise auf eine geschlechtsspezifische Sozialisation, die in ihrer Tendenz auch noch in Europa Gültigkeit besitzt. Kann eine Familie aufgrund der angespannten finanziellen Situation nicht allen Kindern eine qualifizierte Ausbildung bieten, wird den Söhnen häufig der Vorzug gegeben. Söhne müssen als zukünftige Familienerhalter beruflich auf eigenen Füßen stehen. Töchter können bzw. sollten darauf bauen, dass sie nach einer Heirat vom zukünftigen Mann versorgt werden.

In Österreich ist solches Denken heute kaum mehr erforderlich. Selbst ein Hochschulstudium muss aufgrund der Möglichkeit staatlicher Stipendien in der Regel für niemanden mehr am Geld scheitern. Mädchen befinden sich auf Hochschulen schon in der Mehrzahl, sie haben den besseren Notendurchschnitt als ihre männlichen Kollegen – und dennoch sind die meisten Professoren Männer. Das liegt unter anderem auch daran, dass die Generation der heute 50-Jährigen oder Älteren selbst in den westlichen Industrienationen in einem Kontext aufgewachsen ist, wo (gute) Bildung für Frauen nicht als notwendig angesehen wurde.

Und eben jene Gruppe hat auch erlebt, dass Hausarbeit ausschließlich Frauensache ist. Mädchen wurden wesentlich früher zur Mitarbeit im Haushalt und zur Sorge für jüngere Geschwister angehalten. (Familiäre) Pflichten und Verantwortung hatten Burschen vielfach erst außer Haus und damit auch zeitlich später zu erfüllen. „Typisch weibliche" Eigenschaften wie Rücksichtnahme, Fürsorge, Zurückstellen eigener Bedürfnisse sind mitunter darauf zurückzuführen, dass sie von Mädchen viel früher – oder überhaupt nur von ihnen – erwartet wurden als von Burschen.

An dieser Situation hat sich im Zuge der Gleichberechtigungsdebatte sicher einiges geändert. Zumindest in einigen Bereichen ist es heute für Männer durchaus salonfähig, sich in „klassisch weiblichen" Domänen zu bewegen. Schien es vor einigen Jahrzehnten manchem Mann noch undenkbar, einen Kinderwagen zu schieben, führen heute viele Väter voller Stolz den Nachwuchs aus. Trotzdem erleben nur wenige Kinder heute zu Hause durchgängig ein Modell, in dem elterliche Fürsorge, Rücksichtnahme und Verantwortung gleichermaßen zwischen beiden Geschlechtern aufgeteilt sind. Eher werden Frauen durch die höheren sozialen Standards in ihrer Doppelbelastung unterstützt bzw. erleben sie Erleichterungen durch die sinkende Kinderzahl, was auch heranwachsenden Mädchen entgegenkommen dürfte. Aber gewisse Muster besitzen immer noch Gültigkeit und prägen die Sozialisation, zu Hause ebenso wie in der Schule:

„Discrimination against girl in education prevails in many developing countries, but plagues industrialized countries as well. According to a 1992 report of the American Association of University Women ‚School ist still a place of unequal opportunity, where girl face discrimination from teachers, in textbooks, in tasks and from their male classmates.' Girls receive less attention from teachers, read gender-biased textbooks and are excluded from many male-dominated fields of study. " (United Nations 1995, 12)

Fazit: Geschlechtsspezifische Sozialisation findet statt – wenn auch in unterschiedlichem Ausmaß und möglicherweise auch mit unterschiedlichen Inhalten in den an der Untersuchung beteiligten Ländern. Das ist einerseits eine Orientierungshilfe in pluralen und individualisierten Gesellschaften, kann aber andererseits ebenso eine (unangemessene) Einschränkung persönlicher Entfaltungsmöglichkeiten sein.

UN-SICHTBARE GRENZEN?

Arbeitswelt

Bezahlte Arbeit ist ein wichtiger Lebensbereich, für mehr als die Hälfte aller befragten Männer und Frauen sogar ein sehr wichtiger Lebensbereich: Arbeit kann eine interessante, verantwortungsvolle und befriedigende Beschäftigung sein, oft auch mit Kontakten zu Menschen verbunden, die ähnliche Ziele verfolgen. Erst die materielle Entgeltung von Arbeit bietet eine wirkliche soziale Absicherung, ermöglicht Unabhängigkeit und führt zu Selbstwert und Anerkennung. Sie ist nicht *besser* als unbezahlte Arbeit (Haushalt, Kindererziehung, ehrenamtliche Tätigkeiten etc.), aber die finanzielle Honorierung stellt eine gesellschaftliche Bewertung dar. Soziale, überwiegend unentgeltlich geleistete Tätigkeiten haben, unabhängig von ihrer tatsächlichen Bedeutung für die Gesellschaft, finanziell weniger Wert. Für die Nicht-Bezahlung von Arbeit gibt es meist zwei Gründe: Die Leistung wird als selbstverständlich angesehen (vom Geber und/oder Inanspruchnehmer). Und: Von einer Bezahlung wird wegen (angenommener) sozialer Absicherung abgesehen. Dass damit eventuell eine Abhängigkeit aufrecht erhalten wird, nimmt man(n) in Kauf.

Ein Vergleich der an der Studien beteiligten Länder zeigt, dass die Erwerbsquoten für Frauen im Durchschnitt bei rund 47%, für Männer bei rund 61% liegen – d. h. im Schnitt werden weniger als die Hälfte der Frauen und knapp zwei Drittel der Männer für das, was sie tun, bezahlt.[1] Zwischen den Regionen gibt es zum Teil erhebliche Unterschiede: In Großbritannien, Skandinavien[2] und einem großen Teil der ostmitteleuropäischen Länder[3] zeigt sich die Erwerbsquote von Frauen und Männern annähernd gleich hoch. In dieser recht großen Gruppe liegen die Werte, gemessen an der Differenz beider Beschäftigtenquoten, sehr dicht beieinander (0-11%).

Dies wird jedoch auf unterschiedliche Art und Weise erreicht:
- In Großbritannien sind viele Frauen lediglich teilzeitbeschäftigt (28%). Auch der Anteil an „Nur-Hausfrauen" macht deutlich, wie wenig selbstverständlich es ist, dass Frauen einer (überwiegend) bezahlten Arbeit nachgehen. Ähnlich die Situation auch in Nordirland und den Niederlanden, die mit einer Differenz von 11% bzw. 12% zwischen Frauen- und Männerquote im oberen Mittelfeld des Länderrankings liegen.

- In Skandinavien und dem ehemaligen Ostblock hingegen arbeiten die meisten Frauen vorwiegend in einem Fulltime-Job, der Anteil alleiniger Hausfrauen macht, mit Ausnahme von Rumänien und Kroatien, unter 10% aus.
- In Südeuropa[4] und in Irland hingegen gehen deutlich mehr Männer als Frauen einer bezahlten Arbeit nach – rund um die Hälfte mehr oder sogar doppelt so viel Männer wie Frauen sind dort erwerbstätig. Der Anteil an ausschließlichen Hausfrauen liegt erwartungsgemäß höher, in Irland und Spanien beispielsweise bei rund 40%, in Malta sogar bei knapp 60%. Der traditionellen Form der Arbeitsteilung und Rollenzuweisung zwischen Mann und Frau scheint in diesen Gesellschaften noch eine größere Bedeutung beizukommen. Die Gruppe von Ländern mit so großen Differenzen zwischen den Erwerbsquoten beider Geschlechter (mehr als 20%) ist allerdings wesentlich kleiner als die der Länder mit einer geringen Differenz. Weißrussland ist der einzige in dieser Hinsicht offenbar etwas untypische Vertreter Ostmitteleuropas.

Im Überblick lassen sich so vier Modelle der Verteilung von bezahlter und unbezahlter Arbeit zwischen den Geschlechtern herausfiltern:
- *Strukturelle Gleichheit:* Die Erwerbsquoten von Frauen und Männern zeigen sich annähernd gleich hoch, recht ausgeglichen ist auch die Verteilung von Vollzeit- und Teilzeitbeschäftigung zwischen den Geschlechtern. Der Anteil alleiniger Hausfrauen (Hausmänner sind in allen Ländern mit der Lupe zu suchen) liegt bei niedrigen maximal 10%. Vertreter: Skandinavien, weite Teile des ehemaligen Ostblocks[5].
- *Versteckte Hierarchie:* Die annähernd gleich hohen Erwerbsquoten von Frauen und Männern werden von Frauen durch einen überproportional hohen Anteil an Teilzeitbeschäftigungen erreicht (20-30% aller Frauen). Das sind in der Firmenhierarchie üblicherweise eher im unteren Bereich angesiedelte Dienstverhältnisse. Im Bereich der Fulltime-Jobs, unter denen die Verantwortungs- und Entscheidungsträger zu finden sind, dominieren Männer. Rund ein Viertel aller Frauen bleibt bei Heim und Kindern. Vertreter: Großbritannien, Nordirland und Niederlande.

- *Fließende Übergänge:* Mehr Männer als Frauen gehen einer bezahlten Arbeit nach, die Differenzen zwischen den Erwerbsquoten bewegen sich zwischen 10% und 18%. Erwerbstätige Frauen sind überwiegend voll, ein nennenswerter Anteil von 10-15% aber auch teilzeit beschäftigt. Männer sind unter Teilzeitarbeitenden hingegen so gut wie gar nicht anzutreffen. Für ein Hausfrauendasein entscheidet sich rund ein Viertel aller Frauen[6], und es ist, wenn man der in *Focus* zitierten Studie von Peter Wippermann glauben darf, durchaus eine bewusste Entscheidung: „Gesellschaftlicher Wandel ist ein Mysterium. Vor gut einem Vierteljahrhundert rief die widerborstige Frontfrau Alice Schwarzer dazu auf, ‚verstärkt in die Männerdomänen einzudringen'. Und nun kommt alles anders: Die Frauen stöckeln genau in die entgegengesetzte Richtung. Nach einer Umfrage liebäugeln 60 Prozent statt mit dem Chefsessel mit dem Ceranherd. Mit einem Unterschied zu früher: Sie tun es freiwillig." (*Focus* 25/1999, 84) Vertreter: Westeuropa (Frankreich, Belgien, Luxemburg, Deutschland, Österreich) und Rumänien.

- *Traditionelle Arbeitsteilung:* In diesen Gesellschaften lässt sich eine deutliche Trennung weiblicher und männlicher Bereiche feststellen. Erwerbsarbeit ist Männersache, die Differenz zur Frauenerwerbsquote beträgt (deutlich) mehr als 20%. Dabei handelt es sich fast ausschließlich um Fulltime-Jobs. Unbezahlte (Haus-)Arbeit leisten hingegen nur Frauen, und zwar je nach Land jede vierte bis jede zweite Frau. Ob ein inhaltlicher Zusammenhang mit dem in diesen Ländern vorherrschenden und im Gegensatz zu den östlichen Nachbarn vom real existierenden Sozialismus unberührt gebliebenen Katholizismus bzw. Orthodoxie besteht, wäre eine interessante Frage, die hier leider nicht beantwortet werden kann. Vertreter: Südeuropa (Malta, Spanien, Italien, Portugal und mit Einschränkungen auch Griechenland) sowie Irland.

Diese vier Modellen skizzieren verschiedene in Europa vorkommende Arbeitswelten, die Einfluss auf die jeweilige Situation von Mann und Frau haben. Wie werden diese verschiedenen Situationen von den jeweils Betroffenen erlebt, sind Frauen und Männer damit jeweils zufrieden? Sowohl für die Zufriedenheit mit dem Leben allgemein als auch mit der Arbeitssituation lassen sich innerhalb der untersuchten Länder kaum nennenswerte Unterschiede in der Einschätzung von Frauen und Männern feststellen, zwischen den Einzelstaaten sind diese zum Teil beträchtlich. Dass die Grenzen dabei keinesfalls entlang der oben skizzierten Regionen, sondern eher zwischen Ost und West verlaufen, hängt vermutlich mit der wirtschaftlichen und politischen Situation zusammen, die offenbar wesentlich entscheidender für die Zufriedenheit sein dürfte als die Frage der kulturell vorherrschenden Form der Arbeitsteilung zwischen Frau und Mann.

Ungeachtet der subjektiv bekundeten Zufriedenheit oder Unzufriedenheit schaffen die Modelle jeweils eine spezifische Situation, die – zunächst einmal völlig wertneutral – sehr unterschiedliche Rahmenbedingungen für Frauenleben und Männerleben in Europa bietet. Ob in der Arbeitswelt vorrangig Männer unter sich sind oder Frauen und Männer kooperieren (müssen, sollen, dürfen), macht für beide Geschlechter einen Unterschied. Und auch die Gestaltung des Privatlebens wird davon geprägt, ob der Normalfall eine traditionelle Rollenverteilung ist oder ob Mann und Frau berufstätig und darauf eingestellt sind, Berufs- und Familienarbeit – in welchem Verhältnis auch immer – unter einen Hut zu bringen.

Die daraus resultierenden Konsequenzen für die Lage von Frauen und Männern spiegeln sich auch in den Werthaltungen wider:

• Ob und in welchem Ausmaß Frauen erwerbstätig sind, zeigt sich eng an die Bewertung gekoppelt, ob Kinder unter der Berufstätigkeit der Mutter leiden und Wärme und Sicherheit vermissen würden. In Ländern mit einer hohen Vollerwerbsquote von Frauen wird die Berufstätigkeit der Mutter nicht als Nachteil für die Kinder gesehen, dort, wo Frauen überwiegend als Hausfrauen oder Teilzeitkräfte tätig sind, ist die Einstellung pessimistischer. Es bleibt zu fragen, ob die Unterschiede darauf beruhen, dass eine gesellschaftlich gegebene Situation (wenig qualifizierte Arbeitsplätze für Frauen und wenig Kinderbetreuungseinrichtungen) nachträglich mit einer „passenden Werthaltung" (Kind braucht die Mutter) gerechtfertigt wird, oder ob die „traditionellen" Werte ursächlich sind und eben dazu führen, dass kein Interesse daran besteht, gesellschaftliche Rahmenbedingungen für die Vereinbarkeit von Familie und Beruf zu schaffen.

• Frauen leisten den Bärenanteil an unbezahlter Arbeit. Weil dieser

Umstand in der Regel jedoch nur in Sonntagsreden lobend Erwähnung findet, vermissen viele Frauen eine qualifizierte Anerkennung ihrer Leistung. Die in der Arbeitswelt sichtbare Aufteilung von Zuständigkeitsbereichen (Frauen als Hausfrauen und Teilzeitbeschäftigte für das Private – Männer als Vollzeitbeschäftigte und Selbstständige für das Öffentliche) lässt sich auch in anderen Bereichen beobachten: Männer interessieren sich stärker für Politik, Frauen für Religion. Männer können es sich neben dem Beruf eher leisten, Zeit in Gruppen und Vereinen zu verbringen; Frauen hingegen bevorzugen offenbar informellere Zirkel: 57% von ihnen nehmen niemals an Club- oder Vereinsleben teil, bei Männern sind es nur 46%.

- Frauen sind in Fulltime-Jobs unterrepräsentiert, bei den firmenhierarchisch in der Regel nicht so hoch stehenden Teilzeitbeschäftigungen dominieren sie hingegen klar. Im Durchschnitt der jeweiligen Länderquoten sind 73% aller erwerbstätigen Frauen vollzeitbeschäftigt, 21% zum Teil, 6% selbstständig, 82% aller erwerbstätigen Männer vollzeit-, 6% teilzeitbeschäftigt, 12% selbstständig. Diese Zahlen unterstreichen neben anderen Indikatoren, dass Entscheidungen in der Arbeitswelt nach wie vor von Männern getroffen werden. Nach Prognosen der Vereinten Nationen würde es unter den derzeitigen Bedingungen bis zum Jahr 2470 dauern, bis es weltweit genauso viele Frauen wie Männer im höheren Management gibt (vgl. United Nations 1995, 42).
- Dem entsprechend schätzen Männer ihre Entscheidungsfreiheit im Beruf höher ein als Frauen. Am oberen Ende einer 10-stufigen Skala (Werte 8-10) stehen einander 38% Frauen und 46% Männer gegenüber, die einen großen Entscheidungsspielraum genießen. Am unteren Ende sind die Verhältnisse zwischen den Geschlechtern ebenfalls deutlich: 19% Frauen, aber nur 15% Männer haben in ihrer Arbeit keine Entscheidungskompetenz.

3. Weibliche und männliche Sinnstrukturen

Antworten Frauen und Männer auf bestimmte Fragen unterschiedlich?

Eine erste, wenn auch recht oberflächliche Stellungnahme zu dieser Frage mag wohl vielfach so lauten: Die männliche Welt dreht sich um anderes als die der Frauen (Sport, Beruf, Autos, Politik, Sex ... versus Tratsch und Klatsch, Schönheit, Kinder, Gefühl etc.). Handelt es sich dabei bloß um Stammtischklischees – oder um mehr oder weniger reflektierte Alltagserfahrung, die sich auch mit den Ergebnissen der Untersuchen deckt?

Die Antwort: um beides! Weil es einerseits Themenbereiche gibt, in denen sich quer durch alle Länder und über alle Altersgruppen hinweg geschlechtsspezifische Domänen beobachten lassen. Weil andererseits die Differenzen nicht sehr groß und vor allem in keinem Bereich so bedeutsam sind, dass die Geschlechtszugehörigkeit über andere Einflussfaktoren dominieren könnte: Auf der (sozialen wie lokalen) Herkunft beruhende Unterschiede im Antwortverhalten sind durchgängiger und größer. Sozial wie lokal versteht sich im weitesten Sinne: Schichtzugehörigkeit, Beruf, familiäre Situation, Staatszugehörigkeit ... Wenig erstaunt auch, dass ältere Menschen in vielen Fragen anders denken oder empfinden als Jüngere.

Kulturelle Differenzen sind bedeutsamer als geschlechtsspezifische Unterschiede – das Beispiel Religion

Zwischen den beteiligten Ländern sind die Unterschiede im Antwortverhalten zumeist wesentlich größer als die zwischen den Geschlechtern. Als ein Extrembeispiel mag die Frage nach der Bedeutung von Religion im Leben dienen: Hier variieren die Nennungen von „sehr wichtig" zwischen bescheidenen 5% in Estland und 7% in Deutschland bis zu stattlichen 51% in Rumänien und gar 67% in Malta. Die Differenzen zwischen Männern und Frauen erweisen sich in den einzelnen Ländern hingegen wesentlich geringer: In Tschechien sind sich beide Geschlechter einig – Religion hat kaum Bedeutung; nur 8% der Frauen und 6% der Männer empfinden sie als sehr wichtig. In Rumänien ist die Differenz zwischen Frauen (62%) und Männern (40%) mit 22% am größten, steht jedoch in keinem Vergleich zu den massiven Unterschieden zwischen einzelnen Ländern. Auch für andere Lebensbereiche bestätigt sich diese Beobachtung: Familie ist in Island und Malta für rund 95% ein „Lebensheiligtum", in Litauen für nur rund zwei Drittel der Befragten sehr wichtig. Die Unterschiede zwischen den Geschlechtern reichen hingegen in kaum einem Land an die 10%-Hürde oder überschreiten sie gar.

Antizyklisches Verhalten – das Beispiel Erziehungskompetenz

Die Beispiele lassen den Schluss zu, dass z. B. die Beschäftigungssituation, aber genauso die gesellschaftlichen Rahmbedingungen eines Landes Geschlechterdifferenzen manchmal „begünstigen" bzw. abschwächen können. Die Einflussgrößen zeigen sich jedoch derart multifaktoriell, dass auch unter (scheinbar) gleichen Bedingungen verschiedene Ergebnisse zu verzeichnen sind. Der unterschiedliche Entwicklungsgrad verschiedener Länder (im wertneutralen Sinne) dürfte sich auch insofern auswirken, als zeitlich teilweise phasenverschoben dominierende bzw. Gegenreaktionen auslösende Werte „paradoxe Werte(-Kombinationen)" entstehen lassen, die durchgängige Muster „entstellen". Letzteres sei an einem kleinen Beispiel erläutert:

In Gesamteuropa gibt es zwischen Frauen und Männern scheinbar keine Unterschiede in der Bewertung männlicher Erziehungskompetenz: Im Schnitt 74% der Frauen und 75% der Männer sind der Ansicht, Väter könnten sich im Allgemeinen genauso gut um die Kinder kümmern wie Mütter. Eine Detailanalyse verrät jedoch anderes: In Ostmitteleuropa und auf der Iberischen Halbinsel gestehen hauptsächlich Männer Vätern ebenso viel Erziehungskompetenz wie Müttern zu, die Frauen dort beurteilen das wesentlich skeptischer. In Skandinavien und den Benelux-Staaten hingegen ist es umgekehrt. In jenen Ländern, in denen der Feminismus eine längere Tradition hat und auch im Alltagsleben stärker verankert ist – z. B. durch einen nennenswerten Anteil von Vätern, die Erziehungskarenz in Anspruch nehmen –, sind Männer wesentlich zurückhaltender mit vollmundigen Kompetenzbekundungen. Hier erwarten Frauen mehr von ihnen und trauen ihnen offenbar auch mehr zu als diese sich selbst. Vermutlich betrachten sie die Situation weniger allgemein, sondern aus der konkreten eigenen Erfahrung: dass Kindererziehung harte Arbeit bedeutet; man(n) macht das eben doch nicht so nebenbei. Die Sorge für Kinder ist mit einem hohen Maß an Belastbarkeit und Organisationstalent verbunden, das vielleicht so lange unterschätzt wird, solange man(n) es nicht am eigenen Leib erfahren hat und solange es aufgrund der gesellschaftlichen Rollenverteilung sehr unwahrscheinlich ist, dass man(n) einmal in diese Situation kommt. Diese Argumentation unterstellt freilich, dass das Kümmern um den Nachwuchs in Portugal und Spanien ebenso wie in den meisten ostmitteleuropäischen Reformländern nach wie vor de facto Frauensache ist. Die widersprüchlichen Ergebnisse heben sich bei der gesamteuropäischen Sicht gegenseitig auf. Weitgehende Einigkeit zwischen den Geschlechtern herrscht in der Beurteilung väterlicher Erziehungskompetenz tatsächlich nur in sieben Ländern.

Gibt es eine weibliche Moral?

Einer der Gründe für den anscheinend geringen Einfluss der Geschlechtszugehörigkeit mag, wie eingangs bereits erwähnt, darin liegen, dass in der Studie hauptsächlich Werthaltungen abgefragt wurden, weniger konkrete Verhaltensweisen: In vielen Fällen handelt es sich im Fragebogen um abstrakte Aussagen, an denen Wertvorstellungen und persönliche Prioritäten festgemacht werden sollen. Das bietet die Chance, ein großes inhaltliches Spektrum zu überblicken und zusammenzufassen. Im Hinblick auf einen Geschlechter-Vergleich besteht jedoch die Gefahr, dass die Ergebnisse eine weitgehende Übereinstimmung in Idealen, Motiven und der persönlichen Wichtigkeit von Lebensbereichen bescheinigen – aufgrund der Fragestellung aber kaum eine Überprüfung erlauben, ob möglicherweise geschlechtsspezifische Unterschiede in den Inhalten und Erwartungen vorliegen, mit denen Frauen bzw. Männer diese gemeinsamen Ideale füllen und konkretisieren. Ebenso wenig wird transparent, wie Entscheidungsprozesse und normative Bewertungen bei beiden Geschlechtern ablaufen. Sichtbar ist nur das Ergebnis; gemessen wird an der Zustimmung zu vielfach abstrakten Begriffen.

Un-Sichtbare Grenzen?

Eine andere denkbare Interpretation der Ergebnisse soll an dieser Stelle nicht verschwiegen werden: dass sich Unterschiede nicht etwa „zwischen den Zahlen verstecken", sondern es de facto in diesem Bereich keine Unterschiede zwischen den Geschlechtern gibt, die Suche nach einer „weiblichen bzw. männlichen Wertewelt" daher zwangsläufig zum Scheitern verurteilt ist. Seit Carol Gilligan in den 80er-Jahren im Buch „Die andere Stimme" mit den Thesen und Ergebnissen ihrer Forschungen zur weiblichen Moral an die Öffentlichkeit ging, hat eine intensive Diskussion über ebendiese Frage stattgefunden: Haben Frauen und Männer unterschiedliche Werte oder nicht? Und ist der Weg, auf dem Frauen in moralischen Konflikten zu einer Entscheidung kommen, ein anderer als der von Männern?

Gilligan kommt in Auseinandersetzung mit dem Kohlberg'schen Modell moralischer Entwicklungsstufen zu dem Schluss, dass sich Frauen nicht auf die männliche Gerechtigkeitsmathematik einließen. Statt Rechtsansprüche und Prinzipen gegeneinander abzuwägen, bemühten sich Frauen vor allem darum, andere nicht zu verletzen und keine Bindungen zu zerstören. Sie gingen so stärker auf die individuelle Situation ein als Männer – eine nicht bessere und nicht schlechtere, aber eben andere Herangehensweise an Konflikte als die männliche. In der Folge meinten Studien diesen Unterschied mit der Prioritätensetzung und der Art des Entscheidungsprozesses zu belegen. Ergebnisse wurden publiziert, nach denen kein geschlechtsspezifischer Unterschied festzustellen sei.

Die Daten der Europäischen Wertestudie geben hinsichtlich dieses Problems nicht allzu viel Aufschluss. In einer Frage wird der Begründungsstruktur moralischer Entscheidungen nachgegangen. Die Befragten müssen sich für eine der beiden folgenden Aussagen entscheiden: „Es gibt vollkommen klare Maßstäbe, was gut und was böse ist. Sie gelten für jeden und unter allen Umständen " (A) versus „Es kann niemals vollkommen klare Maßstäbe darüber geben, was gut und was böse ist. Was gut und was böse ist, hängt allein von den jeweiligen Umständen ab " (B).

Aussage A zeigt eher die konservative (kontinentaleuropäische) Haltung und entspräche in Gilligans Modell dem Mann. Aussage B betont kontextbezogenes Handeln, eher ein Kennzeichen „weiblicher" Moral. Tatsächlich unterscheiden sich Frauen und Männer in der Antwort auf diese Frage in keinem Land und in keiner Altersgruppe in nennenswertem Ausmaß voneinander. Ob ein Mensch angibt, sich von eindeutigen Prinzipien leiten zu lassen oder eigene moralische Entscheidungen von den jeweiligen Umständen abhängig zu machen, hat vordergründig nichts damit zu tun, ob dieser Mensch ein Mann oder eine Frau ist.

Auch bezüglich der Inhalte des Normen- und Wertesystems sind keine großen Unterschiede zwischen den Geschlechtern festzustellen. Tendenziell urteilen Frauen etwas strenger und bekunden eher moralische Skrupel als Männer. In einigen Themenfeldern sind diese Unterschiede – so gering insgesamt auch – etwas deutlicher sichtbar und werden unter dem Titel „typisch Frau, typisch Mann" später noch genauer unter die Lupe genommen. Insgesamt lässt sich zu der Problematik wohl am ehesten mit Carol Gilligan (1991, 10) reüssieren:

„Die andere Stimme, die ich zum Ausdruck bringe, ist nicht an ein Geschlecht gebunden, sondern durch ihre Thematik bestimmt. Dass sie den Frauen gehört, ist ein empirischer Sachverhalt, und ich verfolge ihre Entwicklung überwiegend anhand der Äußerungen von Frauen. Sie ist aber keineswegs ausschließlich an Frauen gebunden. Die Gegensätze zwischen männlichen und weiblichen Stimmen kommen hier zu Wort, um den Unterschied zwischen zwei Denkweisen zu beleuchten und das Augenmerk auf ein Interpretationsproblem zu richten, und nicht, um generalisierende Aussagen über die beiden Geschlechter zu machen. (…) Mein Interesse gilt dem Wechselspiel von Erfahrungen und Denken, wie es in den verschiedenen Stimmen zum Ausdruck kommt; es gilt den Dialogen, die sie auslösen, der Art und Weise, wie wir uns selbst und anderen zuhören, und den Geschichten, die wir über unser Leben erzählen."

Es geht um vorrangig menschliche Phänomene, nicht um weibliche oder männliche, die sich in ihrer Wahrnehmung und in ihren Konsequenzen sehr stark von der gesellschaftlichen und individuellen Situation der oder des Betroffenen geprägt erweisen. Ein Aspekt dieser gesellschaftlichen und individuellen Situation ist das Frau-Sein bzw. Mann-Sein – was aber, so lassen die Ergebnisse der Studie vermuten, im Vergleich wesentlich weniger Einfluss zeitigt als andere Rahmenbedingungen. Der oder die Einzelne ist durch das eigene Geschlecht zwar in gewissen Dingen festgelegt: in der Sozialisation, in beruflichen und gesellschaftlichen Chancen, in Erwartungen, in kör-

perlichen und gesundheitlichen Bereichen, in der Wahrnehmung etc.
Aber vielleicht ist diese geschlechtsspezifische Festlegung – gemessen
am hohen Einfluss gesellschaftlich veränderbarer Faktoren wie Kultur,
politischem System und wirtschaftlicher Situation – eher im Sinn einer (genetisch oder sozialisationsbedingten) weiblichen bzw. männlichen Färbung der grundsätzlichen menschlichen Wahrnehmung, des
Empfindens und Deutens zu beschreiben als mit Begriffen wie „weibliche Moral" oder „männliche Normen".

Im Bewusstsein dieser Einschränkungen sollen die folgenden Ergebnisse über „weibliche und männliche Domänen" und die Erfüllung gängiger geschlechtsspezifischer Klischees betrachtet werden.

Weibliche und männliche Domänen

In zwei Bereichen weicht das Antwortverhalten von Frauen und Männer deutlicher voneinander ab – in der Religiosität und der Politik.
Was das Interesse daran und deren Wichtigkeit angeht, gilt: Religion
ist Frauensache, Politik ist Männersache.

Erstaunlicherweise sind mit höherem Interesse nicht auch andere
Inhalte verbunden. Es gibt beispielsweise keinen geschlechtsspezifischen Vorzug für eine bestimmte politische Richtung oder ein Regie-
rungssystem. Auch für die im Bereich Religion durchgängig zu beob-
achtenden Unterschiede lässt sich kein schlüssigeres System erkennen
als jenes, dass Frauen allen genannten Inhalten (Glaube an Gott, an
Himmel und Hölle, an Engel, an Horoskope etc.) stärker zustimmen
als Männer. Anhand der vorliegenden Daten ist nicht nachzuweisen,
dass etwa eines der beiden Geschlechter stärker traditionell-christli-
chen Glaubensinhalten anhinge, das andere eher esoterischen oder
neureligiösen Strömungen.

Im Blick auf die Bedeutung des Lebensbereiches *Religion* kann aber
ein interessantes Phänomen beobachtet werden: je konkreter (praxis-
relevanter) die Frage, desto größer die Unterschiede zwischen den Geschlechtern.

Religion ist Frauensache: je konkreter, desto größer die Unterschiede zwischen Frau und Mann

Zustimmung zu folgender Fragestellung:	Frauen in %	Männer in %	Differenz	Quotient
1. Gemeinsame religiöse Überzeugungen sind sehr/ziemlich wichtig für eine gute Ehe.	54%	46%	8%	1,17
2. Religion ist in meinem Leben sehr/ziemlich wichtig.	56%	43%	13%	1,30
3. Ich bin ein religiöser Mensch.	73%	58%	15%	1,26
4. Ich ziehe persönlich aus dem Glauben Trost und Kraft.	65%	48%	17%	1,35
5. Ich nehme mir manchmal Zeit für ein Gebet, zur Meditation, zur inneren Einkehr oder etwas Ähnlichem.	68%	51%	17%	1,33
6. Ich bete, abgesehen von Gottesdiensten, mindestens einmal oder mehrmals in der Woche zu Gott.	53%	32%	21%	1,66

Durchschnitt der Länderwerte, jedes Land wurde gleich hoch gewichtet.
1 und 2: Anteil „sehr wichtig" und „ziemlich wichtig", 3: Anteil derer, die sich als „religiöser Mensch" beschreiben, 4 und 5: Anteil „ja", 6: Anteil derer, die mindestens „einmal pro Woche" beten

Die erste Fragestellung ist sehr allgemein gehalten. Je persönlicher („Religion ist in meinem Leben wichtig", „Ich bin ein religiöser Mensch") und je mehr nach einem konkreten Tun, nach einer messbaren Praxis gefragt wird („Ich bete täglich oder mindestens einmal pro Woche zu Gott"), desto markanter unterscheidet sich das Antwortverhalten der Geschlechter. Annähernd doppelt so viele Frauen wie Männer geben an, häufig zu Gott zu beten – die Differenz von 21% ist mehr als deutlich.

In der deutschsprachigen Religionssoziologie im Übrigen weit verbreitet ist die Aussage, Religion sei weiblich. Woran es liegt, dass Frauen in der religiösen Selbsteinschätzung, in der Zustimmung zu religiösen Inhalten und vor allem in der religiösen Praxis dominieren, erweist sich aber letztlich als ungewiss. Robert Kecskes zeigt den engen Zusammenhang zwischen Geschlecht und Religion auf und geht möglichen Ursachen nach (vgl. Kecskes 2000): Er bezog auf Daten-

UN-SICHTBARE GRENZEN?

basis des ISSP 1991 all jene Faktoren ein, von denen man aus der religionssoziologischen Forschung weiß, dass sie auf die Religiosität eines Menschen Einfluss haben: Alter, Bildung, Berufstätigkeit und die Größe des eigenen Wohnortes. Es könnte – vereinfacht gesagt – ja sein, dass Frauen deshalb religiöser erscheinen, da sich unter ihnen mehr Personen befinden, die nicht berufstätig sind und einen geringeren Bildungsstand aufweisen als Männer. Durch Regressionsanalysen ließ sich jedoch nachweisen, dass diese Vermutung nur einen kleinen Ausschnitt des Phänomens erklären kann. Die Unterschiede im Antwortverhalten von Frauen und Männern verringern sich zwar, wenn die anderen Faktoren einbezogen werden, sind aber nach wie vor deutlich: Verglichen mit Männern im selben Alter, auf selbem Bildungsniveau, in entsprechender Berufssituation und gleicher Region (Stadt-Land) sind Frauen eindeutig religiöser.

Kecskes vermutet einen Einfluss der geschlechtsspezifischen religiösen Sozialisation. Bezieht er in seine Analysen die religiöse Erziehung mit ein, verringert sich die Differenz zwischen Frauen und Männern wesentlich stärker als bei den anderen möglichen Einflussfaktoren. Ausdrücklich religiös erzogene Männer sind als Erwachsene in ähnlichem Ausmaß religiös wie ebenso sozialisierte Frauen. Burschen werden bzw. wurden jedoch in ihrer Kindheit weniger stark oder seltener so religiös geprägt – und so findet man mehr erwachsene Frauen als Männer, denen Religion wichtig ist. Bezieht man in diese Überlegung mit ein, dass es nicht nur auf die Häufigkeit religiöser Praxis ankommt, sondern eine geschlechtsspezifische Sozialisation von Mädchen in unseren Breitengraden möglicherweise auch dadurch verstärkt wurde, dass viele der christlichen Tugenden oftmals als „typisch weiblich" assoziiert werden (Rücksichtnahme, Versöhnungsbereitschaft, Selbstlosigkeit, Bereitschaft zum Dienen und sozialen Engagement etc.), erschließt sich in diesem Zusammenhang in der Tat ein interessantes Forschungsfeld:

„Anscheinend wird bei Mädchen von den Sozialisationsinstanzen in stärkerem Maß gefordert, sich religiös zu verhalten. Daneben ist anzunehmen, dass sich diese unterschiedlichen Erwartungen auch im Erwachsenenalter beobachten lassen. Sollten Mädchen tatsächlich religiöser sozialisiert werden als Jungen, dann ist es plausibel anzunehmen, dass später die Verantwortung für eine religiöse Erziehung der Kinder sowohl von dem Partner als auch von der Kirche in die Hände der Frau gelegt wird. Damit findet eine Fremdzuschreibung der Frau als religiöse Person statt, die sie sich aufgrund ihrer Sozialisation später selbst zuschreibt. Aufgrund dieser Argumentationslinie scheint mir die unterschiedliche Religiosität von Frauen und Männern erklärbar zu sein. Da wir allerdings über den Zusammenhang von religiöser Sozialisation, Selbst- und Fremdzuschreibung noch zu wenig wissen, öffnet sich hier ein zentrales Forschungsfeld der Religionssoziologie. Es wird sich lohnen, die ‚black-box‘ sowohl theoretisch als auch empirisch weiter zu öffnen, denn nur dadurch kommen wir einer Erklärung der stärkeren Religiosität von Frauen näher." (Kecskes 2000, 99)

Dass sich ein geschlechtsspezifisch unterschiedliches Antwortverhalten umso deutlicher herauskristallisiert, je konkreter, praxisnäher und je messbarer die Fragen im Hinblick auf die Häufigkeit eines bestimmten Verhaltens werden, zeigt sich auch in anderen Lebensbereichen, z. B. in der *Politik*. Die Bedeutung von Politik für das eigene Leben wird von Männern zwar höher, allerdings nicht dramatisch höher bewertet als von Frauen. Vergleicht man hingegen, wie oft Frauen und wie oft Männer mit ihren Freundinnen und Freunden über Politik diskutieren, wer sich öffentlich engagiert, zeigen sich deutliche Differenzen zwischen den Geschlechtern. Mehr als die Hälfte aller befragten Männer, aber nur 38% der Frauen haben schon einmal an einem Boykott teilgenommen oder würden es tun. Um die Hälfte mehr Männer (20%) als Frauen (13%) politisieren häufig. Es bleibt jedoch anzumerken, dass sich die Politik erst langsam den Frauen zu öffnen beginnt, weil sie eher eine „männliche" Domäne war und ist … wie die männlich besetzten Regierungsbänke aller Länder beleg(t)en.

„Typisch Frau, typisch Mann"

Wurden für die Bereiche Religion und Politik deutliche Unterschiede zwischen Frauen und Männern im Ausmaß des Interesses und der Aktivität, kaum aber im Inhalt festgemacht, werden in einem zweiten Schritt „klassische Rollenklischees" inhaltlich unter die Lupe genommen. Haben Frauen und Männer unterschiedliche Werte? Verhalten Sie sich anders?

Eine erste Klischeethese: Frauen sind sozialer als Männer
Frauen stellen eigene Interessen und Freiheiten anderen zuliebe eher zurück, sie sind verantwortungsbewusster, mitfühlend und fürsorglich. Auf den Punkt gebracht: Sie helfen auch Menschen, mit denen sie nicht verwandt oder befreundet sind. Anhand einiger Fragen wird dieser Bereich abgesteckt und überprüft: Geben Frauen tatsächlich häufiger als Männer an, Mitgefühl zu haben und sich deshalb für andere Menschen zu engagieren? Machen sie sich mehr Sorgen um Kranke, Alte, behinderte und benachteiligte Menschen? Entscheiden sich mehr Frauen als Männer in der Frage nach Freiheit oder Gleichheit für die „soziale" Variante Gleichheit?

In der Tat stimmen bei diesem Fragenkomplex mehr Frauen als Männer den „typisch weiblichen" Einstellungen und Verhaltensweisen zu. Das gilt auch für einige andere Klischeethesen. Allerdings ist die Wirklichkeit komplex: Eine beträchtliche Zahl von Männern demonstriert in ihrem jeweiligen Antwortverhalten ein ebenso „soziales" Denken und Urteilen wie Frauen. Umgekehrt gibt es viele vorrangig am Eigenwohl interessierte, kämpferische und wettbewerbsorientierte Frauen. Und nicht zuletzt nehmen andere Faktoren in ähnlichem Ausmaß Einfluss auf das „moralische" Antwortverhalten: Zum Beispiel unterscheiden sich in vielen Fragen Menschen mit einem kinderreichen und in dieser Hinsicht traditionellen Familienleben (zwei oder mehr Kinder) gesamt gesehen in ziemlich genau demselben Verhältnis von kinderarmen Menschen (kein oder ein Kind), wie sich Frauen von Männern unterscheiden. Das kann zu einem kleinen Teil darauf zurückgeführt werden, dass sich unter den kinderreichen Personen mehr Frauen als Männer befinden. Aber in einigen Fällen zeigt sich, dass der familiären Situation wesentlicher Einfluss zukommt: Beträgt innerhalb eines Geschlechtes die Differenz zwischen kinderarm und kinderreich um oder über 10%, wird daran sichtbar, dass reine Geschlechterklischees zu kurz greifen.

„Trifft zu"	Männer		Frauen	
	kinder- arm	kinder- reich	kinder- arm	kinder- reich
Ich tue etwas für ältere Menschen in unserem Land, weil ich mit diesen Menschen fühle.	67%	72%	74%	78%
Ich mache mir in (sehr) starkem Ausmaß Sorgen um die Interessen und Lebensbedingungen von Kranken und Behinderten.	52%	59%	60%	64%
Ich mache mir in (sehr) starkem Ausmaß Sorgen um die Interessen und Lebensbedingungen von älteren Menschen.	54%	66%	63%	70%
Wenn ich wählen müsste, wäre mir Gleichheit wichtiger als Freiheit	35%	40%	39%	46%
Es ist nicht/unter keinen Umständen in Ordnung, innerhalb von Wohngebieten zu schnell zu fahren	70%	79%	76%	87%

Durchschnitt der Länderwerte, jedes Land wurde gleich hoch gewichtet. Kinderarm: kein oder ein Kind, kinderreich: zwei oder mehr Kinder.

Eine zweite Klischeethese: Konkurrenzkampf und Selbstbehauptung sind eher Sache der Männer

Der Beruf spielt vor allem für die persönliche Identität von Männern eine wichtige Rolle. Gewisse Anforderungen an den Beruf sind beiden Geschlechtern wichtig: Geldverdienen, Sozialkontakt, eine sinnvolle Beschäftigung. Männer nutzen den Beruf aber auch, um ihrem angeblichen Drang nach Bestätigung und Kräftemessen in Form von beruflichem Prestige und Einflussmöglichkeit nachzukommen. Die Geschlechtsunterschiede erweisen sich in diesem Bereich allerdings sehr dürftig. Im Zusammenhang mit der Kinderzahl ist ein gegenläufiger Trend zu beobachten – eine größere Familie scheint eher zu Leistungsbereitschaft zu motivieren.

Eine dritte Klischeethese: Frauen sind die „Medizinmänner"
der Familie
Frauen kümmern sich darum, dass Wohlbefinden und Gesundheit
nicht zu kurz kommen. Einem ungesunden Lebensstil stehen sie kritischer gegenüber. Bei Fragen nach der Beurteilung genetisch verän-
derter Lebensmittel, dem Konsum von Drogen wie Haschisch und
Marihuana und dem Wunsch nach einem einfacheren und natürli-
cheren Leben zeigt sich aber, dass nicht allein das Geschlecht, sondern
auch die Familiensituation hier deutlich Einfluss nimmt. Für Frauen
wie Männer ist offenbar entscheidend, ob sie selbst (mehrere) Kinder
haben, für deren Zukunft sie sich verantwortlich fühlen.

Eine vierte Klischeethese: Frauen und Männer haben/bevorzugen
ein unterschiedliches Sexualverhalten
Gemeinhin eher als „männlich" eingestufte Verhaltensweisen – wie
Geschlechtsverkehr mit häufig wechselnden Partner in flüchtigen Beziehungen oder ein Verhältnis außerhalb der Ehe – werden von deutlich mehr Frauen als Männern abgelehnt. Das unterstellt Männern
und Frauen einen anderen Zugang zu bzw. eine andere Bewertung
von Sexualität. Frauen scheinen Beständigkeit und eine emotionale
Beziehung für die Sexualität wichtig, Männern hingegen oft purer Sex
die gewünschte Befriedigung zu verschaffen.

Zum Teil ist das wohl eine Erziehungs- und Sozialisationsfrage –
schließlich hat man (und vor allem auch Mütter) jahrhundertelang
Mädchen und Frauen nicht jene sexuelle Selbstbestimmung zugestan-
den wie Männern, von Sanktionen bei Fehltritten ganz zu schweigen.
Andererseits sind es fast ausschließlich Männer, die Frauen sexuell
nötigen (innerhalb und außerhalb einer Ehe/Beziehung) oder „kau-
fen". Für die Prostitution gilt zwar: Frauen, aus denen sich der über-
wiegende Teil der Prostituierten rekrutiert, lehnen käufliche Liebe in
stärkerem Maß ab als Männer, in erster Linie Kunden des Angebots.
Worauf sich diese Bewertung bezieht, ist jedoch unklar: Ist es die soziale Not, die häufige Abhängigkeit von Zuhältern und Drogen, die
Demütigung, die Tatsache, dass ein Großteil der Kunden als Ehemän-
ner/Lebenspartner ihre Frau damit betrügen, oder der Umstand, für
Sex lieber zu bezahlen als darauf zu verzichten?

„Trifft zu"	Männer		Frauen	
	kinder- arm	kinder- reich	kinder- arm	kinder- reich
Es ist nicht/unter keinen Umständen in Ordnung, wenn verheiratete Männer/Frauen ein Verhältnis haben.	47%	60%	39%	53%
Prostitution ist nicht/unter keinen Umständen in Ordnung	56%	69%	70%	79%
Es ist nicht/unter keinen Umständen in Ordnung, Geschlechtsverkehr mit häufig wechselnden Partnern in flüchtigen Beziehungen zu haben	48%	68%	62%	77%
Durchschnitt der Länderwerte, jedes Land wurde gleich hoch gewichtet.				

Gerade im Bereich der Sexualität zeigt sich, dass „Familienmenschen" – laut dieser Klischeedefinition – als die „weiblicheren" Menschen bezeichnet werden müssten. Ihnen liegt mehr an Beständigkeit und Verbindlichkeit in einer sexuellen Beziehung als „Kinderarmen". Vermutlich ist hier der Einfluss der eigenen Herkunftsfamilie und der Sozialisation bestimmend. Dass jedoch einst die Familie als normale Lebensform vorherrschte, zeigt hinlänglich, dass nicht „die Tatsache, dass", sondern „die Art, wie" man in einer Familie aufwuchs, das eigene Verhalten bestimmen (können).

Eine fünfte Klischeethese: Frauen haben mehr emotionale Kompetenz
Für diesen Aspekt lässt sich auf eine direkte Aussage über die Kompetenz von Frauen und Männern zurückgreifen: Mehr als die Hälfte aller Befragten, im Schnitt 55%, sind der Ansicht, dass Frauen über mehr emotionale Kompetenz verfügen. Deutlicher ist das Bild bei Betrachtung des geschlechtsspezifischen Antwortverhaltens: Frauen sprechen Männern in stärkerem Maß emotionale Kompetenz ab (62% im Vergleich zu 48% der Männer). Diese Tendenz lässt sich, wenn auch in unterschiedlicher Stärke, in allen Ländern und unter jungen ebenso wie unter alten Menschen durchgängig beobachten. Überall schätzen Männer ihre Gefühls-Kompetenz selbst höher ein,

als Frauen sie ihnen zugestehen. Allerdings scheint auch hier der gesellschaftliche und kulturelle Hintergrund eine große Rolle zu spielen: Die geringsten Unterschiede zwischen den Geschlechtern finden sich in dieser Fragen im frauen- (und männer-)bewegten Schweden, Dänemark, Island und interessanterweise in Slowenien. Die Kinderzahl hat zwar auch, aber eher dämpfenden Einfluss auf die Bewertung der männlichen Fähigkeit, mit Gefühlen umzugehen.

Geht es um die dem einen oder dem anderen Geschlecht zugeschriebenen Kompetenzen, ist zudem festzustellen, dass ältere Menschen andere Vorstellungen davon haben, was Frau-Sein und was Mann-Sein ausmacht. Rund 10% mehr Alte als Junge sind der Meinung, dass Männer in einer Partnerschaft nicht so gut mit Gefühlen umgehen können wie Frauen. Und ebenfalls rund 10% weniger Ältere meinen Väter im Allgemeinen genauso geeignet, für Kinder zu sorgen, wie Mütter. Es wäre sehr spannend nachzugehen, ob sich darin vorrangig die etwas resignative Ehe- und Lebenserfahrung der älteren Generation widerspiegelt – diese Klischees also auf tatsächlichen Erfahrungen beruhen –, oder ob sich an den Unterschieden zwischen Jungen und Alten nur die Veränderungen der Klischeezuschreibungen festmachen. Vermutlich geht beides Hand in Hand. Seit es dem Mann „erlaubt" ist und von ihm verstärkt gefordert wird, Gefühle zu zeigen und seinen Part in der Kindererziehung zu übernehmen, sind Männer vermutlich auch besser in der Lage, das zu tun. Die Veränderung von Rollenzuschreibungen eröffnet ein Lernfeld, in dem sich Männer und Frauen auf unvertrautes Terrain begeben und dort ausprobieren, ob und wieweit Rollenklischees auf „unverrückbaren Tatsachen" beruhen und wieweit sie nur „angelernt" sind.

4. Statt eines Schlusswortes

Wie in der Einleitung angedeutet warf die Analyse der Daten ebenso viele neue Frage auf, als sie Antworten brachte. In diesem Sinne soll abschließend noch eine weiteres Feld kurz in den Blickwinkel rücken, das eine eingehendere Untersuchung lohnen würde, zu diesem Zeitpunkt aber viele Fragen offen lassen muss:

Das Antwortverhalten beider Geschlechter in Bezug auf deren Alter zeigt meistens eine ganz bestimmte Dynamik (Zustimmung/Ablehnung steigt/fällt oft deutlich). Nur unspezifische Fragen mit geringer Betroffenheit für die Befragten werden von allen Altersgruppen etwa gleich beantwortet. Tendenziell neigen eher Männer dazu, in jungen Jahren ähnliche Einstellungen zu vertreten wie ihre älteren Geschlechtsgenossen. Oder anders gesagt: Frauen zeigen im Vergleich einzelner Ländern und verschiedener Altersgruppen häufig ein etwas breiteres Spektrum im Antwortverhalten als Männer. Lassen sich auf dieser Basis möglicherweise unterschiedliche Biografielinien von Frauen und Männern zeichnen?

Besonders ältere Frauen weisen im Vergleich zu jungen interessante Antwortverschiebungsmuster auf. Das hat mehrere Gründe und zieht damit auch keine allgemeingültige Tendenz nach sich:

- Frauen ab 50 Jahren „genossen" eine andere Erziehung und wuchsen in anderen Verhältnissen auf. An sie wurden vor allem im Bereich der (Sexual-)Moral andere Maßstäbe angelegt als an junge Männer. Der Effekt nimmt mit dem Alter deutlich zu. Geschlechtsspezifische Sozialisation findet auch heute noch statt, die Unterschiede sind jedoch nicht mehr so stark.

- Somit profitieren auch Frauen ab 50 von den Emanzipationswellen am meisten, wobei hier wiederum eher jüngere auf den (für sie mehr oder weniger kampflos bereitstehenden) Zug aufspringen konnten.

- Frauen ab 50 erleben oft erstmals weniger Belastung (durch Kindererziehung und Beruf) und haben damit mehr Freiheit und Zeit für eigene Bedürfnisse.

- Frauen ab 50 haben sich, was ihre Wünsche und Anforderungen an Beziehung betrifft, meistens konsolidiert.

Christine Goldberg / Ulrike Kratzer

Die Frauenrolle

1. Frauenbilder: Arbeitsteilung in der Familie

Berufstätigkeit von Frauen und die Struktur der Familie stehen in einem komplexen Wirkungszusammenhang, sei es, dass durch weibliche Erwerbstätigkeit weniger Zeit zur Verfügung steht, traditionelle Familienfunktionen auszuüben, sei es, dass Letztere den Ansprüchen erwerbstätiger Frauen „auf ein eigenes Stück Leben" (Beck-Gernsheim 1983) zuwiderlaufen. Höhere Bildungs- und Karrierechancen sowie eigenes Einkommen bewirken, dass Frauen mehr Selbstbewusstsein, Reflexionsvermögen und politisches Artikulationsvermögen besitzen und damit das Rollenbild der traditionellen Frauen in Frage stellen. Nach einer häufig geäußerten These verlieren Eheleben und Kinder in dem Maß an Bedeutung, in dem Frauen ihre Arbeitsmarktchancen vergrößern (Becker 1981, 248). Dagegen spricht allerdings, dass nach wie vor die Ehe als bevorzugte Lebensform gewählt und in der Rangfolge der wichtigsten Lebensbereiche der Familie dominante Bedeutung zugemessen wird. Auch in den „dual-career families", wo beide Partner in hoch qualifizierten Berufen tätig sind, bleibt – neben den Erwerbskarrieren – die Familie eine wesentliche Quelle sozialer und psychologischer Bedürfnisbefriedigung.

Der „Nutzen", der aus der ökonomischen Unabhängigkeit, aus dem höheren Familieneinkommen und Sozialprestige berufstätiger Frauen gezogen wird, korrespondiert mit jenen Kosten, die aus der Abweichung von traditionellen Rollenvorschriften entstehen. Die normative Einstellung zur Berufstätigkeit der Frau bildet sowohl intra- als auch interpersonell – vermittelt über die soziale Umwelt – eine ständige Quelle des Konflikts (Becker 1981, 248).

Wie komplex und widersprüchlich der Doppelrollenkonflikt für die meisten berufstätigen Frauen ist, zeigen Studien an Fabrik- und Facharbeiterinnen. „Beides zusammen – in der Fabrik tätig zu sein und in der Familie die materielle und psychische Versorgung zu leisten –, das ist angesichts der Beschaffenheit beider Lebensbereiche zuviel;

eines allein, ein Leben nur für die Familie und nur in der Familie, aber auch ein Leben ohne Familie – das ist zuwenig ... Das Bedürfnis nach Familie und Beruf ist ... die subjektive Seite der objektiven Interdependenzen der beiden Lebensbereiche ..." (Becker / Schmidt et al. 1983, 25). Gleichzeitig erhält die geschlechtstypische Arbeitsteilung zwischen den Geschlechtern eine Schlüsselfunktion bei der Analyse ökonomischer Strukturen und kultureller Normen, Rollenzuweisungen und individueller Dispositionen.

Die Unsicherheit der Arbeitswelt, die auch Männern keine Garantie für einen lebenslangen Arbeitsplatz liefern kann, sowie die Neuorientierung junger Männer an der Vaterschaft sind Ansätze, die die Lebensläufe von Männern und Frauen neu strukturieren und in Zukunft ähnlicher machen werden. In der Literatur wird neuerdings die Abgrenzung typisch weiblicher von typisch männlicher Lebensführung in Frage gestellt (Jurczyk/Rerrich 1993).

Wurden demnach die Begrenzungen tradierter weiblicher und männlicher „Rollen" inzwischen aufgehoben? In welcher Form koexistieren „alte" und neue Muster der familialen Arbeitsteilung in Form zugeschriebener Weiblichkeits- und Männlichkeitskonstruktionen?

- Eine berufstätige Mutter kann ihrem Kind genauso viel Wärme und Sicherheit geben wie eine Mutter, die nicht arbeitet.
- Ein Kleinkind wird wahrscheinlich darunter leiden, wenn die Mutter berufstätig ist.
- Ein Beruf ist gut, aber was die meisten Frauen wirklich wollen, ist ein Heim und Kinder.
- Hausfrau zu sein ist genauso befriedigend wie eine Berufstätigkeit.
- Berufstätigkeit ist der beste Weg für eine Frau, um unabhängig zu sein.
- Beide, Mann und Frau, sollen zum Haushaltseinkommen beitragen.
- Im Allgemeinen sind Väter genauso geeignet, sich um die Kinder zu kümmern, wie Mütter.
- Männer können in einer Partnerschaft nicht so gut mit Gefühlen umgehen wie Frauen.[1]

Diese Fragen lassen sich aufgrund der Antwortmuster zu drei Gruppen zusammenfassen, die weibliche Erwerbstätigkeit und Familienlebens in Beziehung setzen:[2]
- Traditionelles Frauenbild: „Ein Beruf ist gut, aber was die meisten

Frauen wirklich wollen, ist ein Heim und Kinder."; „Hausfrau zu sein ist genauso befriedigend wie eine Berufstätigkeit."; „Ein Kleinkind wird wahrscheinlich darunter leiden, wenn die Mutter berufstätig ist."

- Ökonomische Gleichstellung der Frau: „Berufstätigkeit ist der beste Weg für eine Frau, um unabhängig zu sein."; „Beide, Mann und Frau, sollen zum Haushaltseinkommen beitragen."
- Egalitäre Elternschaft: „Im Allgemeinen sind Väter genauso geeignet, sich um die Kinder zu kümmern, wie Mütter."; „Eine berufstätige Mutter kann ihrem Kind genauso viel Wärme und Sicherheit geben wie eine Mutter, die nicht arbeitet."

Gruppe 1 umfasst jene Fragen, die das klassische Ernährermodell beschreiben, das die mit dem bürgerlichen Familienideal einhergehende Konstruktion eines bestimmten Frauen- und Mutterbildes zum Inhalt hat. Die zur Norm erhobene Vorstellung einer „guten" Mutter ist in vielen Fällen Ursache für die psychischen und physischen „Kosten" berufstätiger Frauen. Im Vergleich zu nicht erwerbstätigen Müttern haben sie weniger Zeit zur Verfügung, um sich mit ihren Kindern zu beschäftigen. Obwohl empirisch das Gegenteil bewiesen ist, lässt dies bei vielen Frauen die Angst entstehen, den Kindern durch ihre Berufstätigkeit zu schaden (Leiden zu verursachen)[3]. Diese speziell in den 50er- und vor allem 60er-Jahren hochgespielte Ideologie gegen berufstätige Mütter drückt sich auch in der Einstellung „Ein Beruf ist gut, aber was die meisten Frauen wirklich wollen, ist ein Heim und Kinder" aus. Wenn Frauen im Gegensatz zur Berufstätigkeit Heim und Kinder „wirklich" wollen, ist die logische Konsequenz, dass Hausfrau zu sein genauso befriedigend ist wie eine Berufstätigkeit.

Gruppe 2 bringt zum Ausdruck, dass die Berufstätigkeit den Frauen ein Spektrum an individuellen Wahlmöglichkeiten bietet. Für sie besteht keine Notwendigkeit, aus ökonomischen Gründen eine Ehe einzugehen bzw. in dieser zu verweilen, sollte sie zerrüttet sein. Finanziell unabhängig können Frauen die Beziehungsform selbst bestimmen, in der sie leben wollen. Das bedeutet weiters, dass sie in einer Paarbeziehung – im Gegensatz zum Ernährermodell – den Haushalt gemeinsam mit dem Partner finanzieren.

Gruppe 3 reflektiert die Einstellungen zum Wandel in der Elternschaft. Nicht mehr die Mütter, auch die Väter sind geeignet, sich um die Kinder zu kümmern. Im Gegensatz zu den komplementären Rollenzuweisungen – der rationale Mann und Vater zuständig für den Beruf, die emotionale Frau und Mutter zuständig für die Kinderpflege und -erziehung – entstehen egalitäre Vorstellungen über die Eignung der Geschlechter zur Elternschaft. Konträr zur traditionellen Vorstellung, dass Kinder durch die Berufstätigkeit der Mutter Schäden erleiden, kommt so die Überzeugung zum Ausdruck, dass eine berufstätige Mutter genauso viel Wärme und Sicherheit geben kann wie eine Mutter, die nicht arbeitet (wobei nicht zu arbeiten im Bereich der Familie bei Frauen wohl kaum vorkommt ...).

Auffassungen über Elternschaft, Rollengestaltung und weibliche Berufstätigkeit hängen sehr stark von der ökonomischen Entwicklung bzw. davon ab, welche kulturellen Traditionen bestehen und welche Ideologien über Frauenbilder und Familienleben dominieren.

Aus den Antworten wurde für jede der drei Gruppen von Fragen ein Wert errechnet. Um Ländergruppen mit ähnlichen Merkmalen zusammenzufassen, wurden diese Antwortmuster miteinander verglichen. Die Analyse ergab vier unterschiedliche Gruppen von Ländern (vgl. Abbildung S. 239).

Gruppe 1 umfasst Länder, in denen besonders viele Menschen der Meinung sind, dass sich Väter und berufstätige Mütter gleichberechtigt um ihre Kinder kümmern, ihnen Wärme und Sicherheit geben. Auch der ökonomische Aspekt – dass beide Ehepartner zum Haushaltseinkommen beitragen sollen und Frauen durch ihre Berufstätigkeit ökonomisch unabhängig werden – findet hier hohe, das traditionelle Familienbild hingegen geringere Zustimmung. In dieser Gruppe steht ein osteuropäischer Staat (Weißrussland) sechs westeuropäischen Ländern gegenüber (Frankreich, Belgien, Luxemburg, Dänemark, Schweden und Finnland).

Gruppe 2 unterscheidet sich deutlich von den anderen. In dieser – mit Ausnahme Griechenlands nur osteuropäische Länder (Polen, Slowakei, Ungarn, Rumänien, Bulgarien, Slowenien, Lettland, Russland, Ukraine) umfassenden – Gruppe liegt das größte Gewicht auf dem Aspekt der ökonomischen Gleichstellung der Frau, der egalitären Elternschaft wird weniger Bedeutung beigemessen.

In Gruppe 3 hat die partnerschaftliche Elternschaft sehr hohes Gewicht, die ökonomische Gleichberechtigung im Vergleich zu den übrigen Ländergruppen hingegen geringere Anteile. Das traditionelle Frauenbild findet auch hier nur wenig Akzeptanz. In dieser Gruppe sind ausschließlich vier Länder aus dem Westen (Niederlande, Irland, Island, Spanien).

Gruppe 4 – mit den meisten Ländern aus Westeuropa (Deutschland, Österreich, Großbritannien, Nordirland, Portugal, Italien, Malta) und einigen aus Osteuropa (Tschechien, Kroatien, Estland, Litauen) – zeigt ein differenziertes Bild: Auch hier liegt der Schwerpunkt auf partnerschaftlicher Elternschaft, ökonomische Gleichstellung sowie das traditionelle Frauenbild sind ebenfalls von Bedeutung.

2. Die Geschlechter in ihren generativen Rollen

Wie gezeigt existieren mehrere Vorstellungen über Partnerschaften nebeneinander: zum einen nach wie vor das Ernährermodell, wonach die Ehefrau in der Mutterschaft ihre Erfüllung findet, als Orientierungspunkt; zum anderen der erklärte Anspruch, dass Elternschaft auch von Männern verantwortungsvoll wahrgenommen werden soll und ihnen auf diesem Gebiet auch Kompetenz zugesprochen wird.

In diesem Spannungsfeld bietet sich abschließend ein Vergleich an, der die Bedeutung des Kindes für seine Eltern hinterfragt. Gilt die traditionelle Vorstellung, Kinder bedeuteten für die Mutter ein erfülltes Leben, und wird dieses Bild der Erfüllung auch für Väter relevant? In der Europäischen Wertestudie 1999 wurden zu diesem Thema zwei Fragen gestellt, die Kinder als Lebenssinn für Mütter und Väter zum Inhalt haben: „Glauben Sie, dass eine Frau Kinder braucht, um ein erfülltes Leben zu haben?" und „Ein Mann muss Kinder haben, um ein erfülltes Leben zu haben."

„Glauben Sie, dass eine Frau Kinder braucht, um ein erfülltes Leben zu haben?"

Anteil „ja"	OSTEUROPA	WESTEUROPA
> 80%	Lettland, Ungarn, Ukraine, Russland, Rumänien, Weißrussland	
71-80%	Bulgarien, Estland, Polen, Litauen	Dänemark, Griechenland, Frankreich
61-70%	Kroatien	Portugal, Deutschland
41-60%	Tschechien, Slowakei, Slowenien	Italien, Spanien, Malta, Belgien
31-40%		Luxemburg, Island, Österreich, Schweden
1-30%		Großbritannien, Nordirland, Irland, Finnland, Niederlande

Die Tabelle zeigt unterschiedliche Muster für den Osten und den Westen Europas: Die Mehrheit in Osteuropa weist Zustimmungsquoten von mehr als 80% aus (Lettland, Ungarn, Ukraine, Russland, Rumänien und Weißrussland); in Bulgarien, Estland, Polen und Litauen stimmen zwischen 71 und 80% zu, in den übrigen Ländern 41 bis 70%. In Osteuropa dominiert demnach noch die Vorstellung, dass für Frauen Kinder notwendig sind, um ein erfülltes Leben zu führen.

Westeuropas Länder zeigen kein einheitliches Bild. Die geringste Zustimmung (unter 30%) findet sich in nördlichen Ländern wie Großbritannien, Nordirland, Irland, Finnland oder den Niederlanden, die höchste in Dänemark, Griechenland und Frankreich (71-80%). Die Zustimmungsquoten der übrigen Länder teilen sich zwischen diesen Polen auf.

Betrachten wir diesen Sachverhalt auf der Ebene der Väter: Die Verteilung der Zustimmungsquoten auf die Länder ähnelt der vorhergegangenen. Wieder finden sich in Ländern Osteuropas die meisten Befürworter dieser Frage (Lettland, Weißrussland, Ungarn, Rumänien, Ukraine, Kroatien, Russland). In der Slowakei und Slowenien wird diese Meinung in geringstem Ausmaß vertreten (31-40%).

Westeuropäische Befragte teilen sich in zwei große Gruppen: in jene, die zu weniger als 30% der Meinung sind, ein Mann müsse Vater sein, um ein erfülltes Leben zu haben (Belgien, Luxemburg, Island, Finnland, Österreich, Irland, Nordirland, Großbritannien und Nie-

UN-SICHTBARE GRENZEN?

derlande). Und in eine zweite Gruppe mit höheren Zustimmungsquoten, wobei sich Dänemark durch Spitzenwerte auszeichnet (67%). Alle übrigen Befragten aus Westeuropa (Frankreich, Griechenland, Portugal, Italien, Deutschland) befürworten zu zwei Drittel diese Meinung.

„Ein Mann muss Kinder haben, um ein erfülltes Leben zu haben"

Zustimmungsanteil	OSTEUROPA	WESTEUROPA
> 80%	Lettland	
71-80%	Weißrussland, Ungarn, Rumänien, Ukraine, Kroatien, Russland	
61-70%	Estland, Tschechien	Dänemark
41-60%	Polen, Bulgarien, Litauen	Frankreich, Griechenland, Portugal, Italien, Deutschland
31-40%	Slowakei, Slowenien	Spanien, Malta
1-30%		Belgien, Luxemburg, Island, Finnland, Österreich, Irland, Nordirland, Großbritannien, Niederlande

Schweden fehlt in dieser Tabelle, weil diese Frage dort nicht gestellt wurde

Bei genauerer Betrachtung stellt sich hier die Frage, was mit dieser Einstellung gemessen wird. Ist das erfüllte Leben durch Vaterschaft Ausdruck einer neuen männlichen Rollenvorstellung, in der die Beziehung zu den eigenen Kindern einen sehr hohen Stellenwert besitzt und sich auch in entsprechender Zuwendung, Kommunikation und Zeitaufwand äußert? Zumindest wurde dieses Bild in den westlichen Ländern propagiert (obwohl bekannt ist, dass die Inanspruchnahme von Karenz durch Väter nur in sehr geringem Ausmaß erfolgt). Egalitäre Elternschaft zwischen den Geschlechtern würde jedenfalls nahe legen, dass Kinder nun auch für Männer als Lebenssinn gedeutet werden, wie es in den westeuropäischen Staaten vielfach für Frauen der Fall ist.

Ein durch Kinder erfülltes Leben kann für einen Mann aber auch heißen, dass ein Erbe für den Hof, den Betrieb oder schlicht ein Stammhalter gefunden ist. Die männliche Erbfolge erweist sich in diesem Kontext als besonders wichtig. Diese Interpretationen sind jedoch keinesfalls den impliziten Vorstellungen gleichzusetzen, die mit dem erfüllten Leben einer Frau im Zusammenhang mit ihrer Mutterschaft auftreten. Sie entsprechen im Prinzip patriarchalen Vorstellungen.

Letztlich gibt es einen Unterschied, der die Elternschaft von Frauen und Männern grundsätzlich kennzeichnet: Frauen werden nach wie vor von ihrer Umwelt unter Druck gesetzt, endlich Mutter zu werden. Männer können sich eine aktive Vaterschaft wünschen und/oder ausüben, müssen dies aber nicht bzw. werden, wenn sie es tun, von ihrer Umwelt gelobt und anerkannt. Eine Neuorientierung von Männern wird daher positiv sanktioniert, während Frauen, die Mutterschaft verweigern (und sich ebenso neu orientieren), mit negativen gesellschaftlichen Sanktionen zu rechnen haben.

3. Zusammenfassung

Der mit der Selbstverständlichkeit weiblicher Berufstätigkeit einhergehende Wandel in den Einstellungen gegenüber tradierten Rollenzuweisungen ist auf mehreren Ebenen auszumachen. Wenngleich tradierte Geschlechtsrollenzuschreibungen nach wie vor einen gewissen Stellenwert einnehmen, ist die ehemals eindeutige Trennlinie zwischen „Männerwelt Beruf" und „Frauenwelt Familie" unschärfer geworden. In dem Ausmaß, wie es als selbstverständlich erachtet wird, dass sowohl Frauen als auch Männer zum Haushaltseinkommen beitragen, wird den Männern als Väter die gleiche Kompetenz zugeschrieben wie den Müttern. Immer seltener werden mit der Berufstätigkeit von Frauen in Zusammenhang gesetzte negative Aspekte für Kinder wahrgenommen, sondern eher die damit verbundene Unabhängigkeit der Frau.

Speziell in westeuropäischen Ländern verwischen sich die Grenzen von geschlechtstypischer Normierung der Mutter- und Vaterrolle. An ihre Stelle tritt mehrheitlich egalitäre Elternschaft. Im Gegensatz dazu zeichnen sich osteuropäische Staaten vorrangig durch die Orientierung an der ökonomischen Gleichwertigkeit der Frau aus. Die größte Gruppen – in der sich das dynamische Geschehen derartiger Prozesse ablesen lässt – umfasst sowohl Länder aus West- als auch aus Osteuropa. Sie ist charakterisiert durch ein nahezu ausgewogenes Verhältnis der Orientierungen von traditionellen Weiblichkeitsvorstellungen, der ökonomischen Gleichstellung der Frau und egalitärer Elternschaft.

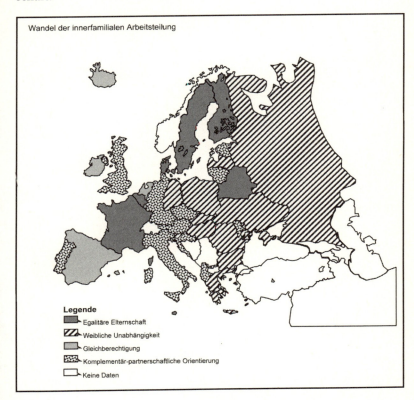

Wandel der innerfamilialen Arbeitsteilung

Legende
Egalitäre Elternschaft
Weibliche Unabhängigkeit
Gleichberechtigung
Komplementär-partnerschaftliche Orientierung
Keine Daten

AUSBLICK

Heinrich Neisser

Auf der Suche nach Europa

1. Die Aktualität der Wertediskussion

In der Europäischen Union erlebt die Wertediskussion seit einiger Zeit eine Hochkonjunktur. Es ist viel von der „Europäischen Wertegemeinschaft" die Rede. Man meint damit offensichtlich einen Konsens über Grundsätzliches, über gemeinsame Wertvorstellungen der Mitgliedstaaten der Europäischen Gemeinschaft und über die Verpflichtung zur Einhaltung dieser Grundsätze. Dass dabei der Begriff der Werte zeitweise einen schillernden Charakter erhält und zur Legitimation politischen Verhaltens instrumentalisiert wird, zeigte das Beispiel der im Jahr 2000 gegen Österreich von den 14 EU-Staaten ergriffenen „Maßnahmen" wegen einer Regierungsbeteiligung der Freiheitlichen Partei Österreichs. Die offizielle deutsche Haltung sah darin einen Beweis, dass sich der Vorrang der „gemeinsamen politischen Werte der EU" gegenüber dem Prinzip der Nichteinmischung endgültig durchgesetzt habe.[1] Noch kantiger waren manche Pressestimmen. So war in der spanischen Zeitung *El Pais* vom 27. Februar 2000 zu lesen: „Mit seiner Intervention im ‚Fall Haider' hat Europa eine wichtige Frage entschieden: Es hat entschieden, dass in einer Demokratie der Wille der Wähler ein äußerst richtiges Prinzip ist, aber ein zweitrangiges. Das wichtigste und grundlegendste Prinzip ist dagegen der Respekt vor ethisch-politischen Werten … Das ist eine Entscheidung, die Geschichte machen könnte …" Solche Stimmen erschienen nicht nur anmaßend, sie machten die Regierungsbeteiligung rechtspopulistischer Parteien ohne Vorbehalte zur Wertefrage, ohne dass man sich dabei annähernd mit dem Demokratiebegriff auseinander setzte, der als Grundprinzip der Europäischen Union verankert ist. Darauf wird im Folgenden noch eingegangen.

Abgesehen von diesem Beispiel einer missglückten Werteauseinandersetzung hat sich im Zusammenhang mit der Europäischen Union ein Diskurs entwickelt, der zumindestens in wesentlichen Teilen den Charakter einer Auseinandersetzung mit einer europäischen Werteordnung annimmt. Die europäische Integration hat durch den Vertrag von Maastricht eine neue Qualität erhalten. Der ursprünglich ökonomisch orientierte Einigungsprozess erweiterte sich zu dem Ziel, eine politische Union zu schaffen, die in vielerlei Hinsicht über die Wirtschaftsgemeinschaften hinausgeht. Das Konzept einer umfassenden politischen Gemeinschaft verlangt eine weitergehende Identität. Eine, wie es am Beginn des Vertrages über die Europäische Union heißt, „immer engere Union" ist immer stärker mit dem Selbstverständnis einer Wertegemeinschaft konfrontiert. Hiebei handelt es sich um zwei verschiedene Perspektiven: zum einen um den Bestand einer Kollektivität, die durch eine Gemeinsamkeit von Wertüberzeugungen und Weltbildstrukturen gebildet wird, zum anderen um die Qualität, die diese Kollektivität zu einer Wertegemeinschaft macht, also bestimmte Bewusstseinsgehalte, Einstellungen oder Verhaltensdispositionen, die man der Kollektivität zuschreibt (Schneider 2000, 13).

Seit der Gründung der Europäischen Union findet sich im Vertrag über die Union auch ein Hinweis auf die Identität. In der Präambel des Vertrages wird hervorgehoben, dass die Gemeinsame Außen- und Sicherheitspolitik die „Identität und Unabhängigkeit Europas stärken soll". Ebenso wird in den Zielformulierungen des Artikel 2 dieses Vertrages die Gemeinsame Außen- und Sicherheitspolitik als ein Mittel zur Behauptung der Identität der Union „auf internationaler Ebene" genannt. Diese Formulierungen deuten darauf hin, dass der Identitätsbegriff der Europäischen Union als außenpolitische Selbstbehauptung und nicht als positive Selbstbestimmung nach innen definiert ist (Pfetsch 1997, 97). Diese Deutung der Identität hat innerhalb der Europäischen Gemeinschaft Tradition und ist auch gleichsam das offizielle Begriffsverständnis. Bereits in einem von den Außenministern der Europäischen Gemeinschaft im Jahr 1973 verabschiedeten „Dokument über die europäische Identität" (Gasteyger 1990, 302ff.) steht die Verantwortlichkeit der Gemeinschaft durch den „erreichten Grad des Zusammenhaltes gegen die übrige Welt" im Mittelpunkt. Die europäische Einigung bringe „weltpolitische Verpflichtungen" der Gemeinschaft, der Zusammenschluss einen Nutzen für die gesamte Völkergemeinschaft, weil er ein Element des Gleichgewichtes und ein Pol der Zusammenarbeit mit allen Nationen sei. In der zukünftigen Entwicklung werden die Mitgliedstaaten der Gemeinschaft vor allem bemüht sein, „ihre Identität im Verhältnis zu den anderen politischen Einheiten schrittweise zu bestimmen". Dadurch werde der innere Zusammenhalt bewusst gestärkt und ein Beitrag zur Formulierung einer wirklich europäischen Politik geleistet.

Diese Beschränkung auf den Identitätsbegriff im Sinne einer außenpolitischen Selbstbehauptung scheint im Zeitalter einer zunehmenden politischen Verdichtung durch den Integrationsprozess nicht mehr adäquat zu sein. Identität ist „das elementare Konstruktionsprinzip moderner Gesellschaften" geworden (Weidenfeld 1985, 14). Dies gilt auch für die Europäische Union, die eine kollektive Identität benötigt, die sowohl Akzeptanz als auch Legitimation durch den Bürger gewährleistet. Identität bedeutet Verbundenheit des Einzelnen zu einem Kollektiv. Sie umfasst mehrere Dimensionen: eine psychologische (Zusammengehörigkeitsgefühl, emotionale Bindung), eine geografische (Wo sind die territorialen Grenzen Europas?), eine kulturelle (Sprache, Religion) und eine historisch-politische (historisch-politisches Bewusstsein, Nationalismus). All diese Dimensionen lassen sich bezogen auf eine europäische Identität in Fragen artikulieren: Fühlen wir uns als Europäer? Wo sind die geografischen Grenzen der Europäischen Union? Was bedeutet europäische Kultur? Was heißt kulturelle Vielfalt? Was ist die europäische Idee als politisch verbindliches Prinzip? Was ist der europäische Geist? Was hält Europa im Innersten zusammen?

In diesen Fragen spürt man dem besonderen und dem unverwechselbaren Europa nach. Denz hat den Kern des Identitätsproblems und vor allem auch seinen dynamischen Charakter hervorgehoben (vgl. S. 95ff.). Identität in diesem Sinne verändert sich im Laufe der Geschichte oft sehr grundlegend.

Neben dem dynamischen Element der Entwicklung von Identitäten ist auch auf deren komplexe Natur hinzuweisen. Aus der Perspektive der Politikwissenschaften kann eine europäische Identität aus drei Identitätsbegriffen begründet werden (Pfetsch 1997, 101). Die historische Betrachtungsweise führt zu einem historischen Identitätsbegriff, der durch das Verhältnis zur Vergangenheit und zur eigenen Geschichte, aber auch vor allem durch eine Standortbestimmung in der Gegenwart in ökonomischer, sozialer, politischer und kultureller Hinsicht determiniert wird. Ein genetischer Identitätsbegriff entwickelt sich durch die Gemeinsamkeit und das Wir-Gefühl, durch Abgrenzungen gegenüber anderen sowie durch das Einbeziehen von Peripherem ins Zentrum (Inklusion). Der psychologische (sozialpsychologische) Begriff der Identität analysiert die affektive Bindung einzelner Bürger bzw. Nationen zu einer politischen Gemeinschaft. Die europäischen Bürger müssen Gemeinsamkeit als solche empfinden und wahrnehmen. Ihr Ja zu Europa ist messbar – Maßstab ist das Eurobarometer.

Der Versuch, eine Bilanz über den Stand der Werte und Identitätsdiskussion in Europa zu ziehen, führt kaum zu eindeutigen Ergebnissen. Nichtsdestoweniger ist die Europäische Union im institutionell-normativen Bereich einen Weg gegangen, der zumindestens einige Positionslichter aufgestellt hat. Seit dem Vertrag von Amsterdam sind gewisse Grundsätze für die Union verpflichtend. Artikel 6 Abs. 1 des Unionsvertrages bestimmt nämlich Folgendes: „Die Union beruht auf den Grundsätzen der Freiheit, der Demokratie, der Achtung der Menschenrechte und Grundfreiheiten sowie der Rechtsstaatlichkeit: Diese Grundsätze sind allen Mitgliedstaaten gemeinsam."

Diese Architekturprinzipien für das europäische Haus sind Ausdruck eines Wertesystems, dessen Nichteinhaltung mit Sanktionen bedroht werden kann.[2] Sie sind „allen Mitgliedstaaten gemeinsam", das heißt, die europäische Prinzipienordnung ist ein Spiegelbild jener Grundsätze, die in all ihren Mitgliedstaaten anerkannt sind und angewendet werden. Die Grundsätze der Europäischen Union sind keine im überstaatlichen Bereich entwickelten genuinen Prinzipien der Gemeinschaft, sondern von den Mitgliedsstaaten abgeleitet. Diese Struktur entspricht dem Modell des europäischen Verfassungsvertrages, in dem die Mitgliedstaaten die „Herren der Verträge" sind.

Bemerkenswert ist, dass neben der Erwähnung dieser Prinzipien der Union auch das Identitätsproblem angesprochen wird. In Artikel 6 Abs. 3 des Unionsvertrages steht nämlich Folgendes: „Die Union achtet die nationale Identität der Mitgliedstaaten." Der systematische Zusammenhang dieser Bestimmung deutet darauf hin, dass hier die

nationale Identität nicht nur als „außenpolitische Selbstbehauptung"
zu deuten ist, sondern als eine Art Gewährleistungsgarantie der nationalen Eigenständigkeit. Der vorhin angeführte Katalog der Grundsätze erwähnt die Achtung der Menschenrechte und der Grundfreiheiten. Die Diskussion
über Grundrechte der Europäischen Union hat in den vergangenen
Jahren an Dynamik gewonnen.

2. Grundrechte als Wertelement einer Gemeinschaft

Wertediskussionen werden in vielfachen und durchaus unterschiedlichen Zusammenhängen geführt. Ein besonderer Zugang liegt in den
Auseinandersetzungen über die Grundrechte und Menschenfreihei-
ten. Grundrechtsdebatten implizieren im Regelfall den Konsens oder
den Dissens über Wertfragen einer Gesellschaft. Sie betreffen die
menschliche Freiheit, das Recht auf Leben, das Recht der freien Mei-
nungsäußerung sowie der Glaubens- und Gewissensfreiheit, der Freiheit der Nutzung des Eigentumsrechtes und dergleichen. In ihrer klassischen Form schützen sie den Einzelnen vor ungerechtfertigten Ein-
griffen des Staates. Grundrechte zählen zu den großen Errungenschaften des liberalen Verfassungsstaates. In Zeiten einer zunehmenden Internationalisierung sind auch für die internationalen Organisationen selbst Grundrechte relevant geworden.

Die ursprünglichen Gründungsakte der europäischen Integration
waren auf die Errichtung eines gemeinsamen Wirtschaftsraumes der
Mitgliedstaaten ausgerichtet, für den die vier Freiheiten – nämlich
jene des Warenverkehrs, des Personenverkehrs, des Dienstleistungs-
verkehrs sowie des Kapitalverkehrs – verbindliche Grundsätze dar-
stellten. Sie waren gleichsam die „Grundrechtsordnung" des Binnen-
marktes. Es war jedoch vor allem die Rechtssprechung des Europäischen Gerichtshofes, die relativ bald Grundrechte als allgemeine
Grundsätze des Gemeinschaftsrechtes anerkannte. Seit den 70er-Jah-
ren entwickelte der Europäische Gerichtshof Ansätze dafür, er stützte
sich vor allem auf den Grundrechtsbestand der Mitgliedstaaten und
auf Völkerrechtsverträge, die von den Mitgliedstaaten ratifiziert worden sind; eine bedeutende Rolle spielte dabei die Europäische Kon-

vention zum Schutze der Menschenrechte und Grundfreiheiten, die bereits im Rahmen des Europarates am 4. November 1950 als Grundrechtsordnung unterzeichnet wurde.

Die Entwicklung der Gemeinschaft zur Europäischen Union hat der Grundrechtsdiskussion einen neuen Stellenwert gegeben. Vor allem der Vertrag von Amsterdam brachte in dieser Frage einen substanziellen Fortschritt. Neben der Verankerung der oben genannten Grundsätze enthält Artikel 6 Abs. 2 des Unionsvertrages – so wie es auch schon im Vertrag von Maastricht der Fall war – eine Verpflichtung zur Achtung der Grundrechte, die in der Menschenrechtskonvention gewährleistet sind und sich aus den gemeinsamen Verfassungsüberlieferungen der Mitgliedstaaten als allgemeine Grundsätze des Gemeinschaftsrechtes ergeben.

Ein weiterer bedeutender Schritt wurde bald danach mit der Entscheidung getan, für die Union einen eigenen Grundrechtskatalog auszuarbeiten. Die grundsätzliche Entscheidung dafür wurde auf dem Gipfeltreffen der Europäischen Union in Köln im Juni 1999 und im Oktober desselben Jahres in Tampere getroffen. Zur Vorbereitung dieses Ereignisses wählte man einen ungewöhnlichen Weg. Es wurde ein spezielles Gremium eingesetzt, das aus Vertretern der Regierungschefs der Mitgliedstaaten, der nationalen Parlamente, des Europäischen Parlaments und der Kommission bestand. Dieser so genannte „Grundrechtskonvent" arbeitete den Entwurf einer „Charta der Grundrechte" aus, der am Vorabend des Gipfeltreffens in Nizza im Dezember 2000 feierlich proklamiert wurde. Er besitzt als politisches Dokument keine unmittelbare rechtliche Verbindlichkeit.

Unabhängig von bestehenden rechtlichen Problemen ist die Grundrechtscharta ein bemerkenswerter Beitrag zur Verdichtung der politischen Gemeinschaft, dem auch ein identitätsstiftender Wert beikommt. Sie enthält eine Bestandsaufnahme europäischer Grundrechte und soll vor allem dem Bürger den Gedanken näher bringen, dass die Union eine Grundrechtsgemeinschaft ist. Die Grundrechte sind in sechs Kapiteln zusammengefasst. Am Beginn der Charta ist das Gebot der Achtung und des Schutzes der Menschenwürde gleichsam als Grundnorm aller Grundrechte verankert. Dieses Gebot steht als Maßstab für die Auslegung jedes einzelnen Grundrechtes. Wie sehr diese Fundamentalnorm für das Grundrecht des Schutzes des Lebens relevant ist, zeigt die intensive Diskussion über die Forschung mit embryonalen Stammzellen. Ein eigenes Kapitel der Charta betrifft den Grundsatz der Gleichbehandlung und das damit verbundene Diskriminierungsverbot. Dieses Grundrecht hat in der Entwicklung der europäischen Integration und vor allem auch in der Rechtsprechung des Europäischen Gerichtshofes eine zentrale Rolle gespielt. In einem weiteren Kapitel der Grundrechtscharta werden unter dem Titel „Solidarität" soziale Grundrechte verbürgt. Dieser Teil gehört zu den essenziellen Fortschritten europäischer Grundrechtspolitik. Erstmals sind in einem Grundrechtskatalog die klassischen Rechte der Freiheit und der Gleichheit mit jenen Grundrechten verbunden, die dem Einzelnen das materielle Substrat seiner Existenz gewährleisten sollen. Dazu gehören neben den Ansprüchen auf gerechte Arbeitsbedingungen und arbeitsrechtlichen Schutz auch die konkrete Verpflichtung, ein System der sozialen Sicherheit zu schaffen, das gewisse Standardleistungen zu erbringen hat (Pensionsversicherung, Versicherung für den Fall des Unfalles oder der Krankheit, Arbeitslosenversicherung und dergleichen). Mit den sozialen Grundrechten wurde auch der Vorstellung Rechnung getragen, dass das vereinte Europa nicht nur ein Binnenmarkt sei, sondern als Europäische Sozialunion auch sozialen Schutz und Frieden gewährleisten soll.

Die Diskussion über die Grundrechtscharta zeigte sich in mehrfacher Weise für die derzeitige Situation innerhalb der Europäischen Union signifikant. Sie hat lediglich eine Bestandsaufnahme bereits verbürgter Rechte zum Gegenstand, die nunmehr auch für alle Einrichtungen der Union sowie bei der Umsetzung des Gemeinschaftsrechtes im Bereich der Mitgliedstaaten Anwendung finden sollen. Die Diskussionen haben sehr deutlich das Spannungsfeld zwischen den Ansprüchen der Mitgliedstaaten und dem Gesamtinteresse der Union gezeigt. So wurde besonders deutlich das Subsidiaritätsprinzip betont, wodurch der Vorrang der nationalen Sichtweise gewährleistet ist. Ebenso bringen in vielen Bestimmungen Hinweise auf einschlägige nationale Rechtsvorschriften und Gewohnheiten die Prävalenz nationaler Rechtsordnungen zum Ausdruck.

Insofern spiegelte die Diskussion die gegenwärtigen Herausforderungen der Europäischen Union wider: Soll man den supranationalen Weg weitergehen oder liegt die Zukunft in einem intergouvernementalen Bild?

Für die kommende Diskussion über die Grundrechte der Europäischen Union sind zwei Perspektiven maßgebend: Die erste betrifft die Rechtsverbindlichkeit der Charta. Eine nicht rechtsverbindliche Grundrechtsordnung verspricht dem europäischen Bürger wenig. Zu erwarten ist allerdings, dass der Europäische Gerichtshof sich sehr bald dieser Charta bemächtigen wird und sie zumindestens als verbindliche Orientierung für seine Rechtssprechung zur Anwendung bringt. Die zweite Perspektive betrifft die in Gang befindliche europäische Verfassungsdiskussion. Eine europäische Grundordnung muss als wesentlicher Bestandteil eine Gewährleistung der europäischen Grundrechte enthalten. Eine Konstitutionalisierung der Grundrechtsordnung würde zweifellos eine Verstärkung der europäischen Identität bedeuten.

Sowohl die Frage der Eingliederung der Grundrechtscharta in den Text der Verträge als auch die rechtliche Verbindlichkeit dieses Grundrechtsdokuments sind zwei wichtige konkrete Herausforderungen in der zukünftigen Debatte um die europäische Identität.

3. „Vielfalt in der Einheit" – Zauber- oder Leerformel?

Die Frage nach der Finalität des europäischen Einigungsprozesses, das heißt: nach dem Schlusspunkt bzw. nach dem Endergebnis der Integration, wird – wenn überhaupt – in unterschiedlicher Weise beantwortet. Als gemeinsamer Nenner in der Vielfalt der Vorstellungen wird jedoch immer wieder das Postulat der Erhaltung der Vielfalt durch die europäische Einheit geäußert: „Vielfalt in der Einheit" – diese Worte werden gleichsam zum Dogma. Sie sind ein Gegenprogramm zu Brüsseler Zentralisierungstendenzen, sie versprechen die Aufrechterhaltung nationaler Eigenständigkeit ebenso wie die Bewahrung der kulturellen Vielfalt in regionalen Strukturen; sie sind eine Absage an Visionen eines europäischen Superstaates und die Ablehnung von politischen Großraumkonzepten.

Plakative Formeln verkommen oft zur bedeutungslosen Redensart, ihre Inhalte werden beliebig interpretiert, sie wirken meist placeboartig. Diese Gefahr wird in der Verwendung des Begriffes der Subsidiarität deutlich, sie ist aber noch mehr mit dem Verlangen verbunden, Vielfalt in der Einheit zu gewährleisten.

„Vielfalt in der Einheit" kann durchaus als politisches Programm verstanden werden, das in seiner Allgemeinheit beschreibbar ist. Konrad Adenauer hat in den Anfangszeiten der Europäischen Union nicht unzutreffend auf den dynamischen Charakter hingewiesen, der im Auftrag liegt, Vielfalt mit Einheit zu verbinden:

„Manche scheinen sich das so vorzustellen, als hätten wir einen Schmelztiegel, aus dem eine graue und einförmige Masse hervorgehen müsste, und das sei dann Europa. Dagegen wehrt sich nicht nur der viel geschmähte Nationalismus, sondern der gesunde Sinn für Eigenes und Überliefertes. Aber Europa soll gar nicht gleichgeschaltet werden. Sein größter Reiz und Reichtum liegt in der Mannigfaltigkeit. Das Gemeinsame in der Mannigfaltigkeit herauszuarbeiten, das Verschiedene zu einer Einheit zu verbinden, das ist die Aufgabe. Das ist ja gerade das Gesunde an einem richtig verstandenen Föderalismus, dass es weiter Franzosen, Italiener, Deutsche, Holländer, Belgier und Luxemburger geben wird in der größeren europäischen Heimat. Hier entsteht etwas Neues, ohne dass das Alte vernichtet wird. Das Nationale bleibt, nur ist es nicht mehr das Höchste und Letzte."[3]

Nach Adenauers Vorstellungen soll offensichtlich in der Gemeinschaft als Gebilde mit stark föderativen Strukturen das Nationalelement als eine sozio-kulturelle und politische Einheit weiterbestehen, die ein gewisses Maß an Autonomie besitzt. Insofern scheint die Diskussion über die Vielfalt der Sprachen, Religionen und Kulturen nur ein Teil des Gesamtspektrums der Diversität und der Pluralität. Europa offenbart auch eine Vielfalt der Mentalitäten und der Traditionen. Denz hat hervorgehoben, dass Europa ein Kontinent der fortwährenden Teilung war (vgl. S. 14f.). Teilung erzeugt Gegensätzlichkeit, sie führt zu Konfrontationen und besitzt oft Desintegrationseffekte. Letztlich – auch darauf hat Denz hingewiesen – bedeutet Vielfalt Wandlung und Veränderung. Die Änderungen erfolgen im sozialen, kulturellen, politischen und auch wirtschaftlichen Bereich in unterschiedlichem Tempo und mit unterschiedlichen Geschwindigkeiten in den einzelnen Bereichen und den Mitgliedstaaten der Union. Die Gewährleistung der Vielfalt bedeutet daher vor allem auch die Gewährleistung einer dynamischen Vielfalt. Das führt zu parallelen Entwicklungsprozessen: Der allgemeinen Dynamik des Integrationsverlaufes entspricht eine gleichzeitig stattfindende dynamische Weiterentwicklung der Vielfalt. Eine solche Interdependenz könnte nur unterbrochen werden, wenn die Europäische Union regulativ eingreift. Sie hat aber auch dann die Möglichkeit, im Sinne der Worte Adenauers das Gemeinsame in und aus der Mannigfaltigkeit herauszuarbeiten und auf solche Art eine Einheit herzustellen. Zentrale Begriffe sind in diesem Zusammenhang Autonomie und Regionen. Die Zukunft Europas liegt in einer Struktur, die regionalen Einheiten – in den einzelnen Mitgliedstaaten nach durchaus verschiedenen Vorstellungen gestaltet – eine politische Autonomie gibt, durch die sie die Möglichkeit erhalten, wesentliche Teile ihrer Vielfalt selbst zu gestalten und zu organisieren. Das hat aber zweifellos eine Einschränkung der Nationalstaatlichkeit zur Folge. Die regionale Identität ist die Grundlage, auf der die nationale und letztlich auch die europäische Identität begründet werden können.

Eine solche Herausforderung stellt sich im Besonderen auch für Österreich. Der Historiker Ernst Bruckmüller hat schon vor dem Beitritt Österreichs in einer Studie darauf hingewiesen, dass Österreich im Vergleich zu anderen europäischen Ländern ein „durchaus unterentwickeltes europäisches Bewusstsein" habe (Bruckmüller 1994, 48). Das Europabewusstsein der österreichischen Bevölkerung sei überaus schwach ausgeprägt. Eine erhöhte nationale und kulturelle Selbstgewissheit sei allerdings eine gute Ausgangsbasis, die Österreicher zu mehr Weltbürgerlichkeit zu erziehen. Der Weg zur Weltbürgerlichkeit beginnt mit der Klarheit über die eigene Identität, wobei individuelle Identität und Gruppenidentität aufs Engste zusammenhängen (Bruckmüller 1994, 187).

Es scheint daher so, dass eine nationale Selbstsicherheit die beste Voraussetzung für eine wirklich gleichberechtigte Mitwirkung in einem Europa großer und kleiner Nationen ist. Das verengte österreichische Bewusstsein könne erweitert werden durch eine intensive Beschäftigung mit europäischen Problemen und durch eine intensive Kooperation mit außereuropäischen Partnern (Bruckmüller 1994, 192).

Dieser unmittelbar vor dem österreichischen Beitritt zur Europäischen Union erstellte Befund scheint auch heute noch durchaus aktuell zu sein. Trotz einer überwältigenden Zustimmung von fast zwei Drittel der Abstimmenden beim österreichischen Referendum vom 12. Juni 1994 über den Beitritt zur Europäischen Union bleibt das Europabewusstsein der Österreicher weit hinter dem in einem jahrzehntelangen Aufholprozess erworbenen Nationalbewusstsein zurück. Als Mittel zur Erreichung einer stärkeren europäischen Identität ist nicht nur das Bildungssystem der Mitgliedstaaten gefordert, die Europäisierung der Innenpolitik verlangt eine breite und differenzierte Auseinandersetzung mit europäischen Themen und Problemen. Hauptbetroffene sind die Regierungen und die Parlamente. In vielen Fällen wird die Europäische Union zum Sündenbock für Fehlentwicklungen gemacht, ohne dass eine solche Behauptung näher untersucht wird. Die Union und die Mitgliedstaaten tragen eine gemeinsame Verantwortung, Entscheidungsabläufe transparent zu machen und dem europäischen Bürger Verständnis dafür zu vermitteln, welche Vielfalt erhalten werden soll.

4. Kulturelle Identität und kulturelles Erbe

Von Jean Monnet wird eine bemerkenswerte Begebenheit berichtet. Auf die Frage, womit er beginnen würde, wenn er noch einmal die europäische Einigung in Angriff nehmen müsste, antwortete er: mit der Kultur. Diese Antwort lässt eine Sensibilität in der Behandlung europäischer Probleme erkennen. Denn tatsächlich braucht der europäische Einigungsprozess das Bewusstsein einer kulturellen Verbundenheit. Dieses Problem wurde erst relativ spät erkannt. Die Kulturpolitik war lange Zeit keine Gemeinschaftsaufgabe. Erst durch die Schaffung der Politischen Union hat sie innerhalb der Politiken der Gemeinschaft einen neuen Stellenwert erhalten.

Die Bedeutung der kulturellen Identität als Element eines europäischen Bewusstseins fand aus diesem Anlass eine explizite Erwähnung im Primärrecht. Seit dem Vertrag von Maastricht ist der so genannte „Kulturartikel" Bestandteil einer europäischen Grundordnung (Artikel 128 des Vertrages über die Europäische Gemeinschaft, seit dem Vertrag von Amsterdam Artikel 151 dieses Vertrages). Dadurch wird die Gemeinschaft verpflichtet, einen Beitrag zur Entfaltung der Kultur der Mitgliedstaaten „unter Wahrung ihrer nationalen und regionalen Vielfalt" einerseits, aber auch bei „gleichzeitiger Hervorhebung des gemeinsamen kulturellen Erbes" andererseits zu leisten.

Dieser Artikel bedeutet die Grundlage für die Förderung der Kultur durch zahlreiche Programme in den Bereichen der Literatur, der Architektur und der bildenden Künste. Abgesehen davon enthält diese Vertragsbestimmung eine grundlegende Verpflichtung zur Bewusstmachung der europäischen Geschichte. Die Gemeinschaft hat die Zusammenarbeit zwischen den Mitgliedstaaten zu unterstützen und zu ergänzen, im Besonderen zur „Verbesserung der Kenntnis und Verbreitung der Kultur und Geschichte der europäischen Völker". Die Tragweite dieser Vertragsbestimmung ist bis heute noch nicht in vollem Umfang erkannt worden.

Die in Artikel 151 des Gemeinschaftsvertrages enthaltene Aufforderung zur „Verbesserung der Kenntnis und Verbreitung der Kultur und Geschichte der europäischen Völker" versteht sich in erster Linie als Aufforderung zu einem groß angelegten historischen Diskurs. Die Kenntnis der eigenen Geschichte ist Voraussetzung für die Kenntnis der kulturellen Identität. Historisch reflektiertes Wissen und Urteil schaffen kulturelle Identität. Die Identität ist die Teilhabe am kulturellen Gedächtnis. Die Beschäftigung mit der Geschichte führt zum Nachdenken über die eigene Herkunft und Identität. Die Hauptverantwortung für die Erfüllung dieser Aufgabe tragen die wissenschaftlichen Historiografen und die Geschichtspädagogik. Der Geschichtsunterricht muss eine europäische Dimension erhalten, die die geistigen Wurzeln Europas in ihrer Gesamtheit (z. B. Athen, Rom und Jerusalem usw.) offen legt. Besonders klargemacht muss werden, dass die Länder und Völker Mittel- und Osteuropas ein Teil des gemeinsamen europäischen Kulturraumes sind. Geschichtsunterricht ist nicht nur für die Vermittlung von Faktenkenntnis von Bedeutung, er vermittelt auch das Gefühl für Zeit und Dauer von Veränderungsprozessen.

Damit zusammen hängt die Aufgabe der wissenschaftlichen geschichtlichen Forschung. Die Sichtbarmachung und Bewahrung des kulturellen Erbes verlangt eine Aufarbeitung und Verarbeitung der eigenen Geschichte. Die europäischen Geschichtsbücher sind zu revidieren, eine umfassende Geschichte Europas ist zu schreiben. Selbstverständlich ändert das nichts an der Subjektivität der Geschichtsschreibung und an der Vielfalt der historischen Betrachtung. Die kritische Auseinandersetzung mit der eigenen Geschichte ist jedoch ein wesentliches Element eines Bewusstseinserzeugungsprozesses. Daher ist die „Vergangenheitsdiskussion" für den europäischen Einigungsprozess bedeutsam. Sie ist gleichsam ein Reinemachen im kollektiven Bewusstsein einer Gemeinschaft, das bei aller Kontroverse und Schmerzhaftigkeit der Auseinandersetzung letztendlich die Grundlage eines neues Vertrauens sein kann.

Europäische Kultur erscheint als Paradoxon. Einerseits eine vertraute Kultur mit vielen verschiedenen Ausprägungen begegnet sie andererseits ständig dem Anderen. Sie ist eine Verpflichtung von Eigenem und Fremdem. Sie vereinigt Anteile vieler Kulturen, auch der arabischen, der jüdischen, aber ebenso Elemente asiatischer Kulturen. Daher braucht Europa kulturellen Austausch und die Erfahrung dieses Austausches als gemeinsame Kultur. Die Begegnung der Vielfalt europäischer Kulturen darf kein „clash of civilizations" werden, sondern eine wohlwollende Konvergenz, die durch die Empfindung für die Vielfalt und den Reichtum der Anderen geprägt ist.

5. Die europäische Seele als „Finalität" des Einigungsprozesses

Europa scheint heute in vieler Hinsicht irritiert zu sein. Diese Irritationen sind in geistigen Defiziten der Europadiskussion begründet. Die Frage nach der europäischen Seele – verstanden als Frage nach der europäischen Identität – findet keine adäquate Antwort. Zwar tauchen nahezu täglich neue Ideen auf, wie man Institutionen, Verfahren oder Politikbereiche reformieren könnte, eine Inflation politischer Entscheidungsinstrumente und Programme machen den Einigungsprozess jedoch kaum mehr nachvollziehbar. Der Schock über das Ergebnis der Volksabstimmung in Irland, die das Nein zum Vertrag von Nizza brachte, sitzt tief und hat Lähmungen bei den europäischen Entscheidungsträgern hervorgerufen. Der bevorstehende Beitritt der Kandidatenländer verstärkt Zweifel und lässt eine noch größere Unübersichtlichkeit befürchten.

Die pragmatischen Ansätze der Europapolitik müssen bei einer Entschlackung der Europäischen Union ansetzen. Die Europäische Union hat sich offensichtlich übernommen, es herrscht politischer Dauerstress. Dazu kommt, dass das, was die Europäische Union an Bürgernähe und Demokratie anzubieten hat, nicht ausreicht, um die

Menschen dieses Kontinentes affektiv an die Gemeinschaft zu binden. Über diese pragmatische Dimension hinaus ist jedoch mit Intensität die Frage nach den geistigen Grundlagen des europäischen Kontinentes zu stellen. Hier genügt es nicht, Europa mit der räumlich begrenzten Europäischen Union gleichzusetzen. Die europäische Vielfalt der Sprache, der Kultur, der Religionen und Mentalitäten reicht weiter; zu latein-europäischer Identität kommen noch die ost- und südosteuropäischen orthodox bestimmten Kulturen. Die gesamteuropäische Identität ist mehr als die Identität der Europäischen Union. Hier ist die entscheidende Frage zu stellen: Was sind die Sehnsüchte? Und welche Sehnsüchte befriedigt heute Europa? Ist es nur die Friedenssehnsucht oder verlangt man auch nach anderem?

Der Wiener Kardinal Franz König, der immer wieder nach einer Seele Europas – verstanden als geistiges Antlitz des Kontinents – ruft, hat den Prozess der europäischen Entwicklung als eine Rückkehr nach Europa bezeichnet: „Die Rückkehr nach Europa, die Geburt eines neuen, gemeinsamen Europas war und ist ein schmerzlicher und langwieriger Prozess. Und dies fordert vom Westen des Kontinents ein besonderes Maß an Solidarität. Österreich ist hier, im Herzen Europas, nicht nur durch seine Geschichte, sondern auch durch seine geografische Verbundenheit besonders herausgefordert und sollte seine Brückenfunktion mehr als bisher erkennen." (König 2000, 9)

Die Europäisierung des europäischen Kontinents ist die herausragende Aufgabe. Sie stützt sich auf die Verschiedenheiten der Traditionen im Osten und Westen, deren geistige Ausleuchtung vor allem eine tief greifende Europäisierung bewirken soll. Dies ist der Kern eines umfassenden Versöhnungswerkes, das der Erzbischof von Mailand, Kardinal Martini, wie folgt beschrieben hat: „Une Europe réconciliée avec elle-même et capable de réconcilier; une Europe de l'esprit, édifiée sur des principes éthiques et, pour cela, capable d'offrir à tous et à chacun des espaces authentiques de liberté, de solidarité, de justice et de paix; une Europe qui remplit sa mission généreusement et joyeusement (et non dans l'ennui). Alors, dans mon rêve, mon regard s'élargit au monde entier: je voudrais tant que celui-ci, grâce aussi à notre responsabilité d'Européens, soit plus humain et plus habitable, plus en accord avec le dessein de Dieu." (Martini 2000, 283)[4]

AUSBLICK

Anmerkungen

Zu diesem Buch

[1] Der Europäischen Wertestudie liegt die Definition von Kultur als Gesamtheit der gesellschaftlichen Institutionen, Werte und Normen zugrunde. Es gibt aber auch sozialwissenschaftliche Positionen, die diese Definition als etwas zu eingeschränkt kritisieren.

[2] Zu jedem Beitrag gibt es weiteres Material im Internet: www.univie.ac.at/pastoraltheologie/studien

[3] Dieses Buchprojekt besteht aus drei Bänden: Der erste Band, „Die Konfliktgesellschaft. Wertewandel in Österreich 1990-2000", erschien im November 2000, der zweite Band, „Experiment Jung-Sein. Die Wertewelt österreichischer Jugendlicher" im August 2001.

Die Europäische Wertestudie – Inhaltliche und methodische Reflexionen

[1] Eigentlich kommt der Begriff aus der Hauswirtschaft: In Zeiten des Mangels an Stoff wurden aus Stücken davon wieder neue Decken gemacht. Später wurde diese Technik des Zusammensetzens von Stoffen auch künstlerisch umgesetzt.

[2] Das Prozedere bei der Erstellung der Fragebögen im Rahmen der Europäischen Wertestudie: In mehreren Sitzungen einigt sich die Leitungsgruppe auf eine englische Version des Fragebogens. Diese wird nun in die einzelnen Landessprachen übersetzt und zur Kontrolle noch einmal ins Englische rückübersetzt.

[3] In der Tabelle werden nur Länder angeführt, für die mindestens 10 Einschätzungen vorlagen.

Wiederkehr der Religion?

[1] Berger 1973

[2] Zu diesen Debatten: Gauchet o.J. ; Hervieu-Léger 1993; Hervieu-Léger 1999; Hervieu-Léger 1996; McLeod 2000 ; Schmidt in: Lived Religion, hg. v. Hall o.J.

[3] Weigel / Martin / Sacks / Davie / Weiming / An-Na'im 1999

[4] Daviein: Weigel u.a. 1999, 65-84.

[5] Horx 1995

[6] Luckmann 1964

[7] Eingeklammerte Institution wurden 1999 nicht in allen Ländern untersucht.

[8] Vgl. auch Kapitel Säulen der Ordnung

[9] Zulehner / Tomka: Religion in den Reformländern Ost(Mittel)Europas. – Die Bil-

dung der drei Gruppen von Atheisten (atheisierend, atheistisch, vollatheistisch) stützt sich auf drei Fragen, bei denen jeweils die Antwortmöglichkeit „Ich glaube nicht an Gott" zur Wahl stand. Wurde sie einmal gewählt, heißen diese Personen „atheisierend", bei zweimaliger Wahl „atheistisch", bei dreimal „vollatheistisch". Diese Art zu Antworten hat einen gestuften Atheismus offenbart – anscheinend das Gegenstück zu einer gestuften Religiosität. Die „Stärke" des Atheismus hat klare Auswirkungen auf (Un)Glaubensannahmen oder – besonders bemerkenswert – auf den Wunsch nach kirchlichen Ritualen zu den Lebenswenden. Nahezu die Hälfte der Atheisierenden wünscht diese bei Geburt, Tod oder Heirat. Unter den Vollatheisten sind es immerhin 10%.

[10] Durkheim 1973

Arbeitswerte

[1] Für die in jüngster Zeit erschienenen Publikationen seien stellvertretend genannt: Grausgruber, A./Grausgruber-Berner, R. 2000; Denz u. a. (2001); Fürstenberg 2000; Beck 2000

[2] Vgl. Maslow 1970, S. 51 ff.

[3] Für Norwegen liegen keine Daten vor.

[4] Interessant ist, dass in der UdSSR im Jahre 1982 mit 32,8% deutlich höhere Anteile im Hochzufriedenheitsbereich festgestellt wurden, als dies in den europäischen Nachfolgestaaten der Fall ist.

[5] Die Länder wurden nach dem mittleren Wert (Median) in zwei Gruppen eingeteilt: hoch und niedrig.

[6] Pearsons-R = 0,44.

Säulen der Ordnung – Werte, Normen und Institutionen

[1] Morel versteht unter sozialer Ordnung in Anlehnung an Thomas von Aquin eine bestimmte Beziehung der Teile zueinander, wobei diese „bestimmte Beziehung" durch zwischenmenschlich geschaffene und zwischenmenschlich geltende soziale Regelungen des Verhaltens entsteht (vgl. Morel 1977, S. 132).

[2] Hume 1984 [Originalausgabe 1777]

[3] Die Einstellungen wurden 1990 und 1999 erfragt, moralisches Handeln wurde nur 1999 abgefragt und kann deshalb nicht im Zeitverlauf analysiert werden.

[4] Die Akzeptanz wurde auf einer 10-stufigen Skala gemessen (1 = unter keinen Umständen in Ordnung; 10 = in jedem Fall in Ordnung). Für die Berechnungen wurden die Werte 4 bis 10 zusammengefasst. D. h. die erfragten Items werden zumindest halbwegs befürwortet.

[5] Für die grafischen Darstellungen wurden aus Gründen der Übersichtlichkeit jene Länder ausgewählt, die im Vergleich sehr hohe oder sehr niedrige Akzeptanz, sehr hohe oder sehr niedrige Schätzungen bezüglich des Verhaltens aufweisen und sehr hohe oder sehr niedrige Unterschiede zwischen Akzeptanz und Verhalten.

⁶ Diese Bereiche wurden auf Grundlage einer Faktorenanalyse (ein rechnerisches Verfahren, das die zu einem Thema gestellten Fragen zu Bereichen zusammenfasst) gebildet:
Faktor 1 (kleine Betrügereien) fasst folgende Variable zusammen: V 174 Staatliche Leistungen in Anspruch nehmen, auf die man keinen Anspruch hat; V 175 Steuern hinterziehen, wenn man die Möglichkeit hat; *V 178 Für den eigenen Vorteil lügen; V 180 Wenn jemand Schmiergelder annimmt.*
Faktor 2 (Kavaliersdelikt) fasst folgende Variable zusammen: *V 176 Ein Auto, das einem nicht gehört, öffnen und damit eine Spritztour machen* (da dieses Item nicht in allen Ländern erfragt wurde, musste der Faktorwert entsprechend gewichtet werden); *V 177 Drogen wie Marihuana oder Haschisch nehmen.*
Faktor 3 (Selbstbestimmung) fasst folgende Variable zusammen: *V 179 Wenn verheiratete Männer / Frauen ein Verhältnis haben; V 181 Homosexualität; V 182 Abtreibung; V 183 sich scheiden lassen; V 184 das Leben unheilbar Kranker beenden (Euthanasie);V 185 Selbstmord.*
⁷ D. h. das Vertrauen, das den einzelnen Institutionen zugesprochen wird, wurde summiert und durch die Anzahl der Institutionen dividiert, um so einen durchschnittlichen Wert für das vorhandene Vertrauenspotenzial zu erhalten. Es handelt sich somit um durchschnittliche Prozentsätze, die ausdrücken, wie hoch der Anteil der Bevölkerung ist, der allen genannten Institutionen vertraut.
⁸ Die Institutionen Sozialversicherung, NATO und große Wirtschaftsunternehmen wurden bei der Durchschnittsberechnung nicht beachtet, da diese nicht in allen Ländern abgefragt wurden.
⁹ Bei diesem Durchschnittswert ist zu beachten, dass an den Befragungen 1982, 1990 und 1999 zum Teil unterschiedliche Länder teilnahmen (siehe Tabelle im Kapitel „Inhaltliche und methodische Reflexionen").
¹⁰ Zum Vergleich der Institutionen wurden die Mittelwerte herangezogen, da diese exaktere Aussagen als ein Vergleich mit Prozentwerten ermöglichen.
¹¹ Klages (1999) sieht in der Betonung individualistischer Werte keine Abweichung vom „Pfad der Tugend", sondern eine „List der Vernunft", da sich Individuen zunehmend der Pluralisierung von Lebenschancen und -risken zu stellen hätten.

Krise der Demokratie – Wiederkehr der Führer?

¹ Vgl. dazu die Überlegungen im Vorwort
² Gespräche mit Expertinnen und Experten zeigten, dass dieses Ergebnis nicht so überraschend ist.
³ Die Werte, auf denen die Berechnung beruht, sind: Demokratiekritik (Anteil der Personen, die mindestens 2/3 der maximal erreichbaren Punkte haben), Vertrauen in Institutionen (Anteil der Personen, die sehr viel oder ziemlich viel Vertrauen haben), Bewertung des eigenen politischen Systems (Anteil der Personen, die 8-10 Punkte vergeben), Zufriedenheit mit der Demokratie (Anteil derer, die zufrieden oder sehr zufrieden sind), Menschenrechte (Anteil derer, die zufrieden oder sehr zufrieden sind), Ausländerfeindlichkeit (Anteil derer, die eine oder mehr

257

Gruppen ablehnen). Da bei einer Reihe von Ländern der Wert für das Vertrauen in die Institutionen von 1990 fehlt, wurde er proportional ersetzt (Wert von 1999 korrigiert um die Mittelwertsdifferenz 1999-1990). Da für Ungarn die Ausländerfeindlichkeit 1999 fehlt, wird dieser Wert analog ersetzt.

[4] Anteil derer, die einen Führer, Experten statt einer Regierung oder das Militär sehr gut oder gut finden. Anteil derer, die sehr stolz oder stolz sind, Österreicher usw. zu sein, und Anteil derer, die sich mit dem Land identifizieren.

Familie als Beziehung zwischen den Geschlechtern und Generationen

[1] Russland hatte lange Zeit die höchsten Scheidungsraten in Europa.

[2] Veränderung im Bildungssystem, Strukturwandel in der Berufswelt, Demokratisierung des Rechtssystems und Politisierung der Öffentlichkeit.

[3] Geringere Heiratsneigung bzw. steigende Scheidungszahlen, sinkende Fertilität und der kontinuierliche Anstieg von nichteheliche Lebensgemeinschaften, Einelternfamilien, Fortsetzungsehen und „Double-income-no-kids"-Partnerschaften sind Phänomene, die den De-Institutionalisierungsprozess von Ehe und Familie verdeutlichen.

[4] Aus der Schichtungs- und Mobilitätsforschung sind mehrere Perspektiven für Heiratsmuster der Moderne bekannt. Eine davon ist das Ausmaß an Endogamie als Indikator für die Offenheit bzw. Geschlossenheit einer Gesellschaft. Hohe Endogamiequoten zwischen Angehörigen der Unterschicht indizieren z. B. geringe Chancen auf sozialen Aufstieg.

[5] Eine Faktorenanalyse ergab 5 Dimensionen: Interaktion, Respekt, Übereinstimmung, materielle Sicherheit, Unabhängigkeit. Aus den Mittelwerten pro Land wurde eine Clusteranalyse berechnet.

Soziale Sicherheit zwischen Selbstverantwortung, Zivilgesellschaft uns Staat

[1] Stellvertretend sei nur – als subjektive und damit sicherlich auch willkürliche Auswahl – auf einen Aufsatzband verwiesen, dem eine Artikelserie in der Zeit zugrunde liegt: Assheuer, T. / Perger, W. (Hg.): Was wird aus der Demokratie? Opladen 2000

[2] Für die Länder des ehemaligen Ostblocks findet in diesem Abschnitt die Bezeichnung „Osteuropa" und für die restlichen Länder „Westeuropa" Verwendung, auch wenn klarerweise aus einer geografischen Sichtweise diese Bezeichnungen nicht zutreffend sind.

[3] Es ist dabei allerdings anzumerken, dass für sechs Länder Osteuropas (Bulgarien, Kroatien, Russland, Rumänien, Ukraine, Weißrussland) keine Vergleichsdaten von 1990 vorliegen. In einigen dieser Länder finden sich besonders hohe Anteile in der Kategorie „wenig Freiheit" (z. B. Weißrussland 19%, Russland 22%, Ukraine 24%). Dies schlägt sich natürlich auch in den gestiegenen Prozentwerten

nieder. Die gezeigte Tendenz findet sich aber – in etwas schwächerer Form – in allen osteuropäischen Staaten.

4   Nur die Aussagen A, B und C aus Tabelle von S. 154 wurden sowohl in der Erhebung 1990 als auch 1999 verwendet.

5   Für Norwegen lagen nur Daten von 1990 und für Luxemburg, Malta, Griechenland, Bulgarien, Kroatien, Russland, Rumänien, Ukraine, Weißrussland nur Daten von 1999 vor.

6   Die Aussagen A, C und D (siehe Tabelle von S. 154) haben sich faktorenanalytisch als eindimensional erwiesen und werden zu einem Wert zusammengefasst.

7   Diese Aussage wurde in 19 der 34 Länder nicht verwendet und ist deshalb für Ländervergleiche ungeeignet.

8   Es kann daher auch an dieser Stelle die oft gestellte Forderung nach differenzierterer Erforschung von Engagement nur unzureichend eingelöst werden (Evers 1999, Rauschenbach 1999).

9   Pierre Bourdieu sieht eben darin eine grundsätzliche Eigenschaft „neuer" zivilgesellschaftlicher Formen: „Sie richten sich auf genau bestimmte, greifbare und für das gesellschaftliche Leben bedeutsame Ziele (Wohnung, Arbeit, Gesundheit etc.), für die sie praktische und direkt umsetzbare Lösungen anbieten (...)." (Bourdieu 2001)

10 D. h.: Solidarität mit Menschen in der Region, mit Landsleuten, mit EuropäerInnen und der Menschheit im Allgemeinen sowie Einwanderern. Zu dieser Bezeichnung vgl. Zulehner (1999). In einer anderen Bezeichnung in Anlehnung an klassische soziologische Konzepte könnte diese auch als Solidarität mit „Fremden" (vgl. zusammenfassend Schmid 1999) bezeichnet werden.

11 Möglicherweise handelt es sich dabei um eine jener neuen Lebensstil-Gruppen, die neue Formen des Engagements begründen, von Heinze und Olk (1999, 81) als die „selbstbewusst-aktiven Älteren" bezeichnet.

Wertepräferenzen in Ost und West

1   In diesem Beitrag wiederholen sich Ergebnisse anderer Kapitel. Dies wurde in Kauf genommen, damit der Beitrag auch unabhängig von den anderen gelesen werden kann.

2   Zur Errechnung von regionalen Durchschnittwerten wurden die Daten der Länder mit der Bevölkerungsgrösse gewichtet.

3   Diese Deutung kann durch den Hinweis ergänzt werden, dass Slowenien und Kroatien Länder des ehemaligen Jugoslawiens waren, welches relativ früh seine Bindungen zum Ostblock gelockert und zum Westen gefestigt hat. Die Neuen Bundesländer Deutschlands /Deutschland-Ost können wiederum im Jahre 1999, im bisher gebrauchten Sinn, nicht mehr vorbehaltlos zu Ost-Europa gerechnet werden.

4   Die gestellten Fragen und die Faktorenwerte der beiden Faktoren der Beurteilung der Demokratie:
    1. Faktor (Unterstellung von Funktionsstörungen der Demokratie): Demokratien

sind entscheidungsschwach, und es gibt zuviel Zank und Streit (0.85). In Demokratien funktioniert die Wirtschaft schlecht (0.80). Demokratien sind nicht gut, um die Ordnung aufrechtzuerhalten (0.79). 2. Faktor (Grundsätzliche Bejahung oder Ablehnung der Demokratie): Man sollte ein demokratisches politisches System haben (-0.71). Die Demokratie mag Probleme mit sich bringen, aber sie ist besser als jede andere Regierungsform (-0.70). Das Militär sollte regieren (0.67). Man sollte einen starken Führer haben, der sich nicht um ein Parlament und um Wahlen kümmern muss (0.63).

5 Osten: Deutschlands Neue Bundesländer, Lettland, Litauen, Polen, Slowakei, Tschechien, Ungarn; Westen: Belgien, Dänemark, Deutschlands Alte Bundesländer, Finnland, Frankreich, Großbritannien, Italien, Irland, Nord-Irland, Island, Niederlande, Österreich, Portugal, Schweden und Spanien.

6 Die drei Dimensionen konnten faktorenanalytisch und auch anders klar voneinander unterschieden werden. Die „Moralität der Privatsphäre" erfasst in der gegenwärtigen Forschung die folgenden Themen: *Als verheirateter Mann/Frau ein Verhältnis haben. Homosexualität. Abtreibung. Sich scheiden lassen. Das Leben unheilbar Kranker beenden /Euthanasie/. Selbstmord. Geschlechtsverkehr mit häufig wechselnden Partnern in flüchtigen Beziehungen.* Als „Moralität des öffentlichen Benehmens" werden hier Regel der öffentlichen Verhaltensweisen zusammengefasst, deren Verletzung häufig als „Kavaliersdelikt" angesehen wird. Zu diesen Normen bzw. Verboten gehört: *Ein Auto, das einem nicht gehört, öffnen und damit eine Spritztour machen. Drogen, wie Marihuana oder Haschisch nehmen. Auf öffentlichen Plätzen Abfall abwerfen. Auto fahren, obwohl man zuviel getrunken hat. Rauchen in öffentlichen Gebäuden. Innerhalb von Wohngebieten zu schnell fahren.* Was hier als „staatsbürgerliches Verhalten" bezeichnet wird, betrifft die Moral in der formalen Öffentlichkeit, in Wirtschaft und Politik. Zu den Verboten in diesem Bereich gehören: Staatliche *Leistungen in Anspruch nehmen, auf die man keinen Anspruch hat. Steuern hinterziehen, wenn man die Möglichkeit hat. Für den eigenen Vorteil lügen. Schmiergelder annehmen. Zum Zwecke der Steuerhinterziehung Dienstleistungen (ohne Rechnung) bar bezahlen.*
Anmerkung des Herausgebers: Im Abschnitt Ordnung und Werte ergeben sich natürlich die gleichen Dimensionen, nur werden sie anders benannt, vielleicht ist auch dies ein Ost-West-Unterschied.

7 Die einzelnen Indikatoren und die Faktorladungen der drei Faktoren der Religiosität:
Kirchlichkeit: Häufigkeit des Betens (0.79), Die Bedeutung Gottes für das eigene Leben (0.76), Kirchgangsfrequenz (0.75), Ob man persönlich aus dem Glauben Trost und Kraft zieht (0.74), Kirchenmitgliedschaft (0.66), Gottesglauben (0.60).
Glaubenssätze: Glauben an Hölle (0.86), an Himmel (0.85), an ein Leben nach dem Tod (0.72), an Sünde (0.63).
Lebenswenderiten: Beerdigung (0.85), Taufe (0.82), Hochzeit (0.78)

8 In diesem Vergleich wurden außer Deutschland-Ost, Polen, Tschechien, Slowakei und Ungarn aufgrund ihrer Tradition auch Kroatien und Slowenien zu Ostmitteleuropa gezählt.

⁹ Die Balkanländer sind im gegenwärtigen Vergleich lediglich von Rumänien und Bulgarien vertreten.

¹⁰ Estland, Lettland und Litauen

Weibliche und männliche Wertewelt in Europa (?)

¹ Für die Erwerbsquote wurde, wie an anderen Stellen auch, der Durchschnitt der jeweiligen Länderwerte herangezogen, d. h. jede Person ungeachtet des Herkunftslandes gleich hoch gewichtet. Damit sollten jene Unterschiede und Gemeinsamkeiten herausgefiltert werden, die nicht nur auf bevölkerungsstarke Länder zutreffen, sondern einen Vergleich der Regionen untereinander ermöglichen.

² In Island beträgt die Differenz zwischen Frauen- und Männererwerbsquote zwar 14%; da aber insgesamt auf einem sehr hohen Niveau, ist der Unterschied wie in den anderen skandinavischen Staaten eher als gering einzustufen: Frauen 74%, Männer 88%, Differenz 14%, Quotient 1,19.

³ Größere Unterschiede (Differenz von 15% oder mehr) sind im Osten Europas nur in Polen und Weißrussland festzustellen.

⁴ Österreich ist in dieser Hinsicht ein Grenzgänger. Es gehört, wenn man es so interpretieren will, in dieser Hinsicht tendenziell zum „Süden": Knapp die Hälfte mehr Männer als Frauen sind erwerbstätig, ein Viertel aller Frauen sind Hausfrauen. Erwerbsquote Frauen 43%, Männer 61%, Differenz 18%, Quotient 1,40. Mit diesen Verhältnissen kann Österreich aber auch als ein Land mit fließenden Übergängen zwischen der Arbeitssituation von Frauen und Männern im „Westen" Europas verortet werden, was im später folgenden Schema auch getan wird.

⁵ Das umfasst die Länder Litauen, Kroatien, Bulgarien, Slowakei, Ukraine, Tschechien und Russland. Zudem auch Estland, Lettland, Ungarn, Slowenien und Polen. Die Differenz zwischen Frauen- und Männererwerbsquote bewegt sich in diesen Ländern zwar zwischen 11 und 15%, im Blick auf Vollzeitbeschäftigung von Frauen und den geringen Hausfrauenanteil liegen sie jedoch voll im Trend der „strukturellen Gleichheit".

⁶ Es gibt zwei Ausnahmen: In Belgien liegt der Hausfrauen-Anteil bei 16%, in Deutschland bei 15%, was aber möglicherweise auf die langjährige sozialistische Tradition von Frauenerwerbstätigkeit im Gebiet der ehemaligen DDR zurückzuführen ist.

⁷ Die Argumentation beruht aber lediglich auf den Angaben zum Kirchgang im Alter von 11-12 Jahren. Kecskes geht davon aus, dass die Entscheidung über den Messbesuch in dem Alter eher Sache der Erziehungspersonen ist als die des Kindes oder Jugendlichen – zumindest geht er davon aus, dass es bei den heute Erwachsenen in ihrer Jugend der Fall war. Damit könnte der Messbesuch im Alter von 12 Jahren als brauchbarer Indikator für das Maß an religiöser Erziehung dienen.

⁸ Die Frage nach Beurteilung von Prostitution wurde nicht in allen Ländern gestellt. Es sind jedoch alle Regionen vertreten: GB, D, A, I, ESP, FIN, IS, N-IR, IR, LT, CZ, RO, KR, GR, R, LUX, SL, UKR, Belarius.

Die Frauenrolle

[1] Die Antwortskala reicht von 1 = „stimme voll und ganz zu" bis 5 = „stimme überhaupt nicht zu".

[2] Mathematisch: Faktorenanalyse; angeführt werden nur Fragen mit Faktorladungen, die größer als 0,5 sind. Die Faktorladungen der aufgeführten Items liegen alle um 0,75; etwas niedriger nur bei der Frage: „Ein Kleinkind wird ..." mit 0,62.

[3] Allerdings muss an dieser Stelle kritisch bemerkt werden, dass die mit der Berufstätigkeit von Vätern auftretenden Leiden der Kinder nur sehr selten in Surveys erfragt werden.

Auf der Suche nach Europa

[1] *Frankfurter Allgemeine Zeitung* vom 5. Februar 2000, 1.

[2] Artikel 7 des Unionsvertrages sieht zwei Maßnahmen vor: Im Falle einer schwerwiegenden und anhaltenden Verletzung der im Artikel 6 Abs. 1 des Unionsvertrages genannten Grundsätze kann der Rat in einem bestimmten Verfahren eine Verletzung dieser Grundsätze durch einen bestimmten Mitgliedstaat feststellen. Darüber hinaus kann er nach dieser Feststellung die Suspension bestimmter Mitgliedschaftsrechte, im Besondern des Stimmrechtes eines Mitgliedstaates im Rat beschließen. Diese Sanktionen sind politische Maßnahmen, das heißt, sie finden nicht aufgrund eines gerichtsförmigen Verfahrens statt. Durch den Vertrag von Nizza wird die Möglichkeit geschaffen, dass vor den beiden genannten Phasen noch eine Phase einer Ermahnung im Falle der Verletzung dieser Grundsätze stattfindet.

[3] Dieses Zitat Adenauers stammt aus einem Interview mit dem Nordwestdeutschen Rundfunk vom 6. März 1953, abgedruckt in der *Frankfurter Allgemeinen Zeitung* vom 5. Jänner 2001.

[4] „Ein Europa, das mit sich ausgesöhnt ist und fähig ist zu versöhnen, ein Europa des Geistes, errichtet auf ethischen Grundsätzen, das imstande ist, allen und jedem echte Räume der Freiheit, der Solidarität, der Gerechtigkeit und des Friedens zu Verfügung zu stellen, ein Europa, das seinen Auftrag großmütig und freudig (und ohne Langeweile) erfüllt. In meinem Traum richtet sich mein Blick auf die ganze Welt: Ich will, dass sie auch dank unserer Verantwortung als Europäer menschlicher und bewohnbarer ist, in einer größeren Übereinstimmung mit dem Plan Gottes."

Literatur

Adorno, Theodor W: Studien zum autoritären Charakter. Frankfurt 1982

Aracic, P. / Crpic, G. / Nikodem, K.: Vjerska situacija u hrvatskom tranzicijskom drustvu prema istrazivanju „Aufbruch". – In: Vjesnik Djakovacke i Srijemske biskupije 12/2000, S. 775-815

Assheuer, Thomas / Perger, Werner A. (Hg.): Was wird aus der Demokratie? Opladen 2000

Barnes, S.H. / Simon, J. (Hg.): The postcommunist Citizen. Budapest 1998

Basanez, M. / Inglehart, Ronald / Moreno, A.: Human Values and Beliefs: A Cross-Cultural Sourcebook. 1996

Beck, Ulrich: Die Zukunft von Arbeit und Demokratie. 2000

Beck Ulrich/ Beck-Gernsheim Elisabeth: Das ganz normale Chaos der Liebe. Frankfurt 1990

Beck-Gernsheim, Elisabeth: Vom „Dasein für andere" zum Anspruch auf ein Stück „eigenes Leben" – Individualisierungsprozesse im weiblichen Lebenszusammenhang. – In: Soziale Welt 3, 1983, S. 307-325

Becker-Schmidt, Regina: Arbeitsleben – Lebensarbeit. Konflikte und Erfahrungen von Fabrikarbeiterinnen. Bonn 1983

Berger, Peter L.: Sehnsucht nach Sinn. Frankfurt/M.-New York

Berger, Peter L.: The Sacred Canopy. New York 1973

de Benoist, A.: Aufstand der Kulturen – europäisches Manifest für das 21 Jahrhundert. Berlin 1999

Bourdieu, Pierre: Im Netzwerk überleben. – In: *Der Standard*, 21. April 2001

Broek, A. van den / Moor, R. de: Eastern Europe after 1989. – In: Ester, P. / Halman, L. / Moor, R. de (Hg.): The Individualizing Society. Tilburg 1994

Bruckmüller, Ernst: Österreichbewusstsein im Wandel. Identität und Selbstverständnis in den 90iger Jahren. Wien 1994

Busek, E. / Brix, E.: Projekt Mitteleuropa. Wien 1986

Bühl, Walter L.: Stichworte Institution und Institutionalisierung. – In: Fuchs, Werner / Klima, Rolf / Lautmann, Rüdiger / Rammstedt, Otthein / Wienold, Hanns (Hg.): Lexikon zur Soziologie. 2. verbesserte und erweiterte Auflage. Ungekürzte Sonderausgabe. Opladen 1988

Chirot, D. (Hg.): The origins of backwardness in Eastern Europe. Berkeley 1989

Dausien Bettina: Biographie und Geschlecht. Bremen, 1996

Davie, Grace: Europa: The Exception That Proves the Rule? – In: Weigel u.a.: Desecularization, S. 65-84

Denz, Hermann / Friesl, Christian / Polak, Regina / Zuba, Reinhard / Zulehner, Paul M.: Die Konfliktgesellschaft – Wertwandel in Österreich 1990-2000. Wien 2001

Durkheim, Emile: Der Selbstmord. Soziologische Texte. 1973

Evers, Adalbert: Verschiedene Konzeptionalisierungen von Engagement. – In: Kistler, Ernst / Noll, Heinz-Herbert / Priller, Eckard (Hg.): Perspektiven gesellschaftlichen Zusammenhalts. Berlin 1999

Friedrichs, Jürgen: Stichwort Wert. – In: Fuchs, Werner / Klima, Rolf / Lautmann, Rüdiger / Rammstedt, Otthein / Wienold, Hanns (Hg.): Lexikon zur Soziologie. 2. verbesserte und erweiterte Auflage. Ungekürzte Sonderausgabe. Opladen 1988

Fukuyama, Francis: Das Ende der Geschichte. München 1992

Fürstenberg, F.: Berufsgesellschaft in der Krise: Auslaufmodell oder Zukunftspotential? 2000

Gasteyger, Curt: Europa zwischen Spaltung und Einigung 1945 – 1993. Bonn 1994

Gauchet, Marcel: La religion dans la Democratie. Parcours de la laicité (o.O.,o.J.)

Gerhard, Ute: Frauenbewegung und Ehekritik – Der Beitrag der Frauenbewegung zu sozialem Wandel – In: Nauck, Bernhard / Onnen-Isermann, Corina (Hg.): Familie im Brennpunkt von Wissenschaft und Forschung. Neuwied-Berlin 1995, S. 59-72

Gilligan Carol: Die andere Stimme. Lebenskonflikte und Moral der Frau. München 51991

Goldberg, Christine: Bäuerinnen zwischen Tradition und Moderne, 1997a

Goldberg, Christine: Familie in der Postmoderne. – In: Preglau, Max / Richter, Rudolf (Hg.): Postmodernes Österreich? Wien 1997b, S. 239-266

Grausgruber, A./Grausgruber-Berner, R.: Indikatoren der Arbeitsqualität in Österreich. 2000

Hagemann-White, Carol: Beruf und Familie für Männer und Frauen – Die Suche nach einer egalitären Gesellschaft. – In: Nauck, Bernhard / Onnen-Isermann, Corina (Hg.): Familie im Brennpunkt von Wissenschaft und Forschung. Neuwied-Berlin 1995, S. 505-514

Hankiss, E.: East European Alternatives. Oxford 1990

Havel, Vaclav: Der gefährdete Organismus. Ein Plädoyer für die Notwendigkeit der Zivilgesellschaft. – In: *Der Standard*, 19. August 2000

Heinze, Rolf G. / Olk, Thomas: Vom Ehrenamt zum bürgerschaftlichen Engagement. – In: Kistler, Ernst / Noll, Heinz-Herbert / Priller, Eckard (Hg.): Perspektiven gesellschaftlichen Zusammenhalts. Berlin 1999

Hervieu-Léger, Danièle: La Religion pour mémoire. Paris 1993

Hervieu-Léger, Danièle: Le Pelerin et Converti. Paris 1999

Hervieu-Léger, Danièle: Les Identités religieuses en Europa. Paris 1996

Hobbes, Thomas: Leviathan. Stuttgart 1998 [[1]1651]

Hume, David: Eine Untersuchung über die Prinzipien der Moral. Stuttgart 1984 (Original: An Enquiry Concerning the Principles of Morals, 1777)

Horx, Matthias: Trendbüro: Trendbuch 2. Megatrends für die späten neunziger Jahre. Düsseldorf 1995

Huntington, S.H.: Kampf der Kulturen. München-Wien 1996

Inglehart, Ronald: Kultureller Umbruch – Wertwandel in der westlichen Welt. Frankfurt/M. 1989

Inglehart, Ronald: Modernisierung und Postmodernisierung. Kultureller, wirtschaftlicher und politischer Wandel in 43 Gesellschaften. Frankfurt/M.-New York 1998

Inglehart, R.: The Silent Revolution: Changing Values and and political Styles. Princeton 1977

Jurcyk, Karin / Rerrich, Maria S. (Hg.): Die Arbeit des Alltags. Beiträge zu einer Soziologie der alltäglichen Lebensführung. Freiburg/Breisgau 1993

Kalleberg, A.L. / Loscocco, K.A.: Aging, Values and Rewards: Explaining the Age Differences in Job Satisfaction. – In: American Sociological Review 48, 1983, S. 78-90

Kaufmann, Franz Xaver: Zukunft der Familie im vereinten Deutschland. Gesellschaftliche und politische Bedingungen. München 1995

Kecskes Robert: Religiosität von Frauen und Männern im internationalen Vergleich. – In: Lukatis, Ingrid / Sommer, Regina / Wolf, Christa (Hg.): Religion und Geschlechterverhältnis (Veröffentlichung der Sektion „Religionssoziologie" der Deutschen Gesellschaft für Soziologie; Bd. 4). Opladen 2000, S. 85-100

Kirfel, M., Oswalt, W. (Hg.): Die Rückkehr der Führer. Wien 1989

Klages, Helmut: Stichwort Werte. – In: Endruweit, Günter / Trommsdorff, Gisela (Hg.): Wörterbuch der Soziologie. Stuttgart 1989

Klages, Helmut: Traditionsbruch als Herausforderung. Perspektiven der Wertewandelsgesellschaft. Frankfurt/M-New York 1993

Klages, Helmut: Wertewandel: eine natürliche Reaktion. – In: www.wiener-journal.at, Juli / August 1999

Klein, M. /Pötschke, M.: Gibt es einen Wertewandel hin zum „reinen Postmaterialismus"? – In: Zeitschrift für Soziologie, Jg. 29, Heft 3/2000, S. 202-216

König, Franz: Europa braucht eine Seele. – In: Jochum, Manfred (Hg.): Elektronik und Urkunde, Wien 2000

Kron, Thomas (Hg.): Individualisierung und soziologische Theorie. Opladen 2000

Kulcsár, K. (Hg.): The role of state in social transformation under the impact of the world crisis: the case of East Central Europe. Budapest 1986

Kuzmics, H., Axtmann, R.: Autorität, Staat und Nationalcharakter – Der Zivilisationsprozess in Österreich und England. Opladen 2000

Lamnek, Siegfried: Stichwort Normen. – In: Endruweit, Günter / Trommsdorff, Gisela (Hg.): Wörterbuch der Soziologie. Stuttgart 1989

Lipp, Wolfgang: Stichwort Institution. – In: Endruweit, Günter / Trommsdorff, Gisela (Hg.): Wörterbuch der Soziologie. Stuttgart 1989

Luckmann, Thomas: The Invisible Religion. New York 1964

Mahnkopf, B.: Probleme der Demokratie unter den Bedingungen ökonomischer Globalisierung und ökologischer Restriktionen, Vortrag auf dem 20. Kongress der deutschen Gesellschaft für Politikwissenschaft. Bamberg 1997

Martini, Carlo Maria: Je rêve d'une Europe de l'esprit. Paris 2000

Maslow, A.: Motivation and Personality. New York ²1970

McLeod, Hugh: Secularisation in Western Europe, 1848-1914. London 2000

Merton, R.: Soziologische Theorie und soziale Struktur. Berlin 1995

Miller. W.L. / White, S. / Heywood, P.: Values and Political Change in Postcommunist Europe. London-New York 1998

Morel, Julius: Enthüllung der Ordnung. Grundbegriffe und Funktionen der Soziologie. Innsbruck-Wien-München 1977

Naumann, F.: Mitteleuropa. Berlin 1915

Pfetsch, Frank R: Die Europäische Union. Geschichte, Institutionen, Prozesse. München 1997

Piore, M. J. / Sabel, Ch. F.: Das Ende der Massenproduktion. Studie über die Requalifizierung der Arbeit und die Rückkehr der Ökonomie in die Gesellschaft. Berlin 1985 (Zitiert nach Teckenberg, W.: Arbeitszufriedenheit und Positionsstruktur. – In: Kölner Zeitschrift für Soziologie und Sozialpsychologie 2/1986, S. 280-313)

Plasser, Fritz / Ulram, Peter A. / Waldrauch, H.: Democratic Consolidation in East-Central Europe. London-New York 1998

Prisching, Manfred: Die bröckelnde Solidarität. – In: Bernhofer, Martin (Hg.): Fragen an das 21. Jahrhundert. Wien 2000

Rauschenbach, Thomas: „Ehrenamt" – eine Bekannte mit (zu) vielen Unbekannten. – In: Kistler, Ernst / Noll, Heinz-Herbert / Priller, Eckard (Hg.): Perspektiven gesellschaftlichen Zusammenhalts, Berlin 1999

Reuband, Karl-Heinz: Aushandeln statt Gehorsam. Erziehungsziele und Erziehungspraktiken in den alten und neuen Bundesländern im Wandel – In: Böhnisch, Lothar / Lenz, Karl (Hg.): Familien – Eine interdisziplinäre Einführung. Weinheim-München 1997, S. 129-154

Rippl, S./ Kindervater, A./ Seipel, C. (Hg.): Autoritarismus. Opladen 2000

Roof, W. C. / Carrol J. W. / Roozen D. A. (Hg.): The Post-War Generation and Establishment Religion. Boulder 1995

Rupnik, J.: The other Europe. London 1988

Schedler, A.: Einleitung: Zur neuen Aktualität demokratischer Qualität. – In: Campbell, D. / Liebhart, K. / Martinsen, R. / Schaller, C. / Schedler A. (Hg.): Die Qualität der österreichischen Demokratie. Wien 1996, S. 9-18

Schelkshorn, H.: Menschenrechte und „Recht auf Heimat". KSÖ Nachrichten 2/2001, S. 1-3

Schiller, T.: Prinzipien und Qualifizierungskriterien von Demokratie. – In: Berg-Schlosser, D. / Giegel, H.-J. (Hg.): Perspektiven der Demokratie. Frankfurt/M.-New York 1999, S. 30-55

Schmidt, Leigh: Practices of Exchange: From Market Culture to Gift Economy in the Interpretation of American Religion. – In: Hall (Hg.): Lived Religion. (o. J.), S. 69-91

Schmidt, M. G.: Demokratietheorien. Opladen [2]1997

Schmid, Tom: Solidarität und Gerechtigkeit. – In: Pantucek, Peter / Vyslouzil, Monika (Hg.): Die moralische Profession. Menschenrechte & Ethik in der Sozialarbeit. St. Pölten 1999

Schneewind, Klaus A.: Familie zwischen Rhetorik und Realität: Eine familienpsychologische Perspektive – In: Schneewind, Klaus A. / Rosenstiel, L. von (Hg.): Wandel der Familie. Göttingen-Toronto-Zürich 1992, S. 9-35

Schneewind, Klaus A.: Kinder und elterliche Erziehung – In: Lange, Andreas / Lauterbach, Wolfgang (Hg.): Kinder in Familie und Gesellschaft zu Beginn des 21sten Jahrhunderts. Stuttgart 2000, S. 187-208

Schneider, Heinrich: Die Europäische Union als Wertegemeinschaft auf der Suche nach sich selbst – In: Die Union, Vierteljahreszeitschrift für Integrationsfragen, 1/2000, S. 11-47

Schneider, Norbert: Untreue. Formen und Motive außerpartnerschaftlicher Sexualität und ihrer Bedeutung bei Trennungsprozessen. – In: ÖZS 16. Jg., 2/1992, S. 79-89

Schütze, Yvonne: Von der Gattenfamilie zur Elternfamilie. – In: Herlth, Alois / Brunner, Ewald J. / Tyrell, Hartmann / Kriz, Josef (Hg.): Abschied von der Normalfamilie? Partnerschaft kontra Elternschaft. Wien-New York 1994, S. 90-101

Siedenburg, Birte: Hausfrau schlägt Amazone. Die moderne Hausfrau versteht sich als Managerin der Familie, ist konservativ, aber nicht sonderlich treu. – In: *Focus* 25/1999, S. 84

Szabó, M. (Hg.): The Challenge of Europeanization in the region: East Central Europe. Budapest 1996

Szalai, A.: The Use of Time. Den Haag 1972

Szücs, J.: Die drei historischen Regionen Europas. Frankfurt/M. 1990

Théry, Iréne: Die Familie nach der Scheidung: Vorstellungen, Normen, Regulierungen – In: Lüscher, Kurt / Schultheis, Franz / Wehrspaun, Michael (Hg.): Die „postmoderne" Familie. Konstanz 1988, S. 84-115

Toffler, A.: Future Shock. New York 1970

Tomka, Miklós / Zulehner, Paul M.: Religion im gesellschaftlichen Kontext Ost(Mittel)Europas. Ostfildern 2000

Tomka, Miklós / Zulehner Paul M.: Religion in den Reformländern Ost(Mittel)Europas. Ostfildern 1999

Tomka, Miklós u.a.: Religion und Kirchen in Ost(Mittel)Europa: Ungarn, Litauen, Slowenien. Ostfildern 1999

Tomka, Miklós: Secularization or anomy? Social Compass 1/1991, S. 93-102

Tos, N. u.a. (Hg.): Podobe o cerkvi in religiji (na Slovenskem v 90-ih). Ljubljana 1999

Touraine, Alain: Lob auf die Zivilgesellschaft. – In: Perger, Werner, A. / Assheuer, Thomas (Hg.): Was wird aus der Demokratie? Opladen 2000

Treinen, H.: Symbolische Ortsbezogenheit. Eine soziologische Untersuchung zum Heimatproblem. – In: Kölner Zeitschrift für Soziologie und Sozialpsychologie 17(1965), S. 73-97 und 254-297

Tyrell, Hartmann / Herlth, Alois: Partnerschaft versus Elternschaft – In: Herlth, Alois / Brunner, Ewald J. / Tyrell, Hartmann / Kriz, Josef. (Hg.): Abschied von der Normalfamilie? Partnerschaft contra Elternschaft. Wien-New York 1994, S. 1-15

Ulram, Peter A. / Waldrauch, H.: Politischer Kulturwandel in Ost-Mitteleuropa. Opladen 1997

United Nations (Hg.): Women:+ Looking Beyond 2000. New York 1995

Weidenfeld, Werner: Europa – aber wo liegt es? – In: Weidenfeld, Werner (Hg): Die Identität Europas 14. Bonn 1985

Weigel, George / Martin, David / Sacks, Jonathan / Davie, Grace / Weiming, Tu / An-Na'im, Abdullahi A.: The Desecularization of the World. Resurgent Religion and World Politics (hg. v. Berger , Peter L.). Washington 1999

Wolf, A. (Hg.): Neue Grenzen. Wien 1997

Zulehner, Paul, M. (Hg.).: Wege zu einer solidarischen Politik. Innsbruck-Wien 1999

Zulehner, Paul M. / Denz, Hermann: Wie Europa lebt und glaubt I-II. Düsseldorf - Wien 1993

Autorinnen und Autoren

Hermann Denz, geboren 1949, a. Univ. Prof. Mag. Dr. Studium der Soziologie in Innsbruck und Linz. Assistent an den Universitäten Trier und Linz, Leiter der Abteilung Soziale Verwaltung im Amt der Stadt Bregenz, Habilitation 1982, Gastprofessur an der Katholischen Universität Eichstätt (1982/83), Studienzentrum Bregenz, derzeit an der Universität Innsbruck.

Joachim Gerich, geboren 1970, Dr. rer. soc. oec. Studium der Soziologie an der Universität Linz. Universitätsassistent am Institut für Soziologie, Abteilung für empirische Sozialforschung an der Universität Linz. Arbeitsschwerpunkte: Methodenforschung, Sozialpolitische Forschung und Jugendforschung.

Christine Goldberg, geboren 1942, a. Univ. Prof. Mag. Dr. Studium der Biologie und Erdwissenschaften in Wien, Post Graduate Studies am Institut für Höhere Studien, Dissertationsstipendium am Max Planck Institut für Bildungsforschung Berlin. Vertragsassistentin an der Universität Graz, seit 1991 Assistentin an der Universität Wien, Institut für Soziologie. Schwerpunkte: Familiensoziologie, Frauenforschung, empirische Sozialforschung.

Ursula Hamachers-Zuba, geboren 1971, Mag. theol. Studium der kath. Theologie und Sozialwissenschaften in Bochum sowie der Fachtheologie und Selbständigen Religionspädagogik in Wien. Seit 1997 Mitarbeiterin des Pastoralen Forums, Verein zur Förderung der Kirchen in Ost(Mittel)Europa, und des Ludwig Boltzmann-Institutes für Werteforschung, seit 1998 Assistentin am Institut für Pastoraltheologie. Schwerpunkte: Beziehungen zwischen Christen und Atheisten, Kirche in Ost(Mittel)Europa, Pastoralsoziologie.

Fritz Hemedinger, geboren 1957, Dr. rer. soc. oec. Studium der Soziologie an der Universität Linz. Seit 1985 Vertragsassistent am Institut für Soziologie der Universität Linz, Abteilung für empirische Sozialforschung. Lehrbeauftragter an der Akademie für Sozialarbeit des Landes OÖ (seit 1992). Forschungsschwerpunkte: Entwicklungssoziologie, Sozialpolitik, Sozialarbeit, Evaluierungen.

Rudolf Kern, geboren 1943, Mag. Dr. rer. soc. oec. Studium der Soziologie in Linz, Assistent am Institut für Soziologie in Linz, 1980 Dissertation über Soziale Indikatoren der Lebensqualität, seit 1978 wissenschaftlicher Beamter (Oberrat). Wissenschaftliche Interessensgebiete: Wirtschaftssoziologie, Organisationssoziologie und Sozialindikatorenforschung

Ulrike Kratzer, geboren 1941, Mag. rer. soc. oec. Sprachstudium an der Pariser Sorbonne, Studium der Soziologie und Theaterwissenschaften. Direktionsassistentin am Vienna's English Theatre, zur Zeit freiberufliche Soziologin und Lektorin am Institut für Soziologie der Universität Wien.

Wolfgang Moll, geboren 1974. Seit 1993 Studium der Astronomie bzw. seit 1997 Studium der Philosophie an der Universität Wien. Schwerpunkte: Medizinethik, Angewandte Ethik, Wissenschaftstheorie. Mitarbeit an der „Österreichischen Jugendwertstudie 1990-2000" und „Cyberchurch-Studie" (beide 2001).

Heinrich Neisser, geboren 1936, Dr. iur. Studium der Rechts- und Staatswissenschaften in Wien. 1969-1970 Staatssekretär im Bundeskanzleramt, ab 1975 Abgeordneter im Nationalrat, 1987-1989 Bundesminister für Föderalismus und Verwaltungsreform, 1994-1999 Zweiter Präsident des Nationalrates und seit 1995 Präsident der Politischen Akademie der ÖVP. Seit 1989 Honorarprofessor am Institut für Politikwissenschaft der Universität Wien, seit 1997 Gastprofessor an der Universität Innsbruck, seit 1999 Jean Monnet-Professor an der Universität Innsbruck. Vorsitzender des Kuratoriums des Instituts für Höhere Studien (IHS) und Präsident der Österreichischen Forschungsgemeinschaft. Schwerpunkte: Europäische Integration, Parlamentarismus, Wahlrecht, Bürokratiereform, Grundrechtspolitik und Forschungspolitik.

Miklos Tomka, geboren 1941, Studium der Volkswirtschaftslehre in Budapest, Promotion in Soziologie (1966), Studien in Brüssel, Leyden, Köln, Bielefeld, Münster, Bamberg, Turin. Derzeit „Széchenyi" Professor für Soziologie an der (katholischen) Theologischen Hochschule Szeged (seit 1999), Leiter der Abteilung für Religionsphilosophie im Forschungsinstitut für Philosophie der Ungarischen Akademie der Wissenschaften (seit 1993) sowie Direktor der Religionssoziologischen Forschungsstelle des Ungarischen (katholischen) Pastoralinstitutes (seit 1991). Ehrendoktorat für Theologie an der Universität Wien (2001).

Michaela Watzinger, geboren 1959, Mag. rer. soc. Oec. Studium der Soziologie in Linz, sozial- und wirtschaftswissenschaftlicher Zweig. Seit 1997 wissenschaftliche Mitarbeiterin am IBE (Institut für Berufs- und Erwachsenenbildungsforschung an der Universität Linz), seit Studienabschluss nebenberufliche Tätigkeiten als Lehrbeauftragte der Sozialakademie des Landes OÖ, der Altenbetreuungsschule des Landes OÖ und der Universität Linz.

Liselotte Wilk, Studium der Soziologie in Linz, Studium der Psychologie, Psychiatrie und Psychopathologie in Salzburg, Habilitation aus Soziologie an der Universität Linz. 1971-1999 am Institut für Soziologie der Universität Linz, zuletzt als a.o. Univ.Prof., seit 2000 Forschungsprofessorin am Europäischen Institut für Wohlfahrtspolitik und Sozialforschung in Wien. Schwerpunkte: Soziologie der Familie und Soziologie der Kindheit

Paul M. Zulehner, geboren 1939, Univ. Prof., DDr. Studien der Philosophie, katholischen Theologie und der Religionssoziologie in Innsbruck, Wien, Konstanz und München. Priesterweihe 1964, Kaplan und Subregens im Priesterseminar, Lehrtätigkeit in Bamberg, Passau, Bonn, Salzburg; seit 1984 Lehrstuhl für Pastoraltheologie in Wien. Obmann des Pastoralen Forums (Verein zur Förderung der Kirchen Ost(Mittel)Europas), des Ludwig-Boltzmann-Instituts für Werteforschung (Solidarität und Religion), der Arbeitsstelle für kirchliche Sozialforschung (AfkS).

Christian Friesl u.a.
DIE EUROPÄISCHE WERTESTUDIE
3 Bände
DIE KONFLIKTGESELLSCHAFT
EXPERIMENT JUNG-SEIN
DIE EUROPÄISCHE SEELE
ca. Eu 60,60/SFr 100,30
ISBN 3-7076-0122-6
Jänner 2002

Hermann Denz/Christian Friesl/Regina Polak/
Reinhard Zuba/Paul M. Zulehner
DIE KONFLIKTGESELLSCHAFT
Wertewandel in Österreich 1990-2000
256 Seiten, brosch.
Format 13,5 x 21,5 cm
Eu 20,25/SFr 35,-
ISBN 3-7076-0102-1
2. Auflage Dezember 2000

Christian Friesl (Hg.)
EXPERIMENT JUNG-SEIN
Die Wertewelt österreichischer Jugendlicher
240 Seiten, brosch.
Format 13,5 x 21,5 cm
Eu 20,25/SFr 36,60
ISBN 3-7076-0103-X
September 2001